清代的粮价
与市场空间结构

余开亮 著

Grain Price and Spatial Structure of
the Market in Qing Dynasty

上海社会科学院出版社
SHANGHAI ACADEMY OF SOCIAL SCIENCES PRESS

图书在版编目(CIP)数据

清代的粮价与市场空间结构 / 余开亮著 .— 上海：上海社会科学院出版社，2023
 ISBN 978 - 7 - 5520 - 4229 - 0

Ⅰ.①清… Ⅱ.①余… Ⅲ.①粮食—价格—关系—粮食市场—中国—清代 Ⅳ.①F729.49②F724.721

中国国家版本馆 CIP 数据核字(2023)第 163589 号

清代的粮价与市场空间结构

著　　者：余开亮
责任编辑：王　睿
封面设计：周清华
出版发行：上海社会科学院出版社
　　　　　　上海顺昌路 622 号　邮编 200025
　　　　　　电话总机 021 - 63315947　销售热线 021 - 53063735
　　　　　　http://www.sassp.cn　E-mail: sassp@sassp.cn
照　　排：南京展望文化发展有限公司
印　　刷：上海龙腾印务有限公司
开　　本：710 毫米×1010 毫米　1/16
印　　张：12.5
字　　数：222 千字
版　　次：2023 年 9 月第 1 版　2023 年 9 月第 1 次印刷

ISBN 978 - 7 - 5520 - 4229 - 0/F·742　　　　　定价：75.00 元

版权所有　翻印必究

国家社科基金后期资助项目
出版说明

后期资助项目是国家社科基金设立的一类重要项目,旨在鼓励广大社科研究者潜心治学,支持基础研究多出优秀成果。它是经过严格评审,从接近完成的科研成果中遴选立项的。为扩大后期资助项目的影响,更好地推动学术发展,促进成果转化,全国哲学社会科学工作办公室按照"统一设计、统一标识、统一版式、形成系列"的总体要求,组织出版国家社科基金后期资助项目成果。

全国哲学社会科学工作办公室

目 录

绪论 / 1
  一、选题缘起 / 1
  二、文献述评 / 2
  三、资料与方法 / 20
  四、各章内容安排 / 26

第一章　清代地方粮价报告研究 / 29
  一、清代的粮价奏报制度 / 29
  二、清末西北的粮价奏报 / 32
  三、清代地方粮价报告的实态：以循化厅为例 / 35
  四、本章小结 / 48

第二章　粮价细册制度与清代粮价研究 / 49
  一、另一种粮价报告：粮价细册 / 49
  二、粮价细册制度的建立 / 51
  三、从粮价细册到粮价单 / 55
  四、粮价数据的再认识 / 58
  五、本章小结 / 67

第三章　清代粮价数据质量研究 / 69
  一、粮价数据的可靠性问题 / 69
  二、粮价数据可靠性的检测 / 72
  三、影响粮价数据质量的制度因素 / 76
  四、本章小结 / 85

第四章　清代的市场整合及其空间结构(1738～1820年) / 87
  一、清代市场：整合还是分割？ / 87

二、清代市场整合的经验研究 / 89
三、市场整合的研究方法 / 94
四、研究方法与数据 / 102
五、清代的市场整合的结构和动态分析 / 106
六、本章小结 / 111

第五章　清代粮价的空间格局及其演化研究(1738~1820年) / 113
一、空间维度下的价格研究 / 113
二、清代粮价研究的空间视角 / 114
三、数据处理与研究方法 / 117
四、清代粮价的空间溢出效应及其演变 / 123
五、本章小结 / 133

第六章　清代长江中下游地区分工模式的演变(1738~1820年) / 135
一、"斯密型增长"及其极限 / 135
二、清代的市场整合与地区分工 / 138
三、清代长江中下游区域的市场整合与地区分工 / 142
四、本章小结 / 148

结语 / 151

参考文献 / 155

附录1：清代粮价细册资料(江苏、云南、甘肃) / 169

附录2：清代粮价数据可靠性统计 / 185

绪　　论

一、选题缘起

本书研究的是清代的粮食价格及市场发展的相关问题。人类社会经历了一段从习俗经济和指令经济等非市场经济的形态向市场经济转变的历史①,在市场经济中价格对经济起着自发调节的作用,价格的变动过程及其形式是经济史研究的基础问题。

粮食是传统中国社会最重要的生活消费品,粮食价格的变动牵动着整个社会的安定。清代是中国人口增长最快的一个时期,与人口增长相伴出现的是农业的地区性专业化分工,经济形态的地区性差异导致大量缺粮地区的出现,粮食问题逐渐成为维系社会稳定的重要因素。清王朝对粮食问题极为重视,为此建立了包括天气、收成、粮价等多种信息为一体的农业报告制度,以及仓储、赈灾等缓冲粮食危机的保障制度。这些制度为今日留下了数量庞大的资料,尤其是粮价定期报告制度所形成的高质量的粮食价格数据,成为本书研究的基本资料。

粮食除了是清代最重要的生活消费品外,也是清代商品市场中流通量最大的大宗商品,尤其在长途贸易中粮食占有很大的比重。根据吴承明的估计,在市场上所有流通商品总值中,粮食的商品值占总量的比重超过了40%,这一比重远远超过了盐、棉、丝等商品的数量②。粮食的长距离贩运和跨区域流通,支撑了清代中国地区间的经济专业化分工,促进了地区间的商业贸易。与之相应,人口的城乡分布比重也受其影响,而城市化的发展也和粮食市场密切相关,两者具有高度依赖的关系③。因此,研究粮食问题牵涉

---

① [英]约翰·希克斯:《经济史理论》,厉以平译,北京:商务印书馆,1999年,第11—39页。
② 许涤新、吴承明主编:《中国资本主义发展史(第一卷):中国资本主义的萌芽》,北京:人民出版社,2003年第二版,第289—291页。
③ [美]德怀特·帕金斯:《中国农业的发展1368—1968》,宋海文等译,上海:上海译文出版社,1984年,第185—186页。

到清代社会经济变迁的各个方面,可以说粮价问题是我们研究清代诸多社会经济现象的一个重要切入点。

清代粮价数据是目前所见的20世纪以前中国历史上最可靠翔实而有系统的官方统计资料。清代粮价奏报制度肇始于康熙年间,系统地实行始于乾隆元年(1736),一直执行到清朝灭亡,前后历经200多年。粮价数据包括各行省及边疆地区的分府、逐月的主要粮食价格数据,数据量在200多万笔以上。这批资料在时间跨度上历经200多年,在时间精度上具体到每月,在空间范围上达到府一级政区单位,并且统计单位具有高度的连贯性和一致性,这些特性为长时段的研究提供了可能。因此,通过对清代粮价的研究,可以从长时段的历史视角透视清代的环境、经济和社会诸方面的面貌及其变迁过程。

作为生活消费品和大宗贸易商品的粮食重要性以及粮价资料等相关史料的丰富程度,使粮价研究成为学界非常关注的研究热点,清代粮价研究已经成为一个成果非常丰硕的领域。接下来本书首先将对清代粮价研究的相关成果作一综合性的述评。因相关的研究成果涉及的领域很广,本研究将按研究专题分别加以总结,力求将相关领域的重要文献纳入评述范围,并对本研究将重点深入的几个专题进行更加集中的讨论。

二、文 献 述 评

(一)物价史研究

学界最初对粮价的关注,主要是从物价史的角度进行研究。物价史是历史研究的重要方面,是研究社会经济结构变迁的重要参考和背景因素。粮食作为生活必需品,其价格自然成为物价史研究领域内重中之重的内容。在传统社会中,粮食是最重要的消费品和贸易商品,以粮食价格的变动作为指针来反映社会总体物价水平的波动,从中可以窥视整个社会经济的走向和变化。这一阶段研究的重点内容是物价史料的发掘、搜集和各种商品价格数据的整理,主要的研究任务是勾勒出长时段物价水平的变动趋势及各个阶段的特征。其中,比较重要且至今仍常为学界关注和利用的研究成果有如下几项,在此略作评述[1]。

---

[1] 除此几项较为常见的研究成果外,清代物价史的搜集和整理方面的研究在民国时期还有多位学者进行过,但这些研究因搜集的物价数据来源于较为零散的史料,且其发表后公布于各种不易接触到的著述中而较少为学界注意和利用。如盛俊《清乾隆期江苏省物价统计表》列了从《钦定物料价值》中整理乾隆年间江苏省的物料工食官定价格,吴麟《清代米价》整理了河北宁津县大柳镇商铺账本数据中的道光十四、十五两年的当地粮价。1949年以前公开发表的物价史研究还有应奎的《近六十年之中国米价》、寄萍的《古今米价史料》、《实业来复报》刊登的《中国六十年来米价比较表》、上海市社会局的《上海最近五十六(转下页)

民国时期最大规模的物价史资料整理,要数汤象龙先生等在20世纪30年代进行的工作。他们组织大批工作人员从故宫档案资料中摘抄了道光至宣统年间的粮价单资料,并重新编排制作成粮价统计表,作为这一成果的"粮价抄档"现收藏于中国社会科学院经济研究所图书馆,目前已经由中国社会科学院经济研究所整理出版为《清代道光至宣统间粮价表》[①]。这批资料数量巨大且系统性很好,其出版在学界引起很大反响,是非常重要的经济史研究资料。

柳诒徵研究物价史的著作《江苏各地千六百年间之米价》,收录了清末光绪八年(1882)、九年(1883)、三十三年(1907)和三十四年(1908)江苏江宁布政使司(分府)和苏州布政使司(分县)的粮价资料,其数据分别来源于《光绪中江宁布政使司所属各府厅米价表》和《光绪中苏州布政使司所属各府厅州县米价表》两份粮价细册档案,该档案藏于龙蟠里国学图书馆档案库[②]。这批资料是目前较为少见的涵盖了详细的分县粮价数据的清代粮价档案,对于认识清代粮价在县级空间尺度上的分布情况非常有价值。

全汉昇是最早开始对清代粮价报告制度进行研究的学者,并对粮价数据进行了系统收集、整理和研究,其研究成果非常丰富。早在1959年,全汉昇和王业键即发表了《清雍正年间(1723~1735)的米价》一文,该研究从《雍正朱批谕旨》中收集了雍正年间安徽、浙江、福建、湖南、湖北、江西、江苏、广西、广东、贵州、四川、云南等省份及部分主要城市的米价数据,对不同城市间的米价进行了比较[③]。随后,全汉昇和克劳斯(Richard A. Kraus)的研究还从《李煦奏折》中辑录了清初1713~1719年以苏州为代表的长江三角洲地区的米价数据,从米价的角度对长三角地区及全国的稻米产销格局进行了精辟的分析[④]。王业键还从清代粮价报告及地方文献和近代经济统计资料中收集长时段的粮价数据,对1638~1935年间以苏州和上海为代表的江南地区的

(接上页)年米价统计》、张履鸾的《江苏武进物价之研究》等。具体可参见陈春声:《市场机制与社会变迁——18世纪广东米价分析》,广州:中山大学出版社,1992年,第1—3页。

① 中国社会科学院经济研究所编:《清代道光至宣统间粮价表》,桂林:广西师范大学出版社,2009年。
② 柳诒徵:《江苏各地千六百年间之米价》,载《柳诒徵史学论文续集》,上海:上海古籍出版社,1991年,第462—496页。
③ 全汉昇、王业键:《清雍正年间(1723—1735)的米价》,载王业键:《清代经济史论文集(二)》,台北:稻乡出版社,2003年。原载《中央研究院历史语言研究所集刊》,第30本上册,1959年10月。
④ Han-sheng Chuan and Richard A. Kraus, *Mid-Ch'ing Rice Markets and Trade: An Essay in Price History*, Cambridge: East Asian Research Center, Harvard University; distributed by Harvard University Press, 1975, pp.17-39, pp.171-184.

米价变动趋势进行了长时段的分析,并从人口、土地、货币供应和气候变化等角度对影响粮价变动的因素进行了分析[1]。

王业键可以说是清代粮价研究领域最为重要的学者。他自20世纪50年代末追随全汉昇研究粮价资料,此后数十年就一直致力于清代粮价数据的搜集和整理工作,曾多次组织大批的人力将收藏于北京第一历史档案馆、台北故宫博物院、"中央研究院"历史语言研究所等各处的粮价档案进行整理、汇集。这项工作前后历时超过三十年,最后终于在2003年建成了"清代粮价资料库",这个资料库已经成为今日学界进行清代经济史研究时最为充分和必不可少的粮价数据库[2]。

此外,威尔金森(Endymion P. Wilkinson)对陕西粮价细册的研究也是清代粮价研究中非常重要的一项。威尔金森整理了收藏于日本东京大学东洋文化研究所大木文库的粮价细册《陕西布政使司造报陕省各属市估银粮价值清册》中的分县粮价数据,对清末光绪二十六年(1900)至宣统三年(1911)陕西各地的银钱比价数据和大米、小麦、豌豆等品种的粮价进行了分析,从价格的地区差异对陕西省内的粮食生产和流通情况作了分析[3]。

以上这几项研究的共同点是系统地整理了清代粮价报告制度中所产生的粮价数据,其数据来源都属于官方定期报告系统中的档案。尤其值得注意的是,柳诒徵和威尔金森整理的粮价数据是来自粮价细册档案中保留的县级粮价资料,较之粮价奏折及粮价清单等以府为单位的粮价资料,粮价细册中的县级粮价资料更为详细。相比于粮价清单,粮价细册是更为底层的粮价史料,因此对粮价清单而言,粮价细册还具有重要的史料批判的价值,这些资料更显得弥足珍贵。

除官方报告以外,还有大量其他来源的粮价史料,也有学者进行了系统的收集和整理工作。这些研究广泛地从正史、制书、地方志、时人文集、日记、家谱、账簿等其他非官方史料中辑录物价资料,形成了一系列的物价数据。与官方粮价报告相比较而言,这些物价资料有其缺点。首先,这些物价史料更为零散,收集起来更加困难,所形成的物价序列也不如粮价报告完整。其次,这些物价史料的系统性不如官方粮价报告,且很多情况下记载的是灾荒时期等非正常情况下的米价。虽然如此,从这些零散的资料中形成的物价系

---

[1] Yeh-chien Wang, Secular Trends of Rice Prices in the Yangzi Delta, 1638 – 1935. In Thomas G. Rawski, Lillian M. Li, eds. *Chinese History in Economic Perspective*. Berkeley: University of California Press, 1992, pp.36 – 69.

[2] 王业键编:"清代粮价资料库",http://mhdb.mh.sinica.edu.tw/foodprice/。

[3] Endymion P. Wilkinson, *Studies in Chinese Price History*, New York: Garland Pub., 1980.

列依然可以与官方粮价报告的数据相互比较,检验其可靠程度。同时,诸如日记和文集等类型的文献中,其记录的物价数据一般来说时间频率更高,有的甚至精确到每日的价格,这对研究短期物价波动来说是不可多得的重要资料。

彭信威在《中国货币史》中,从官方制书、实录和正史等史料中辑录了大量的物价数据,以每十年为单位对米价进行了粗略的统计,制作了《清代米价表》,对清代1651~1800年100多年的物价总体趋势作了勾勒,以此探讨物价波动和银、铜两种货币之间的关系[1]。严中平等编著的《中国近代经济史统计资料选辑》中,收录了1800~1850年间河北宁津县大柳镇统泰升记商店账簿册中的逐年物价史料,其中的农产品零售物价指数包含了大米价格的数据[2]。

岸本美绪在前人整理的米价数据基础上,还从地方志、文人笔记、日记等史料中收集了大量的米价数据,对江南地区的米价数据系列作了完整的补充[3]。此外,岸本美绪还对江南地区棉花、生丝等农作物商品,棉布等手工业制品以及土地价格和工资等其他物价数据进行了整理[4]。吴承明的研究也对前人整理的米价数据进行了比较,综合了地方志、文人日记、文集和笔记小说等各种文献中的物价资料,对清代前期的经济和市场情况进行了评估[5]。陈春声从官方的粮价奏折和粮价清单中整理了18世纪广东的米价数据,此外还从地方志等史料中收集了各种粮价数据,对粮价单中的粮价数据进行核对[6]。李伯重以《浦泖农咨》为主要资料,结合地方志和相关调查资料,整理了道光前半期松江府华亭和娄县地区包括米价在内的主要生产和生活资料的价格数据,重构了1823~1829年华娄地区的物价体系[7]。何红中从清人农书《马首农言》的记载中整理了1759~1853年山西寿阳地区粮价数据,对该地粮价波动情况及其原因进行了分析,并从粮价变动

---

[1] 彭信威:《中国货币史》,上海:上海人民出版社,1958年,第571页。
[2] 严中平等编:《中国近代经济史统计资料选辑》,北京:科学出版社,1955年,第38页。
[3] [日]岸本美绪:《清代前期江南的米价动向》,载岸本美绪:《清代中国的物价与经济波动》,刘迪瑞译,北京:社会科学文献出版社,2010年,第85—124页。
[4] [日]岸本美绪:《清代前期江南的物价动向》,载岸本美绪:《清代中国的物价与经济波动》,刘迪瑞译,北京:社会科学文献出版社,2010年,第125—160页。
[5] 吴承明:《18与19世纪上叶的中国市场》,载吴承明:《中国的现代化:市场与社会》,北京:生活·读书·新知三联书店,2001年,第254—265页。
[6] 陈春声:《市场机制与社会变迁——18世纪广东米价分析》(附录四),广州:中山大学出版社,1992年,第321—334页。
[7] 李伯重:《1823—1829年华亭—娄县地区的物价》,《清华大学学报(哲学社会科学版)》,2007年第1期,第46—61页。

中分析当地的商品化状况①。任吉东整理了《退想斋日记》中所记录的近代山西太原地区粮食价格数据,分析了近代太原地区粮价的长期变动趋势,并在此基础上考察了该地区粮食流通市场的状况②。

历史时期物价资料的收集和整理是经济史研究的基础工作。在对物价水平长期趋势有了把握的前提下,将物价变动作为衡量经济水平的变量,将物价作为影响社会生活的重要因素,有助于我们认识社会变迁和某些历史事件背后的经济因素③。物价史料的梳理是史学研究的基本内容,这些研究对清代粮价进行的整理,为历史研究和经济史研究等相关领域奠定了基础,使我们对于清代物价水平的波动过程及社会影响有了较为清晰的认识④。

(二)粮价报告制度及粮价数据可靠性评估

在对粮价档案进行整理及对粮价数据进行研究的同时,对清代粮价报告制度本身的研究也成为学术界关注的重点问题。粮价报告制度的研究至为关键,是因为这一制度关系到如何正确利用粮价数据,是清代粮价相关研究的基础性问题,因此学者在粮价报告制度研究上也用力颇多。

以往的研究中,学者从各种官方的和非官方的文献资料中汇集物价史料。非官方的史料如地方志、文集、日记、账簿等,这类资料的特点是来源广泛,但零散而又不成系统。对于物价研究而言,价格的空间属性极为重要,清代时期价格在不同地区的差异非常明显,因此建立物价序列时对于确认物价史料是否来自同一地区非常关键,而通常情况下零散的非官方物价史料很难满足这点要求。相比之下,官方粮价报告档案则系统完整,对于建立物价的时间序列具有更高的利用价值,因而借助这些档案,学界对物价史料产生的制度背景的研究也着眼甚多。学界对于粮价报告制度的产生、发展演变和执行过程中的细节等方面均有较为深入的研究,这些制度史的研究对于正确认识粮价数据质量和利用粮价数据进行分析均具有重要的价值。

---

① 何红中:《从〈马首农言·粮价物价〉看清代中后期山西寿阳地区粮价物价变动及其商品化》,《南京农业大学学报(社会科学版)》,2008年第3期,第107—111页。

② 任吉东:《近代太原地区的粮价动向与粮食市场——以〈退想斋日记〉为中心》,《中国农史》,2003年第4期,第62—69页。

③ 如王业键对物价变动与太平天国关系进行了颇具启发性的研究。较之以往研究对此一重大历史事件的众多解释而言,这一研究从物价下落导致农民生活困难进而导致社会结构不稳定的视角提出了新的解释。见王业键:《十九世纪前期物价下落与太平天国革命》,载《清代经济史论文集(二)》,台北:稻乡出版社,2003年,第251—288页。

④ 王玉茹:《中国近代物价总水平变动趋势研究》,《中国经济史研究》,1996年第2期,第52—65页。卢锋、彭凯翔:《我国长期米价研究(1644—2000)》,《经济学(季刊)》,2005年第1期,第427—460页。彭凯翔:《清代以来的粮价:历史学的解释与再解释》,上海:上海人民出版社,2006年。

全汉昇和克劳斯的研究是最早对清代的粮价奏报制度进行介绍的研究成果,他们描述了粮价数据从县级开始到朝廷层层上报的具体流程,将粮价报告分为经常性奏报(regular report)和不规则奏报(special report)两类,强调不规则奏报对纠正经常性奏报数据失真的重要作用,并对粮价报告"不准确"(inaccuracy)和"不实"(intentional deceit)两大问题对粮价数据的影响作了评估①。

王业键先生早年开始研究清代粮价时即撰有《清代的粮价陈报制度》一文②,在此后三十多年对粮价资料的搜集整理过程中,陆续发现更为详细说明粮价陈报制度的档案,遂将此文扩充为《清代的粮价陈报制度及其评价》③。文中利用的粮价档案主要是由督抚上报到皇帝的粮价折和粮价单,还利用了少数地方府县一级的档案,详细地陈述了粮价由县(厅)、府(州)、省级地方上报至中央的奏报程序,并列出了各级报告清单的具体格式和报告内容,首次完整地呈现了粮价奏报制度的全部流程。该文在利用大量的粮价单档案资料的基础上,对该制度的执行效果和数据的优缺点都有了更加充分的论述,因此较以往学界对这一制度的研究要深入许多。

威尔金森也较早对清代粮价奏报制度进行过深入的研究④,他利用的资料主要为陕西省粮价细册,该资料藏于日本东京大学东洋文化研究所,包括了清末十年间(1900～1910)陕西省分县的月份粮价。威尔金森在研究中展示了县级粮价数据产生过程中的诸多细节,如粮价信息的采集渠道、数据的汇总方式和上报过程及各个环节的执行人员等方面的情况,更为清晰地勾勒了粮价数据由县级到省级的上报流程。威尔金森是首次利用粮价细册资料对粮价奏报制度及粮食市场进行研究的学者,由于各省咨送户部的粮价细册现今已所见不多,且粮价细册记录的是较宫中粮价单更为底层的县级粮价资料,因而更显出其研究的价值所在。

日本学者岸本美绪对县厅级粮价报告原始文书档案的研究特别值得注意⑤。岸本美绪利用了日本国会图书馆收藏的80余件江苏省太湖厅文书,

---

① Han-sheng Chuan, Richard A. Kraus, *Mid-Ch'ing Rice Markets and Trade: An Essay in Price History*, Cambridge: East Asian Research Center, Harvard University; distributed by Harvard University Press, 1975, pp.1-16.
② 王业键:《清代的粮价陈报制度》,载《故宫季刊》,1978年,第13卷第1期,第53—66页。
③ 王业键:《清代的粮价陈报制度及其评价》,载《清代经济史论文集(二)》,台北:稻乡出版社,2003年,第1—36页。
④ Endymion P. Wilkinson, *Studies in Chinese Price History*, New York: Garland Pub., 1980, pp.97-137.
⑤ [日]岸本美绪:《清代中国的物价与经济波动》,刘迪瑞译,北京:社会科学文献出版社,2010年,第447—464页。

时间在宣统元年(1909)至宣统三年(1911)。这些粮价报告的原始文书是太湖厅向上级报告粮价时所用的底稿,其中富含各种有关当时县级粮价报告执行情况的具体信息,如粮价报告单的内容和形式、上级衙门对该厅报告的指示以及太湖厅粮价报告与其他文献所载清代州县报告方法的异同等。岸本美绪的研究深入到了清代县级衙门的粮价报告档案,已经触及了清代粮价奏报制度中最低层级的官方报告,而以往只利用到了中央层级的粮价奏折及粮价清单等档案。岸本美绪对于粮价报告制度在基层政权的执行情况和执行过程中的细节问题进行了深入的研究,这一研究在研究视角和史料开掘两方面均是一个重大的推进。

此外,国内还有数位学者也对清代粮价报告制度进行了研究,他们利用的资料主要是清代地方督抚官员奏报的雨水粮价奏折及其附件粮价清单等中央一级的档案资料。如陈金陵对清代粮价单的研究,描述了粮价奏报制度的基本情况,包括粮价单的奏报内容、粮价奏报渠道及粮价奏报制度的执行力度[①]。王道瑞梳理了清代粮价奏报制度自康熙朝创立至乾隆朝形成的具体过程,并对粮价奏报制度确立以后的粮价单的执行情况以及现今中国第一历史档案馆对清代粮价资料的馆藏情况作了详细的介绍,为学界利用粮价单资料提供了重要的参考[②]。陈春声研究了18世纪广东的米价,主要利用了粮价单和雨水粮价折,也对产生米价数据的粮价奏报制度作了评述性介绍,在梳理粮价奏报制度的基本情况基础上,对粮价单的可比性和可靠性问题作了评估[③]。

对清代粮价数据质量的研究,除了从粮价报告制度的执行等角度来进行评估,还有学者从粮价数据本身的数量特征来判断粮价数据的可靠程度。相比之下,从粮价数据的数量特征角度来对粮价数据可靠性进行评估的方法显得更为客观和科学化,也可以为进行计量分析提供数据背景方面的基础信息。

从数量上对粮价数据可靠性进行研究的方法最早由王业键等创立,他们通过计算粮价数据中连续出现不变月数的长度、位置和频率,并统计连续不变次数在三个月(含)以下的比率,将较低的数据重复率和较低的数据遗漏率作为粮价资料可靠性的两个评价指标[④]。他们研究了1741~1790年间安

[①] 陈金陵:《清朝的粮价奏报与其盛衰》,《中国社会经济史研究》,1985年第3期,第63—68页。
[②] 王道瑞:《清代粮价奏报制度的确立及其作用》,《历史档案》,1987年第4期,第80—86页。
[③] 陈春声:《清代的粮价奏报制度》,载《市场机制与社会变迁——18世纪广东米价分析》(附录一),北京:中国人民大学出版社,2010年,第207—216页。
[④] 王业键等:《清代粮价资料之可靠性检定》,载《清代经济史论文集(二)》,台北:稻乡出版社,2003年,第289—315页。

徽、福建、广东、湖北、湖南、江苏、江西、浙江等八个省的小麦价格和大米价格数据的可靠性。通过统计粮价数据的遗漏率、可靠月份比率、一年以上（超过12个月）不变出现次数和月数、不变粮价记录最长月数等指标，对粮价数据可靠性作出了全面的定量评估。

王业键等创立的这套数据质量评价方法对后来的粮价数据质量评估及基于清代粮价的量化研究具有指导意义。利用同样的方法，多位学者在进行粮价数据的定量化分析前，均对研究数据的可靠性作了量化评估。马立博（Robert B. Marks）研究了1738~1795年广东和广西米价的数据质量，其研究首先统计了广东和广西米价的遗漏月数、重复月数及其比率，发现粮价重复次数在4个月以上的地区大部分出现在广西，且越偏远的地区这一现象越明显，人口越密集的地区粮价数据重复现象越不明显。从总体上来说广东和广西的米价数据是可以用来进行数量分析的，但即使如此仍然应该对数据的可靠性保持谨慎。马立博认为粮价数据造假可能在府级向省级上报粮价的过程中发生，原因是府一级官员未能及时收到来自县级的粮价报告而导致其无法汇集地方粮价，只能将前月粮价重复上报，最终导致粮价数据的高重复率[1]。

李明珠（Lillian M. Li）的研究也利用了上述方法对1738~1911年直隶的粮价数据质量进行了评估[2]。谢美娥的研究则对清代台湾府米价数据质量进行了讨论[3]。最新的研究来自王玉茹等人的论文，他们也利用上述方法统计了1736~1911年长江流域各省首府的米价数据的各项指标，包括数据的缺失比率、粮价数据连续相同月份的次数及其比率。乾隆朝、嘉道朝和咸同光宣朝三个时期中，以乾隆朝的粮价数据质量最高，嘉道朝次之，咸同光宣时期数据质量最低，他们的最后结论指出，利用粮价数据时必须对具体的时间和地点的数据分别加以考察，谨慎地对待数据的质量问题[4]。

以上学者对粮价报告制度的研究，有助于我们正确认识粮价报告制度执行细节，这对于我们正确利用粮价报告制度所产生的粮价清单数据大有帮助。其次，对粮价数据可靠性的研究及其评估方法，对于认识粮价数据的利用价值及其存在的问题提供了指导。这些研究为利用粮价数据进行定量分

---

[1] Robert B. Marks, "Rice prices, food supply, and market structure in eighteenth-century South China", *Late Imperial China*, 1991 (2): 64-116.
[2] Lillian M. Li, *Fighting Famine in North China: State, Market, and Environmental Decline, 1690s-1990s*, Stanford University Press, 2007, pp.407-409.
[3] 谢美娥:《清代台湾米价研究》,台北：稻乡出版社,2008年,第72—100页。
[4] 王玉茹、罗畅:《清代粮价数据质量研究——以长江流域为中心》,《清史研究》,2013年第1期,第53—69页。

析的研究提供了基本前提。在对粮价报告制度的执行细节有了清晰的把握后,才能真正明确粮价数据的确切含义,在此基础上才能正确地利用粮价数据进行相关的分析,得到更为科学准确的研究结论。

当然,这些研究仍然有待深入的地方,粮价报告制度在基层实施的情况仍然有待进一步的研究。现有的粮价报告制度研究基本建立在粮价奏折和粮价清单等官方史料基础上,且官方史料大多为到达朝廷的中央最高层级档案,对于地方档案的利用还较为薄弱。因此,现有的研究对于粮价报告制度在省级以上层面的执行情况较为清晰,而对于粮价报告在县级及以下的基层政府的执行情况就不够了解了。这一研究的薄弱环节不利于我们全面地认识粮价数据的产生过程,进而准确地理解粮价数据的真实含义,因此需要加强对地方档案的挖掘以加深对粮价报告在地方层面的执行情况的研究。

(三) 清代粮食贸易与市场整合研究

清代中国的国内贸易已经发展到了一个新的水平,国内贸易的运输路线日趋成熟,市场上流通的商品种类和商品数量均大为增加,前人对这一问题的研究已经非常成熟,为我们了解清代粮食市场的基本面貌奠定了研究的基础。

吴承明等估计了清代国内市场上粮食贸易的数量,认为当时国内各条运输通道上流通的粮食数量大约达到 3 600 万石,除去漕粮外,商品粮的数量约为 3 000 万石[1]。郭松义认为 3 000 万石的数量估计过小,对此作了重新估计,他的估计结果认为清代商品粮数量占粮食总产量的 10%～15%,其中清代前中期中长距离运销的粮食数量为 1 650 万石～5 750 万石[2]。邓亦兵研究了清代前、中期发达的水路、陆路和海路的格局,认为彼时已经形成了遍布全国的交通网络和商品流通网络,为全国贸易的发展提供了交通运输条件的基础[3]。此外,邓亦兵还重点对国内粮食贸易的运销状况作了系统的研究,形成了对国内粮食贸易最为全面的研究成果。这一系列的研究分别勾画了内陆、沿海和边疆地区的粮食运销路线和运销方式等,并且估算了各条路线的粮食流通量。其中,内陆地区水运路线上的粮食流通量达到 6 200 万石以上,加上沿海的粮食流通量,全国的规模至少达到 8 000 万石以上。从历

---

[1] 许涤新、吴承明主编:《中国资本主义发展史》(第一卷),《中国资本主义的萌芽》,北京:人民出版社,2003 年第二版,第 289—291 页。

[2] 郭松义:《清代粮食市场和商品粮数量的估测》,《中国史研究》,1994 年第 4 期,第 40—49 页。

[3] 邓亦兵:《清代前期的粮食运销和市场》,《历史研究》,1995 年第 4 期,第 151—161 页。邓亦兵:《清代前期商品流通的运道》,《历史档案》,2000 年第 1 期,第 99—105 页。邓亦兵:《清代前期全国商贸网络形成》,《浙江学刊》,2010 年第 4 期,第 15—25 页。

史过程来看,乾隆时期的粮食流通量是上升的,此后粮食贸易的规模呈下降的趋势①。

区域性的粮食市场研究也是这一研究领域的重点,研究者通过构建区域性市场的商品流通情况来对跨区域市场的贸易活动进行整体研究。张海英对江南地区的粮食贸易进行了研究,从地方志、实录等多种史料中梳理了清代江南地区米粮流通的基本格局,发现流入江南地区的粮食除了供本地消费以调节本地经济外,还作为粮食流通中转中心,为福建、浙江、广东等地区的经济发展提供粮食保障,因而江南地区的粮食市场具有跨区域调节经济的功能②。随后,黄敬斌的研究也对清中叶江南地区粮食供需状况进行了重新估计,对江南地区粮食贸易复杂多样的格局进行了再考察,尤其是对18世纪江南地区的粮食输入问题及与之相关的粮食贸易作了新的估计和解释③。

长江中游两湖地区是清代稻米的主产区,在粮食生产和贸易格局中占有重要地位,历来成为学者研究的重点。张岩对清代汉口的粮食贸易繁荣情景作了描绘④。罗威廉(William T. Rowe)的研究对汉口在长江流域和全国性粮食贸易中的枢纽地位进行了分析,指出粮食贸易是汉口最主要的商业活动,是汉口城市商业地位的基础⑤。钟永宁、田炯权、邓永飞等对湖北、湖南米谷的生产情况、米谷市场的格局和商品流通概况进行了研究⑥。最新的研究来自赵伟洪的论文,他利用文献资料和粮价数据对湖南地区清代乾隆年间米谷流通格局及市场整合进行了分析,该研究利用文献资料对湖南省内的米

---

① 邓亦兵:《清代前期的粮食运销和市场》,《历史研究》,1995年第4期,第151—161页;《清代前期内陆粮食运输量及变化趋势——关于清代粮食运输研究之二》,《中国经济史研究》,1994年第3期,第82—94页;《清代前期沿海粮食运销及运量变化趋势——关于粮食运销研究之三》,《中国社会经济史研究》,1994年第2期,第47—58页;《清代前期周边地区的粮食运销——关于粮食运销研究之四》,《史学月刊》,1995年第1期,第42—46页。

② 张海英:《清代江南地区的粮食市场及其商品粮流向》,《历史教学问题》,1999年第6期,第11—15页。

③ 黄敬斌:《清代中叶江南粮食供需与粮食贸易的再考察》,《清华大学学报(哲学社会科学版)》,2009年第3期,第39—47页。

④ 张岩:《清代汉口的粮食贸易》,《江汉论坛》,1993年第4期,第43—48页。

⑤ [美]罗威廉:《汉口:一个中国城市的商业和社会(1796—1889)》,江溶、鲁西奇译,北京:中国人民大学出版社,2005年,第70—80页。

⑥ 田炯权:《清末民国时期湖北的米谷市场和商品流通》,《中国经济史研究》,2006年第4期,第68—76页。田炯权:《清末民国时期湖南的米谷市场和商品流通》,《清史研究》,2006年第1期,第17—28页。钟永宁:《十八世纪的湘米输出与清政府的粮食调控政策》,《中国社会经济史研究》,1993年第4期,第63—69页。钟永宁:《试论十八世纪湘米输出的可行性问题》,《中国社会经济史研究》,1990年第3期,第65—71页。邓永飞:《清代中后期湖南的环境恶化与水稻生产》,《中国社会经济史研究》,2013年第4期,第38—48页。

谷贸易流通网络进行了复原，并利用粮价数据及协整分析法对省内市场整合情况进行了分析①。

长江上游四川地区在粮食流通中也居于关键地位，成为清代的重要稻米输出省份，谢放比较了全汉昇(18世纪中叶100万石～200万石)、王笛、邓亦兵(300万石)等人对川米外运量的估算，采用亩产量乘以土地计算粮食总产量，人口数乘以人均粮食占有量计算总消费量，得出雍正、乾隆、嘉庆三个时期的余粮数量，分别为6 400万石、4 000万石、700万石。雍乾时期的保守估计也在500万石～1 000万石之间，高于前人估计数②。

许檀对明清时期山东地区的粮食流通情况作了分析，将山东地区的粮食流通区域划分为鲁西运河沿线、山东半岛沿海区和省内流通区三大区域，其中鲁西运河沿线及半岛沿海地区与相邻省区的米粮贸易联系较多，从而认为山东未能形成一个全省统一的粮食流通市场③。

此外，基于粮价数据对清代市场整合问题进行的计量研究，也是粮价研究领域的重要成果。吴承明曾专文评述过利用粮价数据进行清代市场整合的研究，对此做过一次总结性的回顾④，而此后学界又出现了大量的同类研究，并出现了一些值得关注的新观点和新研究方法，对今后的研究将有重要的借鉴意义。

区域性粮食市场整合的研究，最早有全汉昇和克劳斯对长江流域和东南沿海地区的米价差价进行的分析，该项研究从数量上分析了区域间存在的大规模的长距离粮食贸易，并且认为存在跨越区域的市场整合⑤。此后，王业键对福建地区及整个东南沿海地区粮食市场的研究认为，18世纪中叶长江三角洲和珠江三角洲的市场关联性很弱，但部分府州间粮价关联性较强，则显示了相当程度的市场整合⑥。

---

① 赵伟洪：《清乾隆朝湖南省米谷流通与市场整合》，《中国经济史研究》，2015年第1期，第38—49页。
② 谢放：《清前期四川粮食产量及外运量的估计问题》，《四川大学学报(哲学社会科学版)》，1999年第6期，第84—90页。
③ 许檀：《明清时期山东的粮食流通》，《历史档案》，1995年第1期，第81—88页。
④ 吴承明：《利用粮价变动研究清代的市场整合》，《中国经济史研究》，1996年第2期，第90—96页。
⑤ Han-sheng Chuan, Richard A. Kraus, *Mid-Ch'ing Rice Markets and Trade: An Essay in Price History*, Cambridge: East Asian Research Center, Harvard University; distributed by Harvard University Press, 1975.
⑥ 王业键、黄莹珏：《清中叶东南沿海的粮食作物分布、粮食供需及粮价分析》，《中央研究院历史语言研究所集刊》，70卷2期，第363—397页。王业键：《十八世纪福建的粮食供需与粮价分析》，《中国社会经济史研究》，1987年第2期，第69—85页。

陈春声对18世纪华南地区粮食市场整合情况进行了结构性分析和历时性分析,认为广东省内存在一个关系复杂的市场网络,形成了一个统一的粮食市场,且市场整合程度的趋势越来越强①。马立博(Robert B. Marks)结合史料和粮价的统计分析进行了研究,认为18世纪的岭南地区形成了以广州为中心的主要粮食市场和以梧州为中心的次要粮食市场,但广东东部和广西西部的府州并未整合进岭南市场②。李中清(James Lee)分别分析了云贵地区粮价的地区差价和相关系数,发现云贵地区存在四个价格带,各地粮价变动存在一定的同步性,但这并不是来自粮食贸易的发达,而是来自天气的影响和战争的冲击,并且粮价的同步性在18世纪出现急剧下落。总体而言,李中清认为整个西南地区的市场整合程度还是比较差的③。濮德培(Peter C. Perdue)和王国斌(Roy Bin Wong)对18世纪湖南省内的粮食市场进行了定性和定量相结合的研究,通过对府内和府间粮食价格变动的分析,他们认为在粮食出口地区的府内和府间市场整合性都很强,而在非粮食出口地区则整合性不好④。濮德培还对甘肃粮食价格的相关系数进行了分析,认为18世纪时甘肃的粮食市场具有了相当高的整合程度,并且这种整合市场的形成是和军需、仓储和赈济制度密切相关的⑤。李明珠对乾隆以来直隶地区区域内和区域间的粮食流通进行了研究,通过对粮食价格的计量分析,发现直隶地区的粮食市场趋于分割的同时,与区域外的辽东地区和长三角地区的粮食市场的整合性却在加强⑥。张瑞威对18世纪江南和华北的长途大米贸易进行

---

① 陈春声:《清代中叶岭南区域市场的整合——米价动态的数理分析》,《中国经济史研究》,1993年第2期,第99—106页。
② [美]马立博:《虎、米、丝、泥:帝制晚期华南的环境与经济》,王玉茹、关永强译,南京:江苏人民出版社,2011年,第258页。
③ [美]李中清:《中国西南边疆的社会经济:1250—1850》,林文勋、秦树才译,北京:人民出版社,2012年,第235—259页。
④ Roy Bin Wong, Peter C. Perdue, Grain Markets and Food Supplies in Eighteenth-Century Hunan. In Thomas G. Rawski, Lillian M. Li, eds. *Chinese History in Economic Perspective*. Berkeley: University of California Press, 1992, pp.126 - 144. 龚胜生也对两湖地区的米价进行收集,对粮食市场进行了分析,见龚胜生:《18世纪两湖粮价时空特征研究》,《中国农史》,1995年第1期,第48—59页;龚胜生:《从米价长期变化看清代两湖农业经济的发展》,《中国经济史研究》,1996年第2期,第82—89页。
⑤ [美]濮德培:《清政府和甘肃谷物市场(1739—1864)》,载叶显恩主编:《清代区域社会经济研究》,北京:中华书局,1992年,第1047—1069页。英文版见 Peter C. Perdue, The Qing State and the Gansu Grain Market, 1739 - 1864. In Thomas G. Rawski and Lillian M. Li, eds. *Chinese history in economic perspective*. Berkeley: University of California Press, 1992, pp.100 - 125.
⑥ Lillian M. Li, "Integration and Disintegration in North China's Grain Markets, 1738 - 1911". *The Journal of Economic History*, 2000 (03): 665 - 699.

了研究,分别分析了山东、直隶和江南地区的大米贸易,揭示了大运河和漕粮运输在北方地区大米贸易中的作用,但认为华北和江南之间的大米贸易并不是市场整合的表现,而是有诸多非市场的因素促成了两地间贸易的发生,并不能认为当时已经形成了整合的市场[1]。谢美娥研究的中国台湾地区以输出粮食为主,和邻近地区的粮食价格数据进行相关分析发现,"台湾和福州、兴化、泉州、漳州的市场整合程度最高,与闽省部分府州和粤省潮州也有较高的关联,与浙江或长江下游地区的市场整合并不如近人研究所称的显著"[2]。穆崟臣对清代山东粮价和地区间粮食生产和粮食流通的状况进行了研究,并且利用粮价数据分析了山东粮食市场的整合性[3]。

近年来几位学者运用计量经济史学方法对清代中国市场整合问题进行了深入的研究,他们的研究思路和研究方法非常值得关注。他们在研究中非常注重引入协整分析等现代经济学研究中使用较广泛的计量分析方法,在研究方法上是重要的突破,代表了近年来出现的清代粮价研究的新方向。同时,他们的研究也使得中国经济史的研究论题规范化,在国际学术界的经济史研究领域中展示了中国经济史的研究资源,吸引了更多学者将目光投入中国经济史问题。

薛华(Carol H. Shiue)和凯勒(Wolfgang Keller)的研究对工业革命前夕18世纪中国南方地区和西欧的粮食价格数据进行了协整分析,比较了两个地区粮食市场的整合性。他们发现18世纪中国南方和西欧的粮食市场的整合性大体上是具有可比性的,但是最发达的长江三角洲地区却比英格兰地区市场整合性要差,进而认为市场表现是工业革命发生的必要而非充分条件,市场整合程度的提高和经济增长是同时发生的[4]。薛华一项早期的研究还对交通运输成本、地理因素与粮食市场整合的关系作了研究,发现市场兴起对经济发展的作用和对低成本运输的依赖性并没有以往研究强调的那么高,需要重新认识空间上(粮食贸易)和时间上(仓储制度)的作用对粮食市场发育和市场整合的促进作用[5]。

---

[1] 张瑞威:《十八世纪江南与华北之间的长程大米贸易》,《新史学》,2010年第21卷第1期,第25页。

[2] 谢美娥:《余米运省济民居,兼及西浙与东吴——十八世纪台米流通以及台湾周边地区粮食市场整合的再观察》,"明清时期江南市场经济的空间、制度与网络国际研讨会"会议论文,台北,2009年10月。谢美娥:《清代台湾米价研究》,台北:稻乡出版社,2008年。

[3] 穆崟臣:《制度、粮价与决策:清代山东"雨雪粮价"研究》,长春:吉林大学出版社,2012年。

[4] Carol H. Shiue, Wolfgang Keller, "Markets in China and Europe on the Eve of the Industrial Revolution", *The American Economic Review*, 2007 (4): 1189 - 1216.

[5] Carol H. Shiue, "Transport Costs and the Geography of Arbitrage in Eighteenth-Century China", *The American Economic Review*, 2002 (5): 1406 - 1419.

在研究方法上,凯勒和薛华也进行了有益的探索,他们率先采用了地理信息系统(geographic information system,GIS)的空间统计学分析方法对清代粮价数据进行了研究。他们的这项研究采用空间计量经济学的分析方法对清代粮价数据的空间交互作用进行了研究,探讨了空间依赖性对地区粮价的形成和地区间贸易扩张模式的影响。他们在研究中利用了GIS空间统计学中常用的全局性空间自相关分析(global spatial autocorrelation analysis)、局域性空间自相关分析(local spatial autocorrelation analysis)、空间回归分析(spatial regression analysis)等空间分析方法,为清代粮价研究引入了新的视角,发挥了跨学科研究方法的巨大优势[1]。

颜色和刘丛的研究对18世纪中国南方十省和北方五省的粮食价格数据进行了统计分析、回归分析和协整分析,比较了南北方粮食市场的整合程度,结果显示南方粮食市场的整合程度要高于北方。他们还对造成南北方粮食市场整合程度差异的原因进行了解释,认为地理条件尤其是河流运输网络的分布影响了粮食市场的整合程度。南方的河流水网密集,形成了交通网络体系,降低了运输成本,促进了市场整合,而北方的河流分布稀疏,河道不稳定,甚至成为交通运输的障碍,阻碍了市场整合[2]。

李嘉楠等人的研究利用协整分析和异质面板单位根检验(heterogeneous panel unit root testing)两种方法对1740~1820年中国211个府的粮价数据进行了分析,再次对清中期中国粮食市场的整合性作出评估。他们的研究支持了市场整合和地理距离的密切关系,南北方市场在市场整合程度上存在差异,南方市场整合程度要高于北方市场。但同时他们也发现18世纪至19世纪初期,南北方市场的整合程度均经历了一个持续降低的过程,这一结论挑战了薛华和凯勒关于中国在工业革命前存在运行良好的整合市场的观点。同时,这一研究的结论也说明不同的市场整合研究方法会得出不同的研究结论。而关于市场整合研究方法论方面的问题,当不能满足统一市场的假设条件时必须对协整分析方法保持谨慎态度[3]。

利用粮价数据来进行市场整合的研究是计量史学研究中较为成熟的研究方向,在清代经济史研究中也产生了许多经典的研究案例。这些案例

---

[1] Wolfgang Keller, Carol H. Shiue, "The origin of spatial interaction", *Journal of Econometrics*, 2007 (1): 304-332.

[2] 颜色、刘丛:《18世纪中国南方市场整合程度的比较——利用清代粮价数据的研究》,《经济研究》,2011年第12期,第124—137页。

[3] Jianan Li, Daniel M. Bernhofen, Markus Eberhardt, et al. "Market integration and disintegration in Qing Dynasty China: evidence from time-series and panel time-series methods". Working Paper Draft, ETSG No.060, 2013.

为学界重新认识粮价数据提供了典范,粮价数据以往仅仅被学界当作物价史的史料,而利用粮价数据进行市场整合的研究,不仅产生了新的研究问题和研究视角,而且研究方法的创新也带动了学界对传统史料的再发掘。这一研究领域在学术史上具有重要的地位,近年依然不断有新的研究成果利用新的分析方法对此问题进行探讨,市场整合问题在研究方法的创新和数据使用的改进等方面可以说仍有深入研究的空间,这些将是新的研究突破点所在。

(四)环境史、社会史视角下的清代粮价研究

在前工业化的清代中国,气候变化引起的自然灾害对农业的影响比其他因素都要来得剧烈,因此研究自然灾害对农业收成及粮价的影响成为粮价研究的重要议题。一方面,清王朝对农业异常重视,为此建立了整套的农业情报收集制度,包括气候、收成、粮价、仓储等一系列的系统性报告长年累月地由地方官员上报到朝廷,这些制度的执行为今天的研究留下了非常宝贵的数据资料①。另一方面,粮价问题在清代中国并不仅仅是个经济问题,更是社会问题。粮食能否充足供应,也不仅仅受自然环境的影响,还取决于粮食流通政策及地方对粮食流通的态度等方面的因素,还会受到粮食仓储等社会保障制度运行是否良好的影响。在这方面,从环境史、灾害史及社会史等角度进行的粮价研究,对于我们认识清代的环境与社会亦具有非常重要的学术价值。

王业键和黄莹珏的研究从大的空间尺度上对清代中国的气候变迁、自然灾害对粮食生产和粮价的影响作了分析,是这方面具有开创性意义的研究成果。他们的研究认为粮价高峰期大都出现在自然灾害多的时期,粮价在不同时期分别与旱灾和涝灾变动一致,但是长期的气候变迁对粮价的影响并不明显,冷期粮价未见上升,暖期粮价未见下降,因此作者认为货币、人口、水利设施等对于粮价长期变动的影响大于气候冷暖周期的影响②。

谢美娥对台湾的自然灾害、粮食生产收成和粮食价格的关系作了研究,利用旱涝等级数据和清代收成档案中的收成分数数据,定量分析自然灾害和收成分数对清代粮价的影响。研究结果发现,自然灾害对粮价的影响较为显

---

① 穆崟臣:《清代雨雪折奏制度考略》,《社会科学战线》,2011年第11期,第103—110页;穆崟臣:《清代收成奏报制度考略》,《北京大学学报(哲学社会科学版)》,2014年第5期,第115—121页。
② 王业键、黄莹珏:《清代中国气候变迁、自然灾害与粮价的初步考察》,《中国经济史研究》,1999年第1期,第5—20页。

著表现在短期作用方面,从长时段来看自然灾害对粮价的影响并不显著。而收成情况对粮价的影响方面,表现在粮价上升期收成对粮价的影响有一定程度的作用,但也仅仅局限在短期内的某些特定年份,在粮价下降期,收成分数情况不是影响粮价的主要因素①。

张连银的研究首先分析了气候变化及自然灾害对甘肃粮价波动的影响程度,发现气候冷暖和粮价的长期波动、水旱灾害和粮价的短期波动均具有明显的相关性,但其影响的区域差异明显。该研究还对仓储体系与粮价波动幅度的关系作了跨时期的比较分析,认为甘肃仓储系统对于减缓粮价波动幅度、维持粮价稳定具有关键作用②。

山西是清代发生粮食危机最为频繁、危机程度最为严重的地区之一,学界对这一地区粮食问题的研究也非常重视,对该地区粮食价格的研究成果颇丰。如郝平和周亚的研究主要从新发现的史料《丰歉年略》中整理了山西地区的粮价数据,并结合文集、地方志等文献中的记载,对"丁戊奇荒"时期山西地区的灾荒图景和粮价时空特征进行了分析,发现灾荒时期山西的粮价急剧升高,尤其以光绪三、四年(1877~1878)为峰值,空间上以晋南和晋中两个地区为最,粮价的时空特征与灾害的时空特征是一致的,反映了粮价对灾荒的灵敏性③。李军等人的研究对清代山西自然灾害和粮价波动之间进行的分析表明二者具有显著相关性,分析了影响粮价波动的诸多因素,其中人口快速增长、阻碍粮食流通的制度、货币供应增加等因素推动了粮价的上涨,而清代完善的救灾保障制度、晋商的商业活动及市场体系等因素则抑制了粮价的过快波动④。

以上两项研究主要从自然灾害对粮价影响的角度来对山西地区粮价进行了分析,而此后马国英等人的研究则从市场条件和社会环境的角度对粮价的变动及其影响因素进行了多角度的分析,对于我们认识清代山西粮食市场发展历程及其运行机制颇具启发性⑤。这一研究对1875~1908年间山西粮价的长期变动趋势及价格的地区性特征进行了分析,分别从供给面、需求面

---

① 谢美娥:《自然灾害、生产收成与清代台湾米价的变动(1738—1850)》,《中国经济史研究》,2010年第4期,第110—127页。
② 张连银:《自然灾害、仓储与清代甘肃的粮价(1796—1911)》,《兰州学刊》,2014年第8期,第54—58页。
③ 郝平、周亚:《"丁戊奇荒"时期的山西粮价》,《史林》,2008年第5期,第81—89页。
④ 李军、李志芳、石涛:《自然灾害与区域粮食价格——以清代山西为例》,《中国农村观察》,2008年第2期,第40—51页。
⑤ 马国英、陈永福、李军:《晚清山西粮食价格波动、市场成因及政府行为(1875—1908)》,《中国经济史研究》,2012年第3期,第81—94页。

以及仓储系统等角度对粮价变动影响作了综合的分析。山西在晚清整体经济形势凋敝的环境下,市场化因素的作用逐渐增强,有限的土地上粮食生产逐步让位于经济作物的种植,同时战乱和大灾荒导致仓储空虚而使其失去调节粮价的作用,这些因素共同作用遂导致晚清粮价持续保持在较高水平。这一研究从经济学角度对晚清山西粮价变动趋势及市场机制作了比较全面的解析,有助于我们理解晚清的整体经济变迁。

邓玉娜对清代中后期河南的粮价进行了研究,认为道光、同治时期粮价基本处在国家调控的范围内,粮价波动的影响因素主要源于自然灾害;而到了光绪年间国家调控能力减弱,市场成为调节粮价的主要因素,价格的波动基本来源于市场的自发调节,所以粮价剧烈波动,幅度远大于之前的时期。通过对粗粮、精粮差价和比价的研究,从经济的角度解释了农民粜精籴粗行为长期存在的原因。最后,还对粮价地区差异和省内粮食流通的格局作了分析①。

李中清等人研究辽东地区人口和粮价关系,在研究中发现辽东地区粮价变动和死亡率的正相关关系不强,粮价变动与出生率的负相关关系更强,这与很多欧洲人口史的研究结果正好是相反的。粮价与分性别出生率的相关关系中,粮价与女性出生率的相关性要高于粮价与男性出生率的相关性。粮价上升,出生率就下降,尤其是女性出生率随粮价上升而下降的比例更明显。粮价下降,出生率就上升,又以女性出生率上升得快。同时他们发现溺婴,尤其是溺女婴现象与粮价波动密切相关②。

这些从环境史、社会史的角度对粮价进行的研究,以粮价变动作为观察清代社会的视角,可以透视清代自然与社会因素与经济之间的交互作用,也可从中看到国家能力与市场机制间此消彼长对经济发挥作用的历史过程,其中引发很多值得思考和深入研究的课题。

（五）近年来的研究趋势

最近五年以来,学界又出现了一大批关于清代粮价的研究,这些研究关注的问题非常广泛,包括清代粮价报告制度及粮价数据性质③,粮价数据质量及

---

① 邓玉娜:《清代中后期河南省粮价变化的历史地理学解释》,《陕西师范大学学报(哲学社会科学版)》,2012年第6期,第103—111页。
② [美]李中清、康文林等:《1772—1873年间奉天地区粮价与人口变化》,载叶显恩主编:《清代区域社会经济研究》,北京:中华书局,1992年,第1070—1093页。
③ 吕长全、王玉茹:《清代粮价奏报流程及其数据性质再探讨》,《近代史研究》,2017年第1期;吴超、霍红霞:《道光至光绪朝归化城土默特地区的粮价探究——以归化城土默特粮价细册为中心》,《社会科学论坛》,2018年第1期,第59—71页。

其数据使用方法问题①、区域粮价变动趋势与经济周期分析②、区域粮食市场整合问题③、交通条件、人口变动与区域市场整合的关系④、粮价波动对社会经济的影响问题⑤、灾害对粮价波动和市场发展的影响⑥等问题。从以上文献回顾可以看出，近年来学界对于清代粮价问题的研究呈现如下几个特征和趋势：

第一，对粮价报告制度及粮价数据质量的评估的研究更加细化，注重发掘更为底层的一手资料，对粮价报告制度执行的实际情况进行细致分析，并结合粮价报告制度执行的具体方式探究粮价数据产生的制度背景，达到对数据性质的深入了解。

---

① 胡鹏、李军：《两套清代粮价数据资料综合使用之可行性论证与方法探讨——基于文献学和统计学方法的分析》，《中国社会经济史研究》，2016 年第 2 期，第 36—44 页；胡鹏、李军：《农历抑或公历？数据形式对数理分析结果的影响——以清代中后期直隶小麦市场整合分析为例》，《中国经济史研究》，2016 年第 4 期，第 107—114 页。

② 马国英：《1736—1911 年间山西粮价变动趋势研究——以货币为中心的考察》，《中国经济史研究》，2015 年第 3 期，第 117—125 页；马国英：《1736—1911 年间山西粮价变动情况及影响因素研究》，《首都师范大学学报(社会科学版)》，2016 年第 3 期，第 11—23 页；罗畅、李启航、方意：《清乾隆至宣统年间的经济周期——以开封、太原粮价数据为中心》，《经济学(季刊)》，2016 年第 2 期，第 453—478 页；赵伟洪：《乾隆时期长江中游地区"丰年米贵"问题探析》，《云南社会科学》，2018 年第 1 期，第 167—173 页。

③ 赵伟洪：《清乾隆朝湖南省米谷流通与市场整合》，《中国经济史研究》，2015 年第 1 期，第 38—49 页；赵伟洪：《乾隆时期江西省米谷流通与市场整合》，《中国社会经济史研究》，2016 年第 4 期，第 52—64 页；朱琳：《清代淮河流域的粮价、市场与地方社会》，北京：经济科学出版社，2016 年；赵伟洪：《乾隆时期长江中游米谷市场的空间格局》，《中国经济史研究》，2017 年第 4 期，第 37—55 页；王玉茹、吕长全：《乾隆时期山东省内粮食市场整合探析》，《中国经济史研究》，2017 年第 4 期，第 29—36 页；陆长玮：《清代中后期江南市场整合的动态变化及其解释——基于多变量 DCC‑GARCH 模型的分析》，《上海经济研究》2021 年第 4 期，第 114—128 页。

④ 胡鹏、李军：《19 世纪京津冀地区的交通网络与粮食贸易线路——基于理论层面的量化和统计分析》，《中国历史地理论丛》，2019 年第 4 期，第 116—127 页；何石军、蔡杨、高明：《清代前期的交通成本与粮食市场整合的再估计——基于第二次金川之役自然实验的量化考察》，《经济科学》，2020 年第 4 期，第 125—136 页；Gu Y., Kung J. K., "Malthus Goes to China: The Effect of 'Positive Checks' on Grain Market Development, 1736‑1910", *The Journal of Economic History*, 2021, 81(4): 1‑36.

⑤ 黄玉玺、胡鹏、李军：《粮价波动对清代地方公职人员生活水平的影响——以 1771—1911 年北京地区为例》，《中国社会经济史研究》，2018 年第 1 期，第 27—37 页。

⑥ 阮建青、李垚：《自然灾害与市场演进——基于 18 世纪清代粮食市场的研究》，《浙江大学学报(人文社会科学版)》2018 年第 1 期，第 183—198 页；刘锦增：《战争、灾荒、仓储与粮价：乾隆年间甘肃粮价的波动机制分析》，《青海民族研究》，2019 年第 4 期，第 130—140 页；胡鹏、李军：《自然灾害影响市场整合的政府路径——基于 1776—1840 年华北小麦市场的实证分析》，《中国经济史研究》，2019 年第 3 期，第 84—96 页；丁彦君等：《18~19 世纪之交华北平原的气候变化与粮价异常》，《中国科学：地球科学》，2020 年第 1 期，第 122—133 页；吕长全：《灾害、收成与麦价：以乾隆时期的山东省为中心》，《中国社会经济史研究》，2021 年第 1 期，第 47—57 页。

第二，对粮价数据性质的认识更加深入，对粮价数据的使用更加规范且更具有选择性。随着近年来大规模粮价数据的面世，学界可以对粮价数据进行全方位的检测，在全面认识粮价数据质量的基础上，对不同时间、不同地区的粮价数据进行有选择性的使用，为计量研究提供扎实的数据基础。

第三，研究方法更加多样，呈现由定性分析向定量分析转变，由简单的定量分析向精密的定量分析转变的研究趋势。以往研究主要从传统文献中汇集史料提取粮价数据，对粮价数据进行较为简单的处理和相关分析，近年来随着粮价数据库的建立和粮价数据资料的集中出版，可以大规模地利用清代粮价数据，回归分析、协整分析等计量经济学分析方法逐渐成为清代粮价研究中的常用分析方法。

第四，研究视角不断深入，从着重时间序列的角度关注粮价变动的物价史特征，逐渐转变到重点关注粮价变动所反映的市场机制及区域间市场整合等更为深入的问题。

在总结以上趋势的基础上，本研究将从以下几个方面进行探索，希望对这一研究领域有所推进。

第一，新的粮价数据的发掘。目前大部分研究利用的粮价单数据代表的是府一级的粮价，清代的粮价细册资料中还保留了县一级的粮价资料，需要进一步深入发掘史料，整理出一套较为系统的区域性县级粮价数据，对清代粮食市场进行更为微观的研究，提高研究的精度。

第二，研究方法的创新。目前的研究大多是基于经济学计量方法的分析，采用以时间序列分析为主的思维模式和分析方法。清代粮价是一套时空数据集，可将跨学科的方法引入，采用GIS空间分析方法，建立整合清代的收成、气候、灾害、仓储、关税等方面资料的综合数据库。本研究将尝试探讨粮价的空间分布模式变化及其对清代地区间经济关系的影响。

第三，研究视角的拓展。目前的研究大部分是基于粮价资料来研究清代的物价、贸易、市场等直接相关的经济史主题，而粮价是关涉面甚广的一个经济指标，上至国家的财政体制，下至平民的日常生活都与之息息相关，可以将粮价研究的视角进一步拓展，进行交叉研究。

三、资料与方法

（一）研究资料

本书的研究资料主要集中在清代宫中档案及地方档案。与清代粮价研究直接相关的核心资料分为两大类：一是各种来源的记载中包含的粮价数据，二是与粮价数据相关的制度背景方面的史料。和大部分清代粮价的研究一样,本研究展开粮价研究的核心资料也是来自官方的粮价报告数据,这些数据主要保存在粮价奏折和粮价清单等官方档案中,这是本研究进行计量研究的基本数据。

鉴于多年来学界在清代粮价研究领域的丰硕成果,近年来学界对清代粮价数据的整理工作取得了重大进展,现在利用粮价数据已变得非常便利。因此,本研究在研究数据的完整性和系统性方面较以往研究具备很大的优势。以往进行清代粮价研究的学者需要耗费大量的时间到各处档案收藏机构进行粮价档案的查阅和粮价数据的整理工作,要完成这一项工作已经耗费了研究时间的大半,因而无法进行大范围和长时段的研究。由于研究条件的限制,单个学者甚至多个学者也只能对某一时段、某一地域范围内的粮价数据进行整理和研究,这给进行更大范围和更长时段的研究带来很大的局限。值得庆幸的是,现在粮价数据的获取变得更为便利,尤其近年来数据的搜集整理工作卓有成效,已经基本将清代粮价数据整理完全,建立了供学界查询的数据库,出版了大型的数据集,这为研究者节省了数据收集的大量精力,也为学界进行更为全面深入的粮价研究提供了数据保证[①]。

在粮价数据收集整理和粮价资料库建立工作有重大进展的同时,对产生粮价数据的粮价报告制度的研究却没有大的推进。除了在20世纪八九十年代出现的多位学者的研究外,学界对这一问题的关注度有所停滞,此后未再有深入的研究。究其原因,一方面,从研究视角来看,粮价报告制度在执行和操作层面较其他制度来说相对简单明了,学界对这一制度的研究已经较为清晰,从理解粮价数据的角度来说,数据的使用者未注意到该制度的复杂性及其对数据可靠性的影响,研究者认为没有从制度史的角度进行深入研究的必要;另一方面,从史料来源来说,也是受制于研究资料的局限,清代地方档案中保留粮价报告制度的档案非常罕见。因此研究者只能将视角停留在粮价奏折和粮价清单等中央一级的档案资料上,利用这些资料仅能对粮价报告制度在省级以上执行的情况作出分析,而无法将这一制度在基层政区的实际执行情况深入复原出来。实际上,尽管粮价报告制度的研究较为充分,但研究中仍然发现粮价数据的含义尚有不明确的地方,必须结合制度史的研究才能

[①] 目前学界使用的粮价数据主要有两套:一为王业键整理的"清代粮价资料库",http://mhdb.mh.sinica.edu.tw/foodprice/;二为中国社会科学院经济研究所整理出版的《清代道光至宣统间粮价表》(桂林:广西师范大学出版社,2009年)。由于数据收集的渠道和保存方式不同,这两套数据各有优缺点,在使用时可以根据研究的特点进行选取。关于各自的特点及其存在的问题,在使用时应注意的事项,罗畅的研究曾对此作过比较,参见罗畅:《两套清代粮价数据资料的比较与使用》,《近代史研究》,2012年第5期,第142—156页。

解开这些谜团，在对制度执行过程中的诸多细节有了清晰把握的前提下，才能正确理解粮价数据的真实含义。这是本书需要首先解决的问题，对制度的清晰把握、对数据的准确理解，是进行后续粮价定量研究的基础。

为此，本书将在前人对粮价报告制度研究的基础上，对粮价报告制度的整个运行流程进行梳理。前人研究对粮价报告制度的最终环节进行了详细的研究，即对省级及以上层面的制度执行作了较为深入的研究，使我们对督抚及皇帝之间关于粮价报告的互动及其对粮价报告的作用均已经有了全面的认识。本书将重点研究粮价报告制度在省级以下行政区的执行情况，尤其是对县级和县级以下政区获取地方粮价信息的渠道作深入分析，这样可以弥补前人研究重高层、轻基层的研究缺陷，力图将粮价报告制度在整个流程的每一关键环节都清晰地复原出来。本研究采取对粮价数据进行"追踪"的方式，尝试对一套粮价数据从县级开始到皇帝奏折中的一系列流程进行全过程的复原，希望借此能够清晰了解粮价数据的产生方式，准确理解数据的真实含义。

复原粮价报告在基层的执行细节，必须在史料来源上将视角从中央层面下移到省、府、县级等基层政府的档案中。实际上，粮价报告制度以自下而上、层层上报的方式执行，是清代地方官员的一项日常行政事务，其执行的公文在县、府、省级均存留有档案。现今保留的各地清代地方政务档案中，仍然可见许多零散的相关史料可以利用，但是系统反映粮价报告的地方政务档案尚不多见。本书除利用清代雨雪粮价折和粮价单等常用的中央档案外，还将结合地方粮价报告档案来考察清代县级粮价奏报制度的执行实态，对县级粮价数据的采集、汇总、上报等环节进行具体的考察，以深化我们对清代粮价奏报制度在地方执行实态的认识。

值得庆幸的是，青海省档案馆收藏的清代循化厅档案中包含了粮价报告的材料，本书将利用这批档案进行研究。这批档案主要集中在清末同治至宣统朝时期，其中光绪年间的档案中保留了大量关于该厅清代粮价报告制度的往来公文。这些公文档案无论从数量上还是从内容上来看均属十分珍贵，可以为研究清代粮价报告在地方上的执行实态提供翔实的史料。档案的类型包括两类：其一为循化厅的米粮斗行向该厅官员汇报当地粮价的禀文，主要内容是以清单的形式开列当地各类粮食的价格；其二为循化厅和上级官员之间的往来公文，因事务性质不同，公文的种类繁多，包括申呈、关、札、火签等类型。从这些档案的内容及档案上的官员批示，可以看到清代粮价报告制度在基层政府的执行实态，生动直观地展示制度在基层运作的诸多细节。

本书还将对粮价细册制度进行研究。粮价细册制度是粮价报告制度的一个组成部分，清代制度规定地方粮价上报到朝廷有两条并行的途径：一条途径通过督抚官员以奏折及清单的形式上奏到皇帝手中,此即最为常见的粮价奏折,学界利用最多;另一条途径是布政使将通省州县的地方粮价以清册的形式上报到户部,成为粮价细册存在户部档案中。目前学界对粮价细册制度的研究还很少见,本研究将对粮价细册制度作一梳理。因为粮价细册中完整地保留了详细的县级粮价数据,因此对粮价细册制度的清晰认识,将有助于我们更好地理解粮价数据的产生过程,从中可以看到粮价数据由县级开始向上报告流程中的汇总细节和汇总方式。

因为粮价细册资料保存在户部档案中,而至今清代户部的档案保留下来的数量非常稀少,粮价细册资料就更为罕见。据笔者了解,目前国内学界尚未发现保存在户部档案中的粮价清册。虽然藏于户部档案中的粮价细册资料无法获取,各省上报户部时的粮价细册底稿却在多个省级档案馆及国内外的图书馆中仍有保存。美国学者威尔金森的研究即利用了陕西的粮价细册资料《陕西布政使司造报陕省各属市估银粮价值清册》,这批资料现在收藏于日本东京大学东洋文化研究所大木文库,记载了清末光绪二十六年(1900)至宣统三年(1911)陕西各县的多种粮价。但这项研究利用粮价细册的关注点在于地方物价史的问题,对于地方粮价细册制度及粮价单数据关系等问题并未深入研究①。除此之外,岸本美绪在其研究中透露,东洋文化研究所大木文库还收藏有四川、河南两省的粮价细册资料②,日本国会图书馆收藏了光绪五年至宣统三年的《河南钱粮册》,其中第781~867册中也有光绪二十五年十月至宣统二年九月间共计51个月的河南通省州县粮价细册③。

以上资料均收藏于日本的图书馆机构中,限于研究条件,笔者无法获取开展研究。所幸国内的档案馆和图书馆等机构也收藏了部分清代粮价细册资料,对本研究的研究目的来说可以满足研究需要。其一是国家图书馆收藏的《滇省府厅州县宣统三年二月份粮价表》④,这份资料现已经出版,学界获取利用非常方便。从其内容来看,初步判断这份资料不属于户部档案,应是

---

① Endymion P. Wilkinson, *Studies in Chinese Price History*, New York: Garland Pub., 1980.
② [日]岸本美绪:《清代中国的物价与经济波动》,刘迪瑞译,北京:社会科学文献出版社,2010年,第5页。
③ [日]岸本美绪:《清代中国的物价与经济波动》,刘迪瑞译,北京:社会科学文献出版社,2010年,第476—477页。笔者通过日本国会图书馆网站检索,发现《河南钱粮册》第69—73帙收录了《各属米粮价值细数清册》,具体包括光绪二十五年十月,二十六年十月至十二月,二十七年一月至三月,三十二年七月、八月、十月至十二月,三十三年一月至八月,三十四年一月至十月,宣统元年二月至十二月,宣统二年一月至九月共计51个月的粮价数据。https://ndlonline.ndl.go.jp/#!/detail/R300000001-I000007611252-00。
④ 佚名编:《滇省府厅州县宣统三年二月份粮价统计散表》,载国家图书馆分馆编:《清代边疆史料抄稿本汇编》第34册,北京:线装书局,2003年。

当时云南省布政使上报户部时用的粮价细册的底稿,其中记载的粮价和户部的粮价清册应是一致的,因此从史料上来说可以和户部档案相提并论。其二是甘肃省档案馆收藏的《清朝甘肃地方政府档案》,这批档案收藏于该馆1号全宗中,其中收录了甘肃省各府厅州县的米粮时估价值,是国内档案中罕见的县级粮价资料,对于粮价研究具有重要价值[①]。本研究将整理粮价细册资料中的县级粮价数据,然后与粮价奏折中的府级粮价数据进行比对,对粮价数据由县级开始向上汇报的流程、汇总方法及其中存在的问题作出分析,将这些问题研究透彻才能对粮价数据的含义做到准确的理解。

此外,本研究中除系统利用粮价奏折和粮价细册等档案外,将要利用的资料还来自官方制书、实录、地方志等常见史料,档案方面还有收成分数奏折、雨雪分寸奏折以及题本、录副奏折、上谕档等资料。

(二) 研究方法

清代粮价研究的是历史时期的经济问题,虽然一般被界定为一项经济史领域的研究,但其运用的研究方法却不限于历史学,而是涉及多个学科的研究方法,包括历史学、经济学、地理学等。

作为经济史学研究的重点内容,清代粮价研究自然离不开历史学方法,对新史料的挖掘,对历史数据可靠性的辨析,对制度史研究的重视,对数据真实含义的清晰把握,这些都需要扎实地利用历史学的研究方法,是所有研究工作的基础。本研究在新史料的运用方面,将对清代地方政府档案中关于地方粮价报告制度执行情况的文献材料进行挖掘,将粮价报告制度的研究视角由高层向基层纵深推进。同时对学界较少关注的粮价细册制度进行梳理,借此厘清粮价单数据中的若干认识问题,进一步明确粮价数据的真实含义。这些工作需要对既有制度史研究成果进行梳理的基础上,重新发掘新史料,尤其重视基层档案资料的利用。

本研究除了利用传统经济史学常用的历史学研究方法外,也将利用经济学的分析方法。传统的经济史学研究目的偏重于对历史事实的还原,在方法上主要采用描述的方法概括事实,但在历史经济问题的分析方面则略显薄弱。要突破这一研究的薄弱环节,需要提出新的研究视角和问题意识,在此基础上采用新的分析方法对可靠的历史数据进行分析。由于粮价数据是一系列客观的经济统计数据,其非人格化的特性使得粮价研究中采用科学化的经济学分析方法方能发掘出数据中的经济含义,赋予其经济史研究的内涵。采用规范的

---

① 关于这批档案的说明,参见甘肃省档案馆网站:http://www.cngsda.net/art/2012/11/14/art_19_608.html。

经济学实证研究方法对数据进行分析,方能得到扎实的研究结论。

粮价研究中最为学界关注的问题包括清代的市场整合问题。市场整合的问题是从经济学研究所关注的市场发育与经济发展问题而来,研究者将这一问题意识运用到经济史的研究中来,无论对于历史研究还是经济研究,均是一个非常新颖的视角。一方面,有助于经济学研究从历史发展的角度来对现代经济问题提供一个长时段的观察视角和解释;另一方面,则为历史研究提供了新的问题意识,有利于改变传统经济史研究重描述、轻分析的特点。相应地,新的研究问题的提出必然要求分析方法的创新,以及对新史料和新数据的挖掘或现有数据的重新利用。以往的研究表明,市场整合的研究既需要从定性的描述概括方法来分析,也需要从定量的数据分析中得出结果。一项扎实的经济史研究,是在研究中能够尽量将定性研究和定量研究两种方法充分结合,使两种研究方法各自发挥功效、相得益彰,具备扎实可靠的史料数据和科学规范的分析方法。

经济学中对市场整合问题的分析方法通常有两种进路。一是贸易流法,从贸易量来进行测算,通过两地市场间的商品和货物流通数量对两地市场之间联系的紧密程度进行度量,贸易量越大联系越紧密,市场整合程度就越高;二是价格法,从价格联动水平来进行评估,通过两地市场间商品价格变动的同步性,测算一地商品价格变动对另一地商品价格的影响程度和作用速度,价格的影响越大,作用速度越快,则市场整合程度越高。在清代市场研究中,两种方法均被学者采用进行市场整合的研究。贸易流法的研究通常是学者对贸易流通现象进行概括性归纳,或采用统计数据对贸易商品量进行描述性统计,通过比较不同时期、不同地域的商品流通和贸易量来对特定研究对象的市场整合程度进行评估。从本质上来说这类研究方法属于定性研究方法,在经济史研究中是最常见的研究方法。价格法的研究则通常由学者收集大量的商品价格数据,对多地间价格的时间序列数据进行比对,采用计量经济学的方法对价格在地区间变动的一致性程度和变动速度进行评估。利用价格法进行市场整合研究的方法是一种定量分析方法,其研究结论较为科学客观,在现代经济学研究中更为常见。

相比较而言,贸易流法需要对商品数量进行尽量完整的统计,这对统计数据的全面性要求较为严格,尤其在前现代的中国缺乏现代化的科学统计资料的情况下,要完成对总体贸易量的完整统计非常困难,研究中利用的数据通常都是零星的、不完全的统计数据,很多研究都是建基于对贸易量的估计结果,因此这类研究往往受制于数据的完整性,结论有时显得主观性较强,不易得到为学界普遍接受的结论。价格法利用的价格数据统计途径更为简便,只需通过简单的调查即可得到准确的市场价格,无需耗费大量的人力进行统计,数据的获取成本很低,因而经济学家更偏向于利用价格法来进行市场整合的研究。价格法研究市场整合不仅在数据方面具有优势,在研究方法上也更加多元化。近年来学者不断地改进市场整合研究的方法,如早期应用简单的相关分析和回归分析方法,近年来又多采用协整分析方法等计量经济学的精细方法进行研究,将粮价与市场整合研究不断向深入推进。

最后,清代粮价数据以府为单位开列各省粮价,在地理上形成了一个完整的空间序列,在时间上将每月粮价开列,形成了完整的时间序列,因此粮价数据实际上是一套覆盖范围非常完整的时空数据集,具有时空数据的特殊属性。然而,传统的经济史研究分析粮价数据时多关注其时间属性,未能充分发掘粮价数据的空间特性以及时空兼备的特性。地理信息系统(GIS)理论和方法可以为这一问题提供新的视角和研究方法。为此,本研究将使用GIS对清代粮价数据进行研究,包括对数据的管理、处理和分析,利用GIS的空间分析方法对粮价数据进行时空分析,从地理学空间分析的视角,发掘清代粮价数据中的时空属性。作为粮价GIS研究的基础,首先需要在ArcGIS软件中以"中国历史地理信息系统"(CHGIS)数据库为基础,建立清代政区的空间数据库,然后将清代粮价数据以属性数据的形式连接到地理数据中,建立一个清代"粮价地理信息系统"(Grain Price GIS, GPGIS),在GPGIS中实现对粮价数据的输入、存储、处理和分析。

四、各章内容安排

本书各章的内容安排如下:

第一章利用青海省档案馆中的清代循化厅档案,对清代粮价报告制度在县级及以下的基层政区运作的实际情形作了系统的研究。针对以往研究关注粮价奏折及粮价单,对基层粮价报告的运作情形的认识还不够,本章将利用县级档案对地方粮价报告的数据采集、编制、上报等关键环节及其流程进行梳理,从报告的来源与去向、报告时限、报告内容及报告的查核等方面进行具体的考察。首先通过循化厅档案中的粮价报告清单,梳理该厅粮价报告的形式、内容及制度的逐步规范化过程,其次通过档案中的循化厅与上级官员关于粮价报告的互动,揭示布政使作为地方和中央粮价信息传导枢纽的关键作用。研究表明,布政使负责汇总通省厅县的粮价再由督抚上奏皇帝,同时编制粮价细册上报户部,对府县粮价报告的督促和查核对粮价报告制度的执行至关重要。本章虽然只是利用循化厅档案对清代地方粮价报告进行的个案研究,但是鉴于该制度在全国推行的普遍程度,仍具有一定的普遍意义,可以作为其他地区粮价报告制度的参考。

第二章对清代粮价细册制度进行系统的研究，利用粮价细册中的县级粮价数据对粮价数据进行比对，明确了粮价数据所代表的真实含义，以利于正确地利用粮价数据进行定量研究。本章将综合利用清代地方和中央一级的档案资料，对粮价细册制度的建立过程、制度的实施细节及其影响进行全面的分析，同时重点分析了粮价细册制度在清代粮价报告制度中的地位和作用，尤其探讨了粮价细册制度研究对清代粮价研究的推动作用。对粮价细册制度的研究，有助于我们更为清晰地认识清代粮价报告制度，加深对清代粮价数据真实含义的理解。

第三章对清代粮价数据可靠性问题作了更为详尽的考察。在更小的时空尺度上对粮价数据进行划分，对其可靠性进行定量化的评定。具体而言，在时间尺度上以三十年为划分区间，在空间尺度上具体到每个府。这样做到了分时间、分地区对粮价数据可靠性的指标分别进行统计，以达到对粮价数据质量更为精细的评判，得到一个更全面、更详细的粮价数据可靠性评价结果。这使我们对粮价数据有了更为深入的认识，为后续的定量分析提供了扎实的数据背景知识。此外，还探讨了影响粮价数据质量的制度因素，分别从粮价报告制度本身、辅助性措施和粮价相关制度的施行等三方面进行论述。对数据全方位的透彻了解，对数据真实含义的正确理解，对数据存在问题的清晰认识，是计量研究的基础。本章对粮价数据可靠性的全面评估，最重要的意义在于为后续的计量研究奠定数据背景的基础。

第四章研究的是清代的市场整合问题。这是一个前人研究成果非常丰富的研究领域，本书将利用一种新的方法——相对价格法，对清代粮价数据进行定量分析，通过粮价数据构建一套评价清代市场整合程度的指标。对区域市场整合程度进行度量，对不同时期、不同区域中多种时空尺度的市场整合程度进行比较，发现清代中国市场整合程度差异性及其空间结构。本章试图对"清代中国是否存在统一的国内市场"这一学界争论进行新的解答，同时将作为一项对施坚雅的大区理论进行检验的经验研究，从区域市场发展的视角对其区域城市化理论和城市体系理论进行检验。

第五章采用GIS空间分析的方法对粮价数据进行分析，探究清代粮价数据在空间上的相互作用，以此探讨清代市场的空间效应及空间相互作用的强度。粮食价格的影响因素不仅仅来自时间趋势的作用，也取决于空间上不同地区间价格变动的相互作用和影响。从空间的角度对价格的地区差异及其相互作用进行研究也显得重要。本章将采用空间几何分析、空间统计分析、空间自相关分析等常用的GIS空间分析方法对清代粮价问题进行探讨。

通过空间几何分析,发现粮价空间分布的变化趋势;通过全局性空间自相关分析,发现粮价空间分布模式的变迁过程;通过局部性空间自相关分析,则发现粮价分布的集聚区域和分布热点区域的变动。

第六章基于清代粮价数据,从市场整合程度、价格的空间相互作用、地区价格差三个维度,综合采用相对价格法和空间统计等方法对长江中下游地区1738~1820年的市场发展过程、地区间贸易条件和地区分工模式的演变进行了初步的分析,通过分析市场扩张现象的阶段性过程,对"斯密型增长"的动态发展过程以及何时达到其极限等问题作出初步的探讨,进而考察长江中下游区域间经济关系的演变及其经济影响。

本书的各章内容及相应的资料与方法展开如下图:

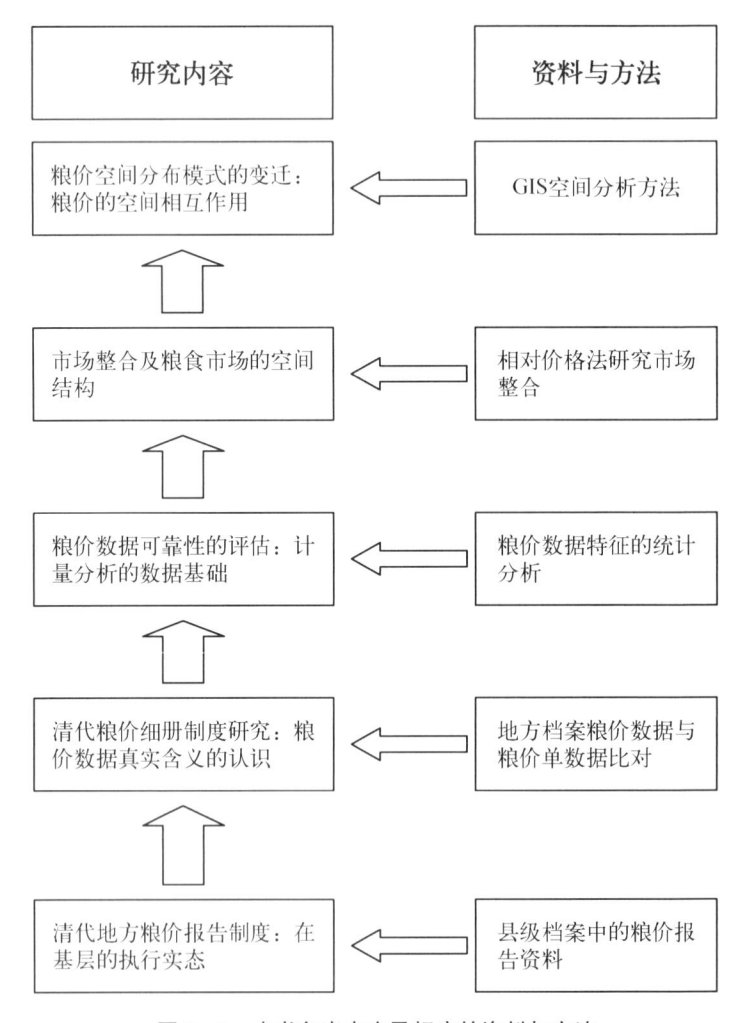

图 0-1 本书各章内容及相应的资料与方法

第一章 清代地方粮价报告研究

一、清代的粮价奏报制度

粮食问题历来为统治者所重视,清代为此而建立了一套自下而上、层层上报的粮价奏报制度。清代粮价奏报制度创始于清初,其建立过程经过了三个阶段,即康熙朝后期为初成期,雍正朝为成熟期,乾隆初年正式确立。这一制度前后运行了两百多年的时间,留下了数万件粮价档案资料,成为研究清代经济史的重要资料。学术界较早就开始了对清代粮价资料的研究,整理出版了大规模的粮价数据资料[①],也吸引了国内外的众多学者利用粮价数据对清代的物价变动及市场运作等问题的关注与研究[②]。

粮价奏报制度的研究至为关键,关系到如何正确利用粮价数据,是所有清代粮价相关研究的基础性问题,因此以往学者在粮价奏报制度研究上也用力颇多。全汉昇和克劳斯最早介绍了清代的粮价奏报制度,描述了粮价数据从县级开始层层上报的流程,将粮价奏报分为经常性奏报和不规则奏报加以

[①] 清代粮价数据的大规模整理工作主要来自两个方面:一为汤象龙先生等于20世纪30年代从故宫档案资料中摘抄的道光至宣统年间粮价单资料,并重新编排制作成粮价统计表,抄档藏于中国社会科学院经济研究所图书馆,现已由中国社会科学院经济研究所整理出版为《清代道光至宣统间粮价表》(桂林:广西师范大学出版社,2009年);二为王业键先生进行的粮价数据收集整理工作,王业键先生自20世纪60年代随全汉昇先生研究粮价资料起,就一直致力于清代粮价数据的整理工作,多次组织人力汇集藏于各处的粮价档案,先后历时三十多年,在2003年建成了"清代粮价资料库"。

[②] Thomas G. Rawski and Lillian M. Li, eds., *Chinese History in Economic Perspective*, Berkeley: University of California Press, 1992. 对以上研究的评述参见吴承明:《利用粮价变动研究清代的市场整合》,《中国经济史研究》1996年第2期,第90—96页。更多相关研究,参见[日]岸本美绪:《清代物价史研究现状》,载岸本美绪:《清代中国的物价与经济波动》,刘迪瑞译,北京:社会科学文献出版社,2010年。第3—60页。朱琳的综述文章总结了清代粮价研究最新发表的研究成果,详见朱琳:《回顾与思考:清代粮价问题研究综述》,《农业考古》,2013第4期,第191—201页。

分析,为后来研究者指出了基本的研究方向①。威尔金森也较早对清代粮价奏报制度进行过深入研究②,其利用的主要资料为清末陕西省粮价细册,展示了县级粮价数据产生过程中的诸多细节,如粮价信息的采集渠道、上报过程及各个环节的执行人员等方面的情况,更为清晰地勾勒了粮价数据由县级到省级的奏报流程。

王业键先生 30 多年间致力于粮价资料的搜集整理,发表了《清代的粮价陈报制度及其评价》一文③。文中利用的粮价档案主要是由督抚上报到皇帝的粮价折和粮价单,还结合少数地方府县一级的档案,详细地陈述了粮价由县(厅)、府(州)、省各级地方奏报至中央的程序,并列出了各级奏报清单的具体格式和奏报内容,首次完整地呈现了粮价奏报制度的全部流程,较以往学界对这一制度的研究要深入准确许多。

此外,陈金陵④、王道瑞⑤和陈春声⑥等学者也利用粮价折和粮价单档案对粮价奏报制度进行过概括性的研究,对于深化这一制度的认识及粮价数据的利用具有借鉴意义。近年来罗畅和王玉茹等从粮价数据质量的角度对清代粮价报告制度进行研究,提出应该分时段分地区利用清代粮价数据的建议,他们的研究也加深了我们对粮价奏报制度的认识⑦。

目前,大多数研究粮价奏报制度利用的文献资料都是粮价单或粮价折,由于利用的史料基本为官方最高层级的档案,这类研究只能触及清代粮价奏报的最终形式,对该制度在地方实际执行过程中的真实情况所知甚少。同时,由于地方粮价档案保存数量稀少,学界对于最能真实反映粮价奏报制度执行实态的地方档案的研究还很薄弱。目前利用地方档案的研究,只有岸本美绪对太湖厅粮价报告文书的研究⑧。岸本美绪利用了日本国会图书馆收

---

① Han-sheng Chuan and Richard A. Kraus, *Mid-Ch'ing Rice Markets and Trade: An Essay in Price History*, Cambridge: East Asian Research Center, Harvard University; distributed by Harvard University Press, 1975, pp.1 – 16.
② Endymion P. Wilkinson, *Studies in Chinese Price History*, New York: Garland Pub., 1980, pp.97 – 137.
③ 王业键:《清代经济史论文集(二)》,台北:稻乡出版社,2003 年,第 1—36 页。
④ 陈金陵:《清朝的粮价奏报与其盛衰》,《中国社会经济史研究》,1985 年第 3 期,第 63—68 页。
⑤ 王道瑞:《清代粮价奏报制度的确立及其作用》,《历史档案》,1987 年第 4 期,第 80—86 页。
⑥ 陈春声:《清代的粮价奏报制度》,载陈春声:《市场机制与社会变迁——18 世纪广东米价分析》(附录一),北京:中国人民大学出版社,2010 年,第 207—216 页。
⑦ 罗畅:《两套清代粮价数据资料的比较与使用》,《近代史研究》,2012 年第 5 期,第 142—156 页;王玉茹、罗畅:《清代粮价数据质量研究——以长江流域为中心》,《清史研究》,2013 年第 1 期,第 53—69 页。
⑧ [日] 岸本美绪:《关于清末江苏省太湖厅的晴雨粮价报告》,载岸本美绪:《清代中国的物价与经济波动》,刘迪瑞译,北京:社会科学文献出版社,2010 年,第 447—464 页。

藏的80余件宣统年间江苏省太湖厅的文书,这些粮价报告的原始文书是太湖厅向上级报告粮价时所用的底稿,其中包括各种有关当时县级粮价报告执行情况的具体信息,包括粮价报告单的内容和形式、上级衙门对该厅报告的指示以及太湖厅粮价报告与其他文献所载清代州县报告方法的异同等。岸本美绪的研究深入到县级衙门档案,加深了我们对清代粮价奏报制度中最低层级的官方报告的认识。

本章除利用清代雨雪粮价折和粮价单等中央档案外,还将利用尚未被学界注意到的地方粮价报告档案来考察清代县级粮价奏报制度的执行实态,对县级粮价数据的采集、编制、上报等关键环节进行具体的考察,以深化我们对清代粮价奏报制度在地方执行实态的认识。

本章主要利用青海省档案馆保存的清代循化厅档案,以清后期同治至宣统朝的档案为主①。循化厅置于乾隆二十七年(1762),隶属兰州府,道光三年(1823)改隶西宁府②。循化厅档案中有部分关于粮价奏报的档案,时间集中在光绪年间(1871~1908),在数量和内容上都非常丰富,是目前所见系统反映县级粮价报告的珍贵史料。这里所利用的循化厅粮价报告档案包括两类。第一类为循化厅的米粮斗行向该厅衙门定期报告米粮时估价值的禀文,以清单的形式报告该厅粮价,档案中还保留了循化厅官员所作的批示。前述岸本美绪利用的太湖厅粮价报告是向上级官员报告粮价的底稿,在某种程度上来说已经是经过了加工的报告,而循化厅粮价档案则是直接来自斗行的原始报告清单,是反映清代粮价奏报制度在地方基层执行情况的最直接材料。现存循化厅档案中保存了约五十份斗行以清单形式向厅衙门报告粮价的禀文,时间从光绪六年(1880)至光绪二十年(1894),其中以光绪十年(1884)、十一年(1885)较为完整。第二类为循化厅和上级官员之间往来的申呈、关、札、火签等各类公文,其中包含了大量来自上级官员对该厅呈报粮价的各种指示,能够较为全面地反映各级官员或自上而下或自下而上对该制度的实际执行情况的态度。

下文首先对清末同治年间西北地区动乱大背景下的粮价报告情况作一分析,然后再利用循化厅的两类档案分别对循化厅粮价报告的来源和去向、报告的时限、报告的内容及报告的查核等方面分别加以考察。

---

① 同治、光绪、宣统三朝档案全宗号分别为006、007、009,档案的详细介绍参见青海档案信息网,http://www.qhda.gov.cn/readnews.asp?newsid=133,2014年2月26日。
② (清)邓承伟修,来维礼等纂:光绪《西宁府续志》,卷1《地理志》,西宁:青海人民出版社,1985年,第32页。

二、清末西北的粮价奏报

清代督抚需要定期向皇帝奏报辖境内的雨雪粮价情形并附清单,同时布政使还需要向户部造报通省府县粮价细册。《钦定户部则例》对此作了明确的规定,"各省督抚奏报粮价务宜详慎确核市集实价,比较上月增减,按月详细造册报部,不得听铺户等故抬价值,亦不得止就轻价虚开粉饰,查报迟延照例议处"①。同治年间西北陕甘等省因战事紧张而致粮价奏报曾经一度废弛。军兴初期粮价奏报还能勉强维持,如同治四年(1865)十一月的粮价还能在同治五年(1866)正月如期上报②,但同治四年十二月的粮价则拖延至同治五年九月才上报③,此后数年再未见有上报粮价的奏折和清单,可知粮价奏报在战时条件下实难完成。为此,陕甘总督在同治五年十一月初五日专门具折上奏陈明此事,"同治元年军兴,虽道路间有梗阻,由司分催补齐,无不致遏□迟滞,自四年冬月以后,四路塘□率多为贼断梗以本年正月分月折各摺积至六月尚未到齐"④。

战事结束后,奏报雨雪粮价之事也随之恢复正常,同治十三年(1874)三月十八日陕甘总督左宗棠即具折奏报甘肃同治十三年正月的雨雪粮价情形,明确表示了重新执行粮价奏报制度的决定,"甘省各属米粮时估价值并得露雨雪情形向系按月奏报一次,前因军兴道梗,数年停缓未能举办,现在关内军务告□,地方一律肃清,自应照旧举行"⑤。可以断定,同治十三年正月的粮价奏报,是清军平定西北回乱后甘肃重新执行粮价奏报制度的首次奏报。

同治军兴后甘肃首次奏报的粮价为同治十三年正月的粮价,在循化厅档案中也可以找到佐证,可见此次粮价奏报确实是自下而上地层层上报执行的。这份档案是一份循化厅上呈西宁府的公文底稿,现将其内容抄录如下:

> 同治十三年二月二十九日奉宪台(布政使崇)札开,案查各属米粮银钱时估并有无得过雨雪日期分寸全入札等请奏等因,奉此。除将得雨

---

① 同治《钦定户部则例》卷一百,通例四,《奏报粮价》。
② 陕甘总督杨岳斌:《奏报甘肃各属上年十一月份雨雪粮价情形事》,同治五年正月二十八日,中国第一历史档案馆藏,《录副奏折》,档号03-4962-467。
③ 陕甘总督杨岳斌:《奏报甘肃各属上年十二月份雨雪粮价情形事》,同治五年九月二十七日,中国第一历史档案馆藏,《录副奏折》,档号03-4963-079。
④ 陕甘总督杨岳斌:《奏为甘省各属粮价雨水等情未能按月奏报事》,同治五年十一月初五日,中国第一历史档案馆藏,《录副奏折》,档号03-4973-019。
⑤ 陕甘总督左宗棠:《奏报本年正月份甘肃雪泽粮价情形事》,同治十三年三月十八日,中国第一历史档案馆藏,《朱批奏折》,档号04-01-24-0157-094。

雪清摺已于二月二十九日申(呈)赍在案,卑(敝)厅遵将同治十三年正、二两月米粮时估分别开具清摺,理合由五百里具文申(呈)赍宪(堂)台查考,除径赍督宪暨藩(道)宪外,为此具申(呈)伏乞须至□□者,□□施行须至申者,计申赍摺二扣申呈,藩(督/道)宪、西宁府,同治十三年二月二十九日①。

以上引文中括号内文字表示原文中为双行书写。首先,从这份档案可知,循化厅上报同治十三年(1874)正月粮价的时间在该年二月二十九日,而前引陕甘总督上奏的时间在该年三月十八日,从循化厅上报粮价到督抚上奏粮价中间相隔约有二十天时间。其次,这份档案显示循化厅这次上报的是正月和二月两个月的米粮时估,并以开具清单的形式上报。一般来说,该月粮价应在次月初旬上报,而此次循化厅将二月粮价在当月上报,显然属于早报。这些都是粮价奏报制度恢复初期的不规范行为,但仍可见这次粮价奏报是得到认真执行的。

陕甘总督左宗棠对于执行粮价奏报制度非常重视,力图重新使粮价奏报制度规范化。在接下来的几次奏报中,左宗棠屡次在雨雪粮价折中详细开列未能按时上报粮价的州县并说明粮价涨落的原因。如在同治十三年二月份粮价奏折中,解释甘肃"通省粮价或与上月相同,或与上月大相悬殊,盖因春耕布种之际需用籽种甚巨,兼之大军驻扎之处食用更繁,故粮价昂贵"②。在同治十三年十二月的粮价奏折中,详细开列未及时上报粮价州县,"惟关外之哈密厅及新设之平远县并硝河城州判应报米粮时估价值一时未据报到"③。光绪元年(1875)四月,除了"哈密一厅现在关外军务未定未据报到"外,还发现"其新设之平远县并硝河城州判、打拉池县丞,因报司舛错不合,驳令更造,应俟下月添叙"④,而这几个被"驳令更造"的州县在接下来的五月、六月、七月的三次奏报依然被指责为"仍有舛错",经过多次催令整改,直至光绪二年(1876)正月的粮价奏报中才不再出现类似问题⑤。在循化厅档案中亦可见

---

① 循化厅:《为查各属雨雪粮价事呈西宁府》,同治十三年二月二十九日,循化厅档案,档号06-98-1。本研究所引循化厅档案档号格式为"全宗号-案卷号-页号",下同。
② 陕甘总督左宗棠:《奏报本年二月份甘肃雨雪粮价情形事》,同治十三年五月十一日,中国第一历史档案馆藏,《朱批奏折》,档号04-01-24-0157-091。
③ 陕甘总督左宗棠:《奏为恭报甘肃省同治十三年十二月份粮价雪泽情形》,光绪元年二月十八日,《光绪朝朱批奏折》第九十四辑,北京:中华书局,1995年。
④ 陕甘总督左宗棠:《奏为恭报甘肃光绪元年四月份粮价雨泽情形》,光绪元年六月十三日,《光绪朝朱批奏折》第九十四辑,北京:中华书局,1995年。
⑤ 参见《光绪朝朱批奏折》第九十四辑,陕甘总督左宗棠光绪元年七月初二日、七月二十七日、九月初四日、光绪二年三月初十日奏折。

督抚对这一问题的重视程度,西宁府向循化厅传达上级命令的一份公文中对此事有详细的说明:

> 循化厅览悉,光绪元年八月初四日奉藩宪火签,内开案查米粮银钱时估系按月入告之件,前因有未据折报者,亦有迟至下月底始行报到者,曾经限行严催及复屡催去。兹查沙泥州判、宁远县、陇西县丞、平凉县、泾至县丞、宁夏、宁朔、循化、灵台、敦煌等处应报米粮银钱时估仍不按月造报,以致汇详时不能叙入。再查平远县并硝河城州判、打拉池县丞前因折报不合驳饬更造,为日已久尚未更造到司,亦属不成事体。本应记过示儆,姑从宽,再由五百里签催,签到该府,迅即严饬遵照将每月应报米粮银钱时估上月之折务于下月初旬到司,以凭汇详请奏。倘再玩延定行记过不贷,凛遵速速,此签即缴等因。蒙此拟合由五百里致催致到贵厅遵照,希将每月应报米粮银钱时估上月之折务于下月初旬径报藩宪汇详请奏,并报敝查考,切速施行,特致。光绪元年八月二十一日①。

这是西宁府转发甘肃布政使的"火签",可见布政使将此事视为紧急公务加以重视,将粮价奏报不合规范的县厅通报全省各县厅知悉,引以为戒。沙泥州判等处米粮时估价值未按月造报,平远县等三处光绪元年(1875)四月粮价"报司舛错不合驳令更造",而迟至八月初四仍然尚未更造到司,布政使不得不以记过惩罚相威胁。

其实,同治军兴以来甘肃粮价奏报并非完全停止,为采买粮草而进行的军需粮价奏报一直都没有停止。左宗棠率清军于西北数省作战,"粮运为目前第一要务",大军云集采办军粮数量巨大,需要实时掌握各处粮价,要求"定采之粮价值应随时开报"②。

从以上督抚上奏的雨雪粮价奏折及循化厅档案可见,粮价奏报制度因同治军兴而一度暂停,清军平定叛乱后左宗棠立即着手重建此一制度。其原因,不仅仅在于粮价奏报事关民食,为清代的例行制度,也在于西北地区为军事要地,粮价仍然事关重大。军兴后,粮价奏报制度总体上是有效地建立起来了,只有少数州县未按时造报及造报不合,经多次催令后也逐步规范化。那么,粮价奏报制度正常化后在州县是如何执行的,以及州县获取粮价信息的实态

---

① 西宁府邓:《为报米粮银钱时估价事致循化厅》,光绪元年八月二十一日,循化厅档案,档号 07-3384-6。
② 《左宗棠全集·札件》,长沙:岳麓书社,2009年,第333页。

如何,这些问题还需要深入到循化厅粮价奏报档案中去找寻更多的细节。

三、清代地方粮价报告的实态:以循化厅为例

(一)报告的来源与去向

循化厅粮价的报告人为该厅斗行。西北地区歇家、斗行、米户融为一体经营米粮市场,斗行有铺面、仓库等场地,接待进城农民住宿、吃饭、粜粮①。循化厅的一份档案记载了选任斗行的情形,光绪六年(1880)该厅保安城乡约王正全、商民千元当等人向厅官员恳请发给安其俊斗行执照:

> 情缘保安地方设在极边,向有斗行,每逢商贩,杂货、青盐、青油、碎小等物公卖公买,自世乱以后,未有斗行,每来各物,时抬时压,价值不定,以致行市大有不利。是以小的等同商将民人安其俊为人勤慎小心,堪以公举,以当斗行,因而公议,恳祈恩宪大老爷怜念下情,恩准赏发执照,著伊小心专责以利行市②。

保安城地方虽然"设在极边",也是"向有斗行",显然斗行不仅在城内设立,在远离县城的城外边远之地也有设立。该厅"世乱以后,未有斗行",待到社会稳定市场恢复,便要重新选任斗行。斗行的充任要经过地方商民人士的推举,并由地方官批准发给执照。

图1-1是循化厅斗行呈报粮价的档案原件。从这份档案的具名可看出,循化厅的粮价一般由两至三名斗行联名奏报。斗行对市场上的粮价变化极为敏感,相互之间应该经常沟通粮价信息,联名奏报也起到了商人间相互监督的作用。从这点分析来看,斗行联名上报粮价在一定程度上可以使粮价造假的行为减少,据此我们可以认为循化厅获取的粮价信息应该是较为准确的。王业键前引文通过地方志及督抚奏折等材料,认为县级粮价为州县衙役和书吏到市场上调查所得,或由粮行和米牙报告③。本书则通过循化厅中斗行粮价报告的原始档案,更加直接地证实了粮价报告在基层是真实存在并得到切实执行的。

---

① 董万鹏:《银川斗行与粮食加工作坊》,载《宁夏文史资料》第20辑《宁夏老字号》,银川:宁夏人民出版社,1997年,第146—147页。关于西北地区斗行的经营特点,参见胡铁球:《"歇家斗行"经营模式的形成与演变》,《历史研究》,2007年第3期,第88—106页。
② 保安城乡约王正全等:《为公举安其俊以当斗行恳发执照事》,光绪六年十二月十八日,循化厅档案,档号07-3315-9。
③ 王业键:《清代的粮价陈报制度》,载《清代经济史论文集(二)》,第20—21页。

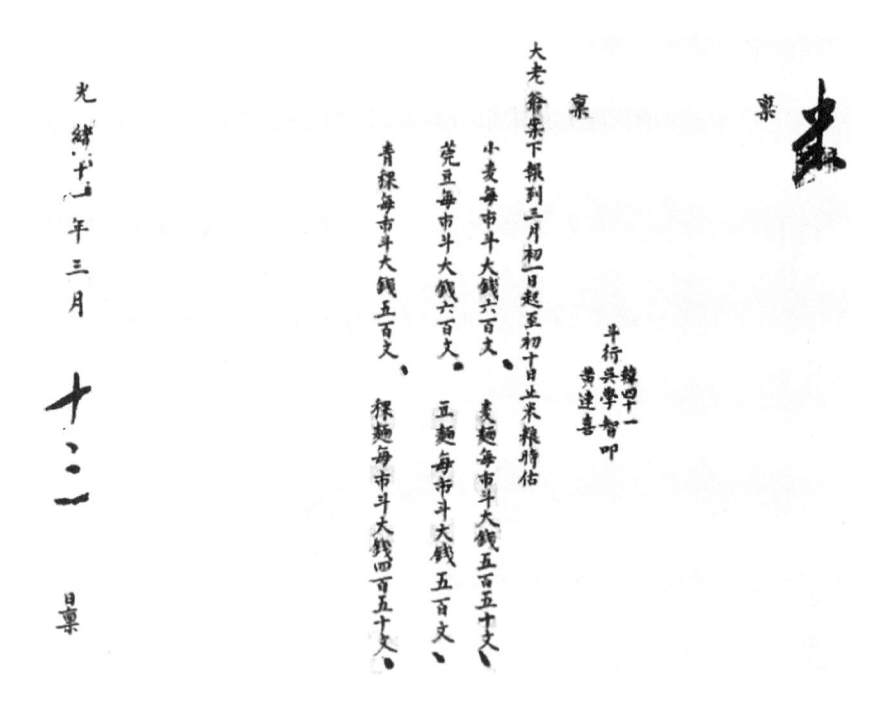

图 1-1 循化厅斗行呈报粮价的档案

资料来源：斗行黄连喜等：《为报三月初一至初十米粮时估价事》，光绪十一年(1885)三月十三日，循化厅档案，档号 07-3383-3。

关于县级报告的去向问题，前人多认为是按照"县—府—省—中央"的顺序逐级上报，即县级报告呈到知府，知府将所属厅县粮价汇总概括后汇呈布政使，布政使再上报给督抚，最后由督抚以粮价奏折附粮价清单的形式奏报皇帝①。由于前人研究利用的资料多为粮价折及粮价单等档案，缺乏对地方粮价报告档案的系统分析，对于地方粮价报告制度执行情况的认识还不够完整，往往忽略了县级粮价上报的另一个去向，即由厅县直接向布政使及督抚报告粮价。如果对县级地方档案加以注意的话，我们将会发现厅县向省级官员报告粮价的现象在多地档案中都有出现。如岸本美绪利用清末太湖厅地方粮价报告档案的研究，发现太湖厅直接向布政使报告粮价的制度②。从已出版的四川南部县衙档案目录中也可以发现，南部县除了向川北道报告粮价外，还要向四川总督报告粮价，如光绪三十二年(1906)就可见多份粮价档

---

① 王业键：《清代的粮价陈报制度》，载《清代经济史论文集(二)》，第9页，"经常报告程序图"；陈春声：《清代的粮价奏报制度》，载《市场机制与社会变迁——18世纪广东米价分析》，北京：中国人民大学出版社，2010年，第208页。

② [日]岸本美绪：《关于清末江苏省太湖厅的晴雨粮价报告》，载岸本美绪：《清代中国的物价与经济波动》，刘迪瑞译，北京：社会科学文献出版社，2010年，第453页。

案保存①。循化厅档案中也有大量的证据表明循化厅向甘肃布政使报告粮价,而且该厅经常收到布政使关于粮价报告事务的指示。如前引同治十三年(1874)二月循化厅上呈西宁府的禀文中就明确指出,该厅将粮价报告"径赍督宪暨藩(道)宪"②。光绪十三年(1887)四月循化厅收到甘肃布政使催报粮价的火签,也明确指出"各属每月申报米粮时估雨水报折应于下月初旬一律开折报司"③,可见在甘肃各厅县向布政使定期报告粮价是一项长期以来就普遍执行的制度。

通过以上多地的地方粮价报告档案,我们已经发现清代粮价奏报制度的流程中,县级粮价除了要上报到府一级外,还需要直接向布政使或督抚报告。以往的研究使用的资料集中在粮价奏折及粮价清单上,仅强调县级粮价报告流向府级的去向,未能揭示流向布政使的去向。因而,以往的研究在讨论粮价奏报制度执行效果时,仅仅以皇帝对督抚奏报的批示作为评判标准,其实这只是对经过布政使汇总之后的粮价进行评价,并不是影响粮价报告质量的决定性因素。县级粮价数据是督抚奏报数据的来源,粮价在从厅县官员上报到布政使的过程是否按时、如实报告,才是决定粮价报告质量的最直接影响因素。从这个角度来说,布政使对府县官员粮价报告的评价也是我们评判粮价报告制度执行效果的重要参考,应与皇帝的关注程度同时考虑,这一点是以往研究较少揭示的。在本章接下来的论述中,还有更多档案材料反映布政使在粮价奏报制度中所发挥的关键作用。

(二)报告时限

循化厅粮价的报告时限经历了一个逐步统一规范化的过程,由半月报逐渐转变为旬报,且对提交报告的时限也逐渐有了明确的规定。这一转折发生在光绪九年(1883)十一月,在此之前循化厅的粮价报告为半月报,现存档案中有光绪六年(1880)二月至八月的半月报粮价单④,档案抬头格式均为"光绪六年某月上(下)半月时估"。在光绪九年十一月的粮价报告中,循化厅官员对斗行粮价报告的时间作了新的批示,要求斗行"此后每月初一日至十日止到十一日呈报,十一日至二十日廿一日报,至卅日下月初一日报"⑤。光绪

---

① 参见西华师范大学,南充市档案局(馆)编:《清代南部县衙档案目录》,北京:中华书局,2009年,第2383页,档号17-00916-01至17-00916-16。
② 循化厅:《为查各属雨雪粮价事呈西宁府》,同治十三年二月二十九日,循化厅档案,档号06-98-1。
③ 甘肃布政使:《为催报米粮时估雨水清折事》,光绪十三年四月初八日,循化厅档案,档号07-3377-6。
④ 循化厅档案,档号07-3386,页6-16。
⑤ 斗行黄连喜等:《为报米粮时估价事》,光绪九年十一月,循化厅档案,档号07-3380-18。

九年(1883)十二月的粮价报告中，斗行未详细声明所报粮价的时间跨度，厅官即批示"以后具禀应叙明白某月某日起某日止十天时价，作一次呈报，不准似此含混取戾，每月初十、二十、三十日三次呈报"①。从现存的粮价报告档案来看，光绪十年(1884)、十一年(1885)的粮价报告均遵照以上规定，每十天报告一次，报告时注明起止日期，且在固定的时间按时上报。

为何循化厅会在光绪九年对粮价报告的时限特别加以强调？对这一问题，循化厅留存的另一份档案可以作出一定的解释。这份档案是西宁府向循化厅传达陕甘总督和甘肃布政使命令的关文，其中包括了户部发给陕西司"催陕甘二省月报粮价"的咨文，内容如下：

> 乃查陕甘等省自同治初年以后始因军兴，继以旱荒，历年粮价迄未据造册报部。该省历次军需奏销案内所开采买面斤价值经臣部行查，仅据复称照依逐月具报市价合银等因。而该省各州县每月粮价实在情形均未据按月造报，不惟诸事漫无稽察，民食所关尤难远计。该省军务早平，比年岁收丰稔，自应将各州县粮价按月报部，以照核实。相应请旨饬下陕甘总督陕西巡抚转饬藩司，自光绪九年正月起，务当查照定例，将该省各处粮价照例按月详细造册报部，以凭查核，倘再延不造报，除将该藩司照例参处外，以后凡军需奏销案内采买面斤价值各款，臣部概不准销，以杜虚开含混之弊②。

陕甘二省同治军兴以来，督抚一直都坚持向皇帝奏报粮价，仅仅在同治五年(1866)至同治十二年(1873)间暂停了粮价奏报，同治十三年(1874)时陕甘总督已经重新开始了定期奏报粮价③。但是，依据部例各省还要将粮价"按月详细造册报部"，而陕甘二省同治初年以来"历年粮价迄未据造册报部"。这一问题的直接后果是影响到了军需奏销，户部没有各州县每月粮价的实在情形，军需奏销也只能是一笔糊涂账。因此，户部"请旨饬下陕甘总督、陕西巡抚转饬藩司，自光绪九年(1883)正月起，务当查照定例，将该省各处粮价照例按月详细造册报部，以凭查核"。循化厅接到来自上级的这一要

---

① 斗行黄连喜等:《为报米粮时估价事》，光绪九年十二月十七日，循化厅档案，档号07-3380-21。

② 西宁府孔:《为催陕甘二省月报粮价事致循化分府的关》，光绪九年四月十一日，循化厅档案，档号07-3369-2。

③ 陕甘总督左宗棠:《奏报本年正月份甘肃雪泽粮价情形事》，同治十三年三月十八日，中国第一历史档案馆藏，《朱批奏折》，档号04-01-24-0157-094。

求,也马上作出反应,对该年斗行的粮价报告作了更为严格的时限规定。可见只要上级官员能够重视,粮价奏报制度在甘肃仍然能够自上而下地贯彻下去。

当然,州县不能按时报告粮价的事情也时有发生,光绪十三年(1887)四月甘肃布政使还为此直接向循化厅发出一份催报粮价的火签:

> 签循化厅知悉:案查各属每月申报米粮时估雨水报折应于下月初旬一律开折报司,司中于下月中旬将上月粮价雨水汇开清折详院请奏,历办有案。近来该厅并不按月分旬开报,又不将上月下旬报折于下月初旬造赍到司,以致司中无凭汇报,案关通省每月具奏要件,岂容任意玩延。本应记过,姑从宽。合亟严签飞催,签到该厅遵照刻将每月应报米粮时估并雨水报折按月分旬造赍至,上月下旬务于下月初旬一律开折报司,以凭汇详请奏,毋再玩延致干未便,凛遵速速,此签即□。光绪十三年四月初八日①。

这份火签指出循化厅向布政使报告的粮价本应该每月报告一次,关系到"通省每月具奏要件"能否按时顺利上奏。且当月粮价应于下月初旬上报到布政使司,布政使再于中旬将上月各厅县粮价汇详上报,以备督抚缮造清单具折请奏。而循化厅的粮价报告存在两个问题,一为"不按月分旬开报",一为"不将上月下旬报折于下月初旬"报告到司。这导致布政使无法按时收到符合规范的州县粮价报告,造成"司中无凭汇报",因此布政使才向循化厅发出这份火签催促。

又,光绪十六年(1890)闰二月,布政使为西宁府所属各厅县未按时造报粮价事向西宁府发来公文,西宁府传达至下属各厅县,循化厅收到的关文为:

> 光绪十六年闰二月十七日蒙署藩宪裕札开:案查各属米粮银价时估阴晴日期均系按旬折报到司,由司按月汇详请奏,历经办理在案。今该府所属各厅县每月按旬应报米粮银钱时估阴晴日期折报,并不按旬造报,甚至有每月上旬折报迟至下旬者,亦有迟至下月上旬始行造报者,如大通县二月分上中下三旬折报至今尚未造赍前来。似此漫不经心,将每月入奏要件视为泛常,实属不合,合亟由四百里严札饬催。为此札仰该府遵照,刻即饬属一体遵照,将前项报折务须按旬造报,以凭汇办。倘该

---

① 甘肃布政使:《为催报米粮时估雨水清折事》,光绪十三年四月初八日,循化厅档案,档号07-3377-6。

厅县仍前玩延,定即照例详参不贷,凛遵速速等因,蒙此拟合移知,为此令关,贵厅烦照来文事理,希将前项报折务须按旬造报藩宪汇办,并报各宪暨敝府查考,幸勿仍前迟延,有干未便,切速施行①。

由以上档案可见甘肃布政使对于通省厅县粮价报告是非常重视的,频频发文催促府县官员按时上报粮价。这也说明在粮价报告制度中,粮价能否按时上报是影响制度执行效果的重要因素,上级官员尤其是布政使对此是否重视也将影响到上报粮价数据的可靠性。在循化厅档案中,西宁知府和甘肃布政使等上级官员发文指责该厅报告粮价的诸多弊病中,强调最多的就是关于未按时报告粮价的问题。

(三) 报告品种和单位

根据乾隆《循化志》,循化厅粮食作物的分类和种植格局如下:

> 附城左右多种青稞、小麦、大麦,而大麦尤多。豆则小莞豆、小扁豆、白莞豆、蚕豆、绿豆,园中间有种刀豆者。秋田种大糜子、谷子,其乔麦则青稞割后方种,惟此为两收。起台堡近大山,地气较冷,惟种青稞、小麦,而青稞为多,亦有小莞豆,不种秋田。西番上隆务、下隆务等寨亦种青稞、小麦、小莞豆、白莞豆,秋田亦种小谷子。阿巴拉合儿等寨及南番多以牧放为生,种地者少,间有种者惟种青稞②。

在循化厅档案中,斗行报告的粮食品种包括六种,分别为小麦、麦面、莞豆、豆面、青稞、稞面。王业键对清代粮价数据进行整理的过程中对粮食品种做过统计,清代甘肃省奏报粮价清单的粮食品种共有五种,分别为粟米、小麦、豌豆、青稞、糜子③。从粮价清单来看,具体到每个府,所报的粮食品种略有不同,一般只有四种粮食,即粟米、小麦、豌豆、青稞(或糜子),循化厅所在的西宁府奏报的品种为粟米、小麦、豌豆、青稞四种④。州县粮价汇集到布政

---

① 西宁府倭:《为按旬造报米粮银价时估阴晴日期事致循化分府长》,光绪十六年闰二月二十一日,循化厅档案,档号07-3372-13。
② (清)龚景翰:乾隆《循化志》卷7《物产》,西宁:青海人民出版社,1981年,第293—294页。
③ 王业键:《清代的粮价陈报制度及其评价》,载《清代经济史论文集(二)》,第23—25页。王砚峰也对各省粮价奏报品种做过统计,但其文中误将"小麦"写作"小米",参见王砚峰:《清代道光至宣统间粮价资料概述——以中国社科院经济所图书馆藏为中心》,《中国经济史研究》,2007年第2期,第102—108页。
④ 陕甘总督恩麟:《呈甘肃各属同治三年十二月份粮价清单》,同治四年五月初二日,中国第一历史档案馆藏,《录副奏折》,档号03-4962-166。

使后,布政使会综合通省各府县的粮价并对粮食品种进行归并,统一为几种常见的品种以府为单位上报督抚,同时编制细册上报户部。

斗行报告米粮时估所使用的计量单位也经历了一个变化的过程。在循化厅光绪六年(1880)的几份粮价报告中,斗行使用的容量和货币计量单位是"每市石大钱若干文"①,光绪九年(1883)十一月的粮价报告则使用了"每市斗混大钱若干文"的计价方式②。自光绪九年十二月起,斗行使用的容量和货币单位开始固定下来,此后均使用"每市斗大钱若干文"作为计价方式。从计价单位的变化中我们可以看出几个问题。第一,斗行报告使用的容量为市石,说明粮食交易量较大,所报应为粮食的批发价而非零售价,这也验证了王业键和陈春声的看法③。第二,循化厅粮价报告使用的货币为"大钱若干文",非普通的钱文,也非银两,这反映了清末当地的货币使用情形。岸本美绪所研究的清末江苏省太湖厅粮价报告用银元作为计价单位,而地处西北的循化厅则习惯用大钱来结算交易。第三,清代粮价清单中的单位均以"每仓石银若干"表示④,而县级粮价报告的单位为"每市石钱若干文"。从循化厅的粮价报告来看,计价单位的换算应该是在州县一级完成的,转换成统一单位后上报到府和布政使,再由布政使上报到督抚。循化厅官员甚至在斗行的粮价报告单上批示,要求斗行"呈报市估须将市石多少价折合仓石多少价一并呈明"⑤,还在另一份粮价报告单的批示中询问"银子市估向经何人,□应令其呈报"⑥,即希望斗行在报告粮价时就把计价单位统一,便于其向知府和布政使上报。

(四) 报告的查核

上级对粮价的查核是粮价奏报制度的重要环节,这对于粮价数据的可靠性具有关键作用。除了皇帝对粮价奏折和粮价单的不定期查核外,布政使等官员对各省州县粮价报告的可靠性也需加以关注。布政使常常结合雨水情

---

① 循化厅档案,档号07-3386,页6—16。
② 循化厅档案,档号07-3380,页18—19。
③ 威尔金森和全汉昇等学者认为州县报告的粮价为零售价,王业键认为是产地价或批发价,参见王业键:《清代的粮价陈报制度及其评价》,载《清代经济史论文集(二)》,台北:稻乡出版社,2003年,第22—23页;陈春声也认为批发价的可能性更大,参见陈春声:《清代的粮价奏报制度》,载《市场机制与社会变迁——18世纪广东米价分析》,北京:中国人民大学出版社,2010年,第207—216页。
④ 甘肃粮价的容量单位与其他省份不同,甘肃为京石,其他省份为仓石。
⑤ 斗行吴学智等:《为报五月下半月时估价事》,光绪六年五月十七日,循化厅档案,档号07-3386-12。
⑥ 斗行吴学智等:《为报七月上半月米粮时估价事》,光绪六年七月初二日,循化厅档案,档号07-3386-13。

形及收成分数等信息,或比较各地不同品种的粮价,如果发现粮价变动和天气收成情况有不合,或发现各地粮价相差过于悬殊,或不同品种的粮食价格差距过大等可疑之处,便会要求道府官员对所属厅县粮价报告进行查核。同时,布政使也不定期向府县官员发出通告,提醒他们不可虚报捏报,要据实查报各属粮价。

光绪六年(1880)四月初十日,循化厅收到由西宁府转达的甘肃布政使的札饬中,布政使明确表示了对该年甘肃各厅县所报粮价真实性的怀疑:

> 甘省辖境去岁雨旸时若,年岁丰稔,近来粮价平减,远近咸知,乃核各州县具报粮价,往往一府所属此县与彼县悬殊,难保无任意高抬情事。本司酌议所有各属米粮时估折报,亦仿照雨水阴晴折报,由该管道府州就近查核明确,如果价值核实并无欺饰,即汇折报司核办。若各属敢有捏报者,查出即行详参。仍将上月时估于下月二十以前汇报到司,以凭详办。幸勿任其延缓混填,切切施行①。

又,光绪八年(1882)四月二十四日的档案记载,总督查核布政使汇总的通省粮价,发现各属报告粮价颇多不合常理之处,随即通告布政使,并由西宁府下发至循化厅知悉:

> 督宪札饬案照,该司详赍甘省各属本年正月分米粮时估清折,本督部堂详加察核,并将兰州、巩昌、宁夏各属所开粮价互相比较,有贵至二三倍不等者,有贵至四倍有余者,市价低昂虽无一定,然必无一府之中数县所报高下之数倍之理。且巩昌府粮价前据巩秦阶道所禀,采买之价甚贱,何以该府月折□开悬殊至此?合行札饬,为此札仰该司即饬各属以后务宜查明实在价值分晰声叙,以凭察核具奏,毋稍迟延②。

甘肃地处西北,交通不便,且以陆路运输为主,运输效率低下,粮食流通的成本很高,虽然"必无一府之中数县所报高下之数倍之理",但是"一府所属此县与彼县悬殊"也可能是正常的现象。但布政使参考天气和收成情况,认为去年年岁丰稔,粮价平减,各州县所报粮价不应该相差过于悬殊,据此认为

---

① 西宁府徐:《为按旬通报米粮时估价事致循化分府沈》,光绪六年四月初十日,循化厅档案,档号07-3386-9。

② 西宁府定:《为查明粮价事致循化分府张》,光绪八年四月二十四日,循化厅档案,档号07-3367-12。

各县"难保无任意高抬"的可能,因而责令道府州就近查核明确。尽管我们不知道府州查核的结果是否确实存在州县捏报粮价的情况,但是从这些档案来看,布政使对于州县粮价报告是保持着警惕性的,对于不合常理的粮价悬殊现象会表示怀疑,同时让府县官员知晓并令其查核。这些措施在一定程度上能够使州县官员不敢在粮价报告上敷衍,对于保证粮价数据的真实可靠性具有重要作用。

当然,仅仅依靠督抚及布政使的查核不可能完全杜绝地方官员捏报、错报粮价的可能,尤其是到了光绪末年,部分地方官员对于政务虚于应付,对雨雪粮价报告漫不经心。陕甘总督及布政使屡屡札饬各属,指斥地方粮价报告的不实之处,并采取了惩处措施。如光绪二十四年(1902)八月,陕甘总督发现汇总的府县粮价出现自相矛盾的问题:

> 光绪二十四年八月初六日蒙藩宪曾札饬,案奉陕甘总督部堂陶札饬,案据该司详赍甘省各属本年五月分雨水及粮石市估清折到院,查阅一府所属价值高下悬殊,即如夏间旱象以省城为最重,粮价因之昂贵,然所载兰州府属小麦每京石价银九钱一分至五两二钱五分九厘,同在三四百里内,何至相悬如此之甚?且青稞一项又报每京石一两四钱至四两二钱七分三厘,是小麦竟较青稞为尤贱,亦属不确。宁夏、泾[泾]州所属糜子每京石报三钱二三分,果尔则贫民易于糊口,亦属可喜,第不知所报各价是否可靠,抑任令书吏意为轻重。即如省城四月内仅得雨一次,此外偶有微雨,凡风即止,官民忧旱甚切,而皋兰县竟报得雨九次,并未声明微雨字样。地方官吏漫不经心,一至于此,实属非是①。

这份档案指出报告中各府粮价出现了几处明显不合常理的矛盾之处。首先是该府小麦价格从每京石银九钱一分至五两二钱五分九厘,各地虽然只间隔了三四百里,却相差了五倍多。其次是青稞价格从每京石一两四钱至四两二钱七分三厘,最低价比小麦最低价还要高,粗粮比细粮还贵显然不合常理。再次,宁夏、泾州所属糜子每京石三钱二三分,价格低得有些令人怀疑其可靠性。同时还指出,雨水的报告也敷衍了事,并未据实造报。

又,光绪二十八年(1906)七月二十日,甘肃布政使札饬各属,由西宁府传达至循化厅:

---

① 西宁府燕:《为据实开报雨水粮价毋疏漏事致循化分府黄》,光绪二十四年八月十三日,档号 07-3404-19。

查雨泽粮价攸关奏报,前因各属未能按限报司,当即札饬上月下旬雨水时估务于下月初三日开折具报,以凭汇报在案。兹查古浪县应报前项旬折仍敢日久未赉,其余各属亦多玩延,并有任听书役信手填注某日雨泽若何、粮价若何,竟不过问。一到青黄不接,托词平粜,从中渔利。究其所以,毫无惠及贫民,亟应切实整顿,以挽积习。除将古浪县王令先记大过一次以示薄惩,并将该县户房书吏杨清由司斥革另充,并报院查考外,合再由四百里移知,为此合移。请烦查照转饬所属,将上月下旬雨泽粮价务于下月初三日开折,由三百里发递,倘逾限三日记大过一次,依次递加,至三大过止,一月以上请详撤参以儆玩泄。如有不恤民隐,任听书役信笔填报,致不肖市侩高抬价值者,一并严惩。本司言出法随,决不姑宽,勿贻后悔,望切施行等因。准此①。

这份档案中,厅县官员未按时造报粮价,布政使当即札饬要求各属按时造报,仍然有部分厅县日久玩延,将上级命令视同具文。更为严重的问题是,古浪县竟然"任听书役信手填注某日雨泽若何、粮价若何,竟不过问",等到青黄不接之时假借平粜从中渔利。这一不法行为使布政使采取惩罚措施,将县令记大过一次,并将负责编制粮价报告的户房书吏革职查考。布政使对于地方官员虚报粮价的行为给出了具体的惩罚措施,意欲借此整顿各地报告粮价的种种不端行为。

清代甘肃的粮价报告制度中,布政使与地方官员在制度的执行上形成了张力。一方面地方官员懈怠政务、虚于应付,将粮价报告视为具文,使粮价报告制度失去其原本功效;另一方面则是布政使不断地督促查核、惩罚整顿,力图使粮价报告发挥其应有作用。由于甘肃地处西北军事要冲,是清朝对西北军事活动中的重要军需补给线路,具有重要的战略地位,因此朝廷和各级地方官员历来都非常重视这一地区的粮价变动情况②。

布政使的催督查核对厅县报告粮价的影响,在循化厅斗行所报粮价数据的变化中也可窥见一斑。表1-1中按时间开列了循化厅档案中的斗行粮价数据。从这些有限的数据所表现的特点来看,该厅的粮价在不同粮食品种之间及不同季节之间均存在一定的差价,大体符合农产品价格的市场规律,可以说该厅粮价数据的真实可靠程度应该是比较高的。

---

① 西宁府张:《为限期具报雨泽粮价事致循化分府付》,光绪二十八年八月初二日,循化厅档案,档号07-3395-24。
② [美]濮德培:《清政府与甘肃谷物市场(1739—1864)》,载叶显恩主编《清代区域社会经济研究》,北京:中华书局,1992年,第1047—1069页。

表1-1　光绪年间循化厅斗行的粮价报告　　单位：文/市斗[1]

起 止 时 间	小麦	麦面	莞豆	豆面	青稞	稞面	档　　号
光绪六年二月下半月	900	800	800	650	600	500	07-3386-6
光绪六年三月上半月	900	800	800	650	600	500	07-3386-7
光绪六年四月下半月	900	800	800	650	600	500	07-3386-8
光绪六年五月上半月	900	800	800	650	600	500	07-3386-11
光绪六年五月下半月	900	800	800	650	600	500	07-3386-12
光绪六年七月上半月	700	600	600	460	500	330	07-3386-13
光绪六年七月下半月	700	530	600	430	500	330	07-3386-14
光绪六年八月下半月	700	500	600	460	500	330	07-3386-16
光绪九年十一月	550[2] 500[3]	—	500[2] 450[3]	—	400[2] 350[3]	—	07-3380-18
光绪九年十一月下半月	550[2] 500[3]	500[2] 450[3]	500[2] 450[3]	450[2] 400[3]	400[2] 350[3]	350[2] 300[3]	07-3380-19
光绪九年十二月上旬	500	450	450	400	350	300	07-3380-20
光绪九年十二月	500	450	450	400	350	300	07-3380-21
光绪十年二月二十一日至二十九日	500	450	450	400	350	300	07-3381-5
光绪十年三月十一日至二十日	500	450	450	400	350	300	07-3381-6
光绪十年三月二十一日至二十九日	500	450	450	400	350	300	07-3381-7
光绪十年四月初一至初十	500	450	450	400	350	300	07-3381-8
光绪十年四月十一至二十	500	450	450	400	350	300	07-3381-9
光绪十年四月二十一至三十	500	450	450	400	350	300	07-3381-10
光绪十年五月初一至初十日	500	450	450	400	350	300	07-3381-17

续表

起 止 时 间	小麦	麦面	莞豆	豆面	青稞	稞面	档　号
光绪十年五月二十一日至二十九日	500	450	450	400	350	300	07 - 3381 - 16
光绪十年闰五月十一日至二十日	500	450	450	400	350	300	07 - 3382 - 18
光绪十年六月十一日至二十日	500	450	450	400	350	300	07 - 3383 - 20
光绪十年六月二十一日至三十日	500	450	450	400	350	300	07 - 3380 - 3
光绪十年七月二十一日至二十九日	500	450	450	400	350	300	07 - 3381 - 19
光绪十年八月十一日至二十日	550	500	500	450	400	350	07 - 3381 - 1
光绪十年九月二十一日至三十日	550	500	500	450	400	350	07 - 3381 - 2
光绪十年十月初一至初十	550	500	500	450	400	350	07 - 3381 - 3
光绪十年十一月十一日至二十日	550	500	500	450	400	350	07 - 3381 - 4
光绪十年十一月二十一日至三十日	550	500	500	450	400	350	07 - 3381 - 7
光绪十年十二月十一日至二十日	600	530	550	450	460	400	07 - 3382 - 8
光绪十年十二月二十一日至三十日	600	530	550	450	460	400	07 - 3382 - 9
光绪十一年正月初一至初十	600	530	550	450	460	400	07 - 3382 - 11
光绪十一年正月二十一日至三十日	600	530	550	450	460	400	07 - 3382 - 12
光绪十一年二月初一至初十	600	530	550	450	460	400	07 - 3382 - 13
光绪十一年二月十一日至二十日	600	530	550	450	460	400	07 - 3382 - 14

续表

起止时间	小麦	麦面	莞豆	豆面	青稞	稞面	档　　号
光绪十一年二月二十一日至二十九日	600	550	600	500	500	450	07-3383-6
光绪十一年三月初一至初十	600	550	600	550	500	450	07-3383-3
光绪十一年三月十一日至二十日	600	550	600	500	500	450	07-3383-7
光绪十一年三月二十一日至二十九日	600	550	600	500	500	450	07-3383-8
光绪十一年四月二十一日至三十日	600	550	600	500	500	450	07-3383-9
光绪十一年五月十一日至二十日	600	550	600	500	500	450	07-3383-10
光绪十一年六月二十一日至二十九日	550	500	550	450	450	400	07-3383-13
光绪十一年八月初一至初十	550	500	550	450	450	400	07-3383-12
光绪十一年八月十一日至二十日	550	500	500	450	400	350	07-3381-1
光绪十二年十一月初一至初十	640	550	560	500	520	430	07-1651-9
光绪十三年正月十一至二十日	640	550	560	500	520	430	07-3376-16
光绪十三年二月二十一日至三十日	660	570	580	520	540	450	07-3377-3
光绪十九年四月初一至初十日	1 350	1 100	1 280	1 000	1 200	900	07-3409-4
光绪二十年正月初一至初十	900	750	850	700	750	530	07-3409-13

注：1. 光绪六年(1880)单位为"每市石大钱若干文"，其余年份单位为"每市斗大钱若干文"，现统一为"每市斗大钱若干文"。

2. 以"混大钱"计价。

3. 以"净大钱"计价。

四、本章小结

经过清末的动乱之后不久,甘肃就恢复了定期粮价奏报的制度,并在奏报的形式和内容上逐渐实现规范化。粮价报告制度需要依靠上级官员的不断督催才能得以良好执行,一旦上级放松监管的力度,下属州县也很容易懈怠。由于地方州县未按时报告粮价的行为直接影响到布政使和督抚每月的例行上奏,循化厅经常因此而收到上级的催促和警告,循化厅档案中保留了大量上下级官员关于粮价报告的往来公文。

前人研究专注于从粮价奏折和粮价清单等中央档案中透视粮价奏报制度的执行效果,多强调皇帝个人注意力在粮价奏报制度中的作用,并以皇帝的关注度作为评价粮价奏报执行效果的参考指征。本章从地方粮价报告出发,从斗行、循化厅、西宁府、甘肃省直至中央各级人员留下的档案中,梳理了粮价从下到上的整个报告过程及其执行实态。从地方粮价报告中可以看出,地方官员,尤其是负责全省粮价报告的布政使,对该制度的执行效果具有关键的作用。

布政使是地方和中央粮价信息传导的枢纽。州县粮价汇集于布政使,督抚上奏皇帝的粮价来源于布政使,造册报部的粮价细册也出自布政使之手,这些职能使布政使在清代的粮价报告制度中具有极为关键的角色。州县若不按时报告粮价,将造成布政使向督抚汇报时无据可依,给布政使工作带来极大的不便,也将直接关系到督抚能否按时向皇帝奏报粮价。布政使能否适时地督促所属各府州县按时上报粮价,能否认真查核粮价数据的真实性,是粮价奏报制度能否取得较好执行效果的关键所在。

本章仅是对晚清循化厅档案的个案研究,要对清代粮价报告制度进行更深入的认识,还需要研究者发掘更多区域个案和更长时段的档案资料。而对于粮价报告制度在地方执行的实际情况的全面了解,则是认识粮价数据特性的基础,对于利用粮价数据进行研究具有重要的价值。

第二章　粮价细册制度与清代粮价研究

一、另一种粮价报告：粮价细册

清代由地方官员上报到中央一级的粮价报告，按其形式和内容可分为两种类型。第一种粮价报告是由总督、巡抚按月向皇帝奏报的粮价折及其附件粮价清单，以府为单位开列全省粮价。由于督抚上报粮价的形式是奏折及附件清单，因而粮价单和粮价奏折作为宫中档案的一部分得以较为完整地保存下来①，成为清代粮价研究中利用最为广泛的资料。第二种粮价报告是由布政使按月向户部报告的粮价细册，粮价细册以县为单位开列全省粮价。粮价细册由各省上报到户部，以备随时查核之用，保存于户部的粮价细册称为清册。因清代户部档案大部分已经散失，现今保存下来的原始粮价细册档案已经非常罕见，相应的对粮价细册的研究和利用也较少。

现存的粮价单数量巨大，是目前利用最为充分的物价史料，而粮价细册虽然较少保留，但其重要性却不可忽视。原因在于：其一，粮价细册详细地记录了各省县级单位的粮价情况，较之以府为单位的粮价单更能详细地反映清代地方上的粮价情形；其二，粮价细册中的县级粮价数据是编制粮价单的数据来源，也是我们认识粮价单的编制过程和粮价单数据汇总方法的基本资料，"也可以说是史料批判的基础数据"②。因而，对于粮价细册的研究也应成为研究粮价报告制度的重要关注点。

目前对清代粮价报告制度及粮价数据可靠性进行评价的研究，从利用的

---

① 随着奏折制度的变化，粮价单的保存地点也经历了几次变化，康熙朝至乾隆四十九年（1784）的粮价单保存在宫中档中，乾隆四十九年六月至嘉庆元年（1796）九月的粮价单保存在军机处档案中，嘉庆元年十月至嘉庆十一年（1806）的粮价单保存在宫中档中，嘉庆十二年（1807）以后的粮价单保存在军机处档案中。详见王道瑞：《清代粮价奏报制度的确立及其作用》，《历史档案》，1987年第4期，第80—86页。

② ［日］岸本美绪：《清代中国的物价与经济波动》，刘迪瑞译，北京：社会科学文献出版社，2010年，第476页。

资料上看基本以粮价折和粮价单档案为主,少数利用了地方档案及其他非官方资料。这些研究从其研究方法上来看,主要可分为两类:第一类是定性研究,从制度执行的层面对粮价数据可靠性进行评价;第二类是定量研究,从粮价单数据本身的数量特征对数据质量进行量化评估。从制度执行角度进行的研究以全汉昇、王业键、陈金陵、王道瑞和陈春声等为代表[1],这些研究对于理清清代粮价奏报制度的起源、发展过程及制度实际执行情况作了详尽的梳理,分析了地方官员、皇帝在粮价奏报制度执行过程中发挥的作用及其对粮价数据可靠性的影响。

从粮价单数据本身进行定量研究的方法首先由王业键等创建,这种方法的思路是统计粮价数据中连续不变月数的长度、位置和频率,并以连续不变次数在三个月(含)以下的比率作为度量粮价资料可靠性的参考指标。王业键从数据本身出发对粮价数据质量进行了量化研究,为科学地评估粮价数据质量提供了一套可靠的参考标准。通过这套方法,王业键研究了1741~1790年间东南沿海四省以及长江中游四省分府的粮价数据质量[2]。近年来有多位学者分别采用这一方法对不同地区和不同时段的粮价数据质量进行了评价。马立博研究了1738~1795年广东和广西米价的数据质量[3],李明珠研究了1738~1911年直隶的粮价数据质量[4],谢美娥研究了台湾府米价数据质量[5],王玉茹等研究了1736~1911年长江流域各省首府米价数据的质量[6]。

以上研究对于清代粮价报告制度的总体情况作了细致的考察,同时提出

---

[1] Han-sheng Chuan and Richard A. Kraus, *Mid-Ch'ing Rice Markets and Trade: An Essay in Price History*, Cambridge: East Asian Research Center, Harvard University; distributed by Harvard University Press, 1975, pp.1-16. 王业键:《清代的粮价陈报制度及其评价》,《清代经济史论文集(二)》,台北:稻乡出版社,2003年,第1—36页;陈金陵:《清朝的粮价奏报与其盛衰》,《中国社会经济史研究》,1985年第3期,第63—68页;王道瑞:《清代粮价奏报制度的确立及其作用》,《历史档案》,1987年第4期,第80—86页;陈春声:《清代的粮价奏报制度》,载陈春声:《市场机制与社会变迁——18世纪广东米价分析》(附录一),北京:中国人民大学出版社,2010年,第207—216页。关于清代粮价报告制度执行方面研究的最新回顾性总结,详见朱琳:《回顾与思考:清代粮价问题研究综述》,《农业考古》,2013年第4期,第191—201页。

[2] 王业键等:《清代粮价资料之可靠性检定》,《清代经济史论文集(二)》,台北:稻乡出版社,2003年,第289—315页。

[3] Robert B. Marks, "Rice prices, food supply, and market structure in eighteenth-century South China". *Late Imperial China*, 1991 (2): 64-116.

[4] Lillian M. Li, *Fighting Famine in North China: State, Market, and Environmental Decline, 1690s-1990s*, Stanford University Press, 2007, pp.407-409.

[5] 谢美娥:《清代台湾米价研究》,台北:稻乡出版社,2008年,第72—100页。

[6] 王玉茹、罗畅:《清代粮价数据质量研究——以长江流域为中心》,《清史研究》,2013年第1期,第53—69页。

了判断粮价数据可靠性的方法,对于粮价数据的利用具有指导性的作用。然而,以上研究主要是从清宫档案出发,仅从作为粮价数据最终形式的粮价单的角度对数据质量进行了评估,并没有利用更为详尽的地方粮价档案等底层资料对粮价数据的来源进行研究,对地方粮价数据的汇总方法以及粮价单数据的编制过程等问题尚未进行深入的分析。因而,对粮价报告制度背景的问题,还有向更底层资料进行深入挖掘的研究空间。

而到目前为止,只有柳诒徵和威尔金森两位学者直接利用地方粮价细册进行了研究。柳诒徵研究物价史的著作中收录了清末光绪八年(1882)、九年(1883)、三十三年(1907)和三十四年(1908)江苏江宁布政使司(分府)和苏州布政使司(分县)的粮价资料①。威尔金森利用了收藏于日本东京大学东洋文化研究所大木文库的粮价细册《陕西布政使司造报陕省各属市估银粮价值清册》,对清末光绪二十六年(1900)至宣统三年(1911)陕西各地银钱比价和粮价进行了分析②。但这两项研究利用粮价细册的关注点在于地方物价史的问题,对于地方粮价细册和粮价单数据之间关系的问题并未涉及。

本章主要利用记录州县粮价情形的粮价细册档案进行研究,通过粮价细册中的县级粮价数据来解析地方官员编制粮价清单的方法和过程,在此基础上重新认识粮价单数据的真实含义,并对更为合理地利用粮价单数据提出看法。本章接下来的内容安排如下:第二部分考察清代粮价细册报告制度的建立过程;第三部分利用州县地方粮价细册档案资料对地方粮价细册数据到粮价单数据的汇总方式作出分析;第四部分通过对粮价细册与粮价单的比较研究提出对粮价数据的再认识;最后部分为结论。

二、粮价细册制度的建立

在利用粮价细册展开本书的研究之前,笔者发现目前学界尚未对该制度建立的过程进行详细的研究,在此有必要先对粮价细册制度的建立过程作一制度史的梳理。

王业键先生较早就在其《清代的粮价陈报制度及其评价》一文中引用了一份宫中档乾隆朝奏折,用以说明粮价细册制度的起始时间问题③。根据这份奏折,粮价细册制度最早于乾隆二十八年(1763)由山西布政使文绶上奏,

---

① 柳诒徵:《江苏各地千六百年间之米价》,载《柳诒徵史学论文续集》,上海:上海古籍出版社,1991年,第462—496页。
② Endymion P. Wilkinson, *Studies in Chinese Price History*, New York: Garland Pub., 1980.
③ 王业键:《清代的粮价陈报制度及其评价》,载《清代经济史论文集(二)》,台北:稻乡出版社,2003年,第8页。

提议在各省普遍实行。然而，此问题并未得到展开和深入的研究，从中我们仅知文绶的奏折只是提出建议，至于皇帝和户部的最终意见，在奏折中并未反映。此外，这份奏折中还有和这一制度相关的重要细节需要挖掘，以加深对这一制度的认识。为此，笔者查找了关于文绶奏折的后续档案资料，希望借此能将粮价细册制度建立的过程清晰地呈现出来。

这份奏折是文绶于乾隆二十八年（1763）十二月初二日上奏的，标题为《奏为各省粮价请令按月报部以备稽核折》，向乾隆皇帝建议各省实行州县粮价按月造册报部的制度。鉴于这份奏折的重要性，兹将奏折内容摘录如下：

> 奏为各省粮价请令按月报部以备稽核以重帑项事。窃惟我皇上念切民瘼，以各省米粮有关民食，市价贵贱时时上厪宸衷，令各督抚将市粮时价按月奏闻，并奉廷寄摺式各按州郡分别价贱、价中、价贵汇缮清摺恭呈御览，此实圣主爱民重农之至意。各督抚据各属每月所报市粮时价必皆察访确寔方敢入告。但各省州县粮价细款，惟甘肃省奴才于臬司任内代办藩司事务，知于近年始经造册送部。今查晋省向来并无报部之例，则其余省份之报部与不报部并不划一可知。伏查各州县平粜采买出入价值向来俱令随时办理，直至事竣造报。每遇各属报销之案与奏报时价不符者，查出即行驳正。因思部中并无各省州县平日粮价，案据只得就现案开报之价核销，而各省粮价增减之弊难以稽查。除晋省各属粮价现已申请抚臣和其衷造具细册按月咨部外，奴才愚见似应请令各省督抚每月奏报粮价之时即将各州县米谷豆麦各项粮价细数造册咨部存案，凡遇粜买粮食，于报销册内声明某月出粜，某月收买，以便按册而稽。各州县知有粮价细数按月送部，自不敢增减虚捏，而部臣核销亦有案据可凭，似与慎重帑项之道不无稍有裨益。理合恭摺具奏，伏乞皇上睿鉴，训示施行，谨奏。乾隆二十八年十二月初二日。（朱批："该部议奏。"）①

从这份奏折的内容来看，文绶发现互为关联的粮价报告制度和奏销制度在执行中存在两个问题。

首先，文绶在甘肃的任职经验，使其在调任山西后发觉粮价细册制度在各省间的"不划一"。至乾隆二十八年（1763），督抚按月奏报通省粮价的制度已经执行了近三十年，奏报的格式和方法均已形成固定程式。但是各省向户

---

① 文绶：《奏为各省粮价请令按月报部以备稽核折》，乾隆二十八年十二月初二日，《宫中档乾隆朝奏折》第十九辑，台北：故宫博物院，1982年，第758页。

部上报粮价细册却并未形成制度,各省"报部与不报部并不划一"。此前文绶自乾隆十四年起即一直在甘肃任职,于乾隆二十五年(1760)至二十七年(1762)任甘肃按察使①,并且"于臬司任内代办藩司事务"时亲自负责过州县粮价造册报部的事项。"晋省向来并无报部之例",这一现象是文绶新任山西布政使后方才发现的。

其次,州县粮价是平粜采买时的重要依据,文绶认为奏销仓谷依据时价更有利于维持仓储系统的稳定性。粮价关涉州县平粜采买仓谷的奏销,以往奏销时"每遇各属报销之案与奏报时价不符",户部"查出即行驳正"。但是户部"并无各省州县平日粮价",查核奏销事项时参考的价格并不是根据州县的时价,而只是"现案开报之价",即遵照户部定例。这种奏销制度就显得过于僵化,而"各省粮价增减之弊难以稽查",不利于仓储系统的稳定。

因此,文绶结合甘肃的粮价细册制度实施经验和州县粮价在户部奏销中的重要参考作用,向乾隆皇帝提出了两个建议。第一,建议各省仿照甘肃的做法,"督抚每月奏报粮价之时即将各州县米谷豆麦各项粮价细数造册咨部存案",使粮价细册制度在全国范围内整齐划一地执行。第二,各省建立州县粮价细册报部制度后,以后凡遇粜买粮食需要奏销时,需要在"报销册内声明某月出粜某月收买,以便按册而稽",即此后平粜采买粮食将以州县粮价细册的时价作为报销凭证,这将改变以往报销按照现有成例的制度。

文绶的建议是否被采纳,宫中档的朱批中并未明确。从文绶奏折中,我们只知道乾隆皇帝对于文绶的提议并没有马上表示认可,而是下令此事交由户部议奏。户部于乾隆二十八年(1763)十二月十一日收到乾隆的朱批旨令,并于十二月二十八日复奏。笔者查找了台湾"中央研究院"历史语言研究所收藏的清代内阁大库档案,发现了户部就此事进行讨论后所上的奏折。户部的答复意见如下:

> 臣等伏查粮价攸关民食,部臣允宜周知。而粜买悉属官储,报销自依成例,臣部办理各省粜买报销案件悉心察核,其中价值多寡因地因时虽难执一,然必就各该省历年粜买成例酌议准销。其有报销不协成例,该督抚率以实在时价为言,臣部以其差数悬殊仍行按例驳正。盖因时价长落无常,或一月而旬日顿异,或一邑而城乡各殊,差以分厘,积成千百,徒凭约略之开报难得一定之准绳,不若成例之可以永远遵守也。
>
> 兹据该布政使文绶奏称:"各州县平粜采买出入价值向来俱令随时

---

① 台北"故宫博物院"图书文献处,清国史馆传稿,701005788 号。

办理,直至事竣造报。部中并无各省州县平日粮价,案据只得就现案开报之价核销,而各省粮价增减之弊难以稽查。除晋省各属粮价现已申请抚臣和其衷造册咨部,请令各省督抚每月奏报粮价之时将各州县米谷豆麦各项粮价细数造册咨部存案,凡遇粜买粮食,报销册内声明某月出粜、某月收买,以便按册而稽。各州县知有粮价细数按月送部,自不敢增减虚捏,而部臣核销亦有案据可凭"等语。

查各省州郡粮价该督抚俱行按月入告,其造册送部者惟陕西、甘肃、四川三省,余省向无报部之案,自宜划一办理,理应如该布政使所奏通行,各督抚于每月奏闻之时另造细数清册咨送臣部备案。至该布政使所称即以月报粮价为核销案据之处布,该布政使虽欲以杜粜买报销临时增减之弊,第恐各州县中逆计有岁需粜买之项先于月报时预留地步,不将市集实价开造,巧为增减,及至粜买事竣借以月报价值援照请销,迨经臣部驳饬复执无实之报案,致违历年之成例。是欲杜冒销之弊,适启捏报之端,转致无裨实政。应令各该督抚严饬所属,凡遇平粜采买之际,务须确核搏节,实用实销,不得借口月报有案比附虚开,臣部于销册到日按照成例参酌时价核实办理,倘州县中有预图增减临时浮开等弊,该督抚即行分别查参,如此则月报既非虚文而稽核倍昭慎重矣。俟命下之日,臣部行文各直省督抚、顺天奉天二府府尹转饬所属一体钦遵可也。[①]

根据以上奏折的内容来看,户部的意见大致可以归纳为以下几点。

首先,户部的奏折明确提示了清代粮价陈报制度在各省的执行情况。乾隆元年(1736)开始,督抚按月奏报所属府州粮价已经制度化,乾隆三年(1738)奏报格式也已经统一化[②],此后该项制度在各省均已整齐划一地执行。而"造册送部者惟陕西、甘肃、四川三省",其余省份向来没有造册报部的惯例,可知粮价细册制度此时各省并不划一。户部认为粮价造册报部建议应该予以采纳,令各省督抚"于每月奏闻之时另造细数清册咨送臣部备案",使得这项制度"划一办理"。

其次,户部否定了文绶关于仓谷平粜采买奏销以州县粮价细册的时价作为报销凭据的建议。文绶提议采用浮动价格(时价)进行奏销,户部主张依旧

---

① 傅恒等:《奏复山西布政使文绶所请各省州县粮价按月造册送部事》,乾隆二十八年十二月二十九日,载张伟仁编:《明清档案》,台北:"中央研究院"历史语言研究所,1987年,A204—124。

② 王玉茹、罗畅:《清代粮价数据质量研究——以长江流域为中心》,《清史研究》,2013年第1期,第53—69页。

采用固定价格(成例)进行奏销。清代各省仓谷的平粜采买,户部向来按照成例进行核销。报销时户部参考成例,即使遇上各地粮价"多寡因地因时虽难执一"的情况,但是为了奏销能够照常执行,户部依然坚持按照成例奏销,"必就各该省历年粜买成例酌议准销"。户部认为米粮时价随时随地变动很大,"徒凭约略之开报难得一定之准绳,不若成例之可以永远遵守",因而不予采纳。

最后,对于执行州县粮价造册报部制度后户部能否获得真实的州县粮价数据,户部和文绶的看法各执一端。文绶认为只要州县粮价造册报部,户部"核销亦有案据可凭",可以"杜粜买报销临时增减之弊",而"各州县知有粮价细数按月送部,自不敢增减虚捏"。但是户部认为,若采用浮动价格奏销,那么粮价就关涉到了地方切实利益,地方就具有了捏造数据的动机。因而户部主张不能以粮价细册作为奏销凭据,才能获得地方州县如实上报的粮价数据。

户部上奏的这份奏折在内阁大库档案中未留下乾隆皇帝的朱批,但我们可以在光绪朝《清会典事例》中找到乾隆皇帝最后的意见:

> 二十八年奏准:各省督抚每月奏报粮价之时,将各州县米谷麦豆各项粮价细数造册咨部存案。凡遇粜买报销,按照成例,参酌时价,核实办理。①

可见,乾隆皇帝采纳了户部的意见,正式下令各省每月将州县粮价细册造报户部,同时粜买仓谷报销依然按照成例,仅在必要时须参酌时价。

以上通过详细分析文绶和户部的奏折可以知道,粮价细册制度在各省推行的时间在乾隆二十九年(1764),在此之前仅有陕西、甘肃、四川三省将州县粮价造册报部。文绶提出各省每月将州县粮价细册造报户部的建议被采纳,但其提出将粮价细册作为各省奏销仓谷粜买凭据的建议则被户部否决。为了保持奏销制度的正常进行,户部主张仍采用成例作为核销的凭据,并认为以粮价细册作为奏销凭据将增加地方捏报粮价的动机,将造成"欲杜冒销之弊,适启捏报之端,转致无裨实政"的局面。

三、从粮价细册到粮价单

粮价单以府为单元奏报各地的粮价,府级单元的粮价数据则来源于县级

---

① 光绪《清会典事例》卷191《户部·积储·三》,北京:中华书局影印本,1991年,第三册,第178页。

粮价数据。那么,这就意味着粮价细册和粮价单数据其实是属于不同的空间尺度上的两套数据,这中间产生的一个关键问题即尺度转换的问题。清代的地方官员是如何将县级尺度数据转换到府级尺度数据的?在进行数据的尺度转换过程中,对粮价数据的可靠性又产生什么样的影响?利用粮价单数据进行研究时需要采取什么措施来减少这种影响?这些问题,前人的研究较少涉及,但这对于正确理解清代粮价数据却极为关键。本章将选取目前所能获取的县级粮价资料,通过比较县级和府级两个层级的粮价数据,分析两套数据之间的关系,以此来探究粮价单数据的生产方法及数据尺度转换的相关问题。

粮价细册是现今获取县级粮价数据的基本资料,这里先对现存粮价细册资料的基本情况作一介绍。相比数量巨大的粮价清单,现今保存下来的粮价细册资料非常稀少而且分散各地。经过学者的努力搜寻,现有的研究中有少数几处地方的粮价细册得到了研究者的利用。前述柳诒徵《江苏各地千六百年间之米价》收录了《光绪中江宁布政使司所属各府厅米价表》和《光绪中苏州布政使司所属各府厅州县米价表》两份粮价细册,江宁布政使司分府、苏州布政使司分县开列粮价,该档案藏于龙蟠里国学图书馆档案库。前引威尔金森的研究利用的是《陕西布政使司造报陕省各属市估银粮价值清册》,收藏于日本东京大学东洋文化研究所大木文库,覆盖时间是1900~1910年间共25个月。此外,岸本美绪还指出,收藏于东洋文化研究所大木文库的还有四川、河南两地的粮价细册[1],日本国会图书馆收藏的光绪五年(1879)至宣统三年(1911)共1 072册《河南钱粮册》中,也包含了光绪二十五年(1899)十月至宣统二年(1910)九月共51个月的河南省州县粮价细册[2]。

除了以上几处已经为研究者所利用的档案之外,笔者还找到了两处尚未为学界利用的粮价细册。一是国家图书馆收藏的《滇省府厅州县宣统三年二月份粮价统计散表》[3],该表记录了宣统三年二月云南省各厅县的米、麦、杂粮三类粮食的价格。其中,米分为上米、中米和下米三种,麦分为大麦、小麦和玉麦三种,杂粮包括菝、南豆、黄豆和青稞四种,计价单位为每仓石银若干。二是甘肃省档案馆藏1号全宗《清朝甘肃地方政府档案》中,保存有各府厅州县仓谷动用情况及米粮时估价值的档案,是较为系统的县级粮价档案资料。

---

[1] [日]岸本美绪:《清代中国的物价与经济波动》,刘迪瑞译,北京:社会科学文献出版社,2010年,第5页。

[2] [日]岸本美绪:《清代中国的物价与经济波动》,刘迪瑞译,北京:社会科学文献出版社,2010年,第476—477页。

[3] 佚名编:《滇省府厅州县宣统三年二月份粮价统计散表》,载国家图书馆分馆编:《清代边疆史料抄稿本汇编》第34册,北京:线装书局,2003年。

这批档案中的粮价细册资料目前已有部分节录刊出,包括光绪二十六年(1900)三月兰州、巩昌二府的县级粮价①。这份档案关于粮价细册的背景提供了较为丰富的信息,从档案内容可知这份粮价册是"甘肃等处承宣布政使司为造报事,遵将甘肃光绪二十六年三月份各属报到各色粮草钱价,分析上下半月,汇造总册呈赍查核"。从开列的粮价细册来看,包括了粮食和草料等多个品种,还开列了纹银制钱比价。相比于甘肃粮价单中的粮食品种,粮价细册中的粮食品种要丰富得多。粮价单品种只有粟米、小麦、豌豆、青稞、糜子五种主要作物的价格,而粮价细册中涵盖了十种左右的粮食和二至三种草料的价格。

以上即是现存粮价细册资料的基本情况,本研究将利用江苏、云南和甘肃三地的粮价细册,将之和粮价单数据进行比较,说明府级粮价单数据是如何由县级粮价数据转换而来的。关于粮价单数据性质的研究,多数研究者仅从制度层面对粮价报告执行的外在表现形式进行讨论,较少直接对粮价单的数据内容进行深入研究,尚缺乏对粮价数据来源及数据汇总方式的实证研究。因而,目前对于粮价报告制度及粮价单的一些问题尚未有清晰的认识。比如,粮价单中的府级数据是由什么方法从县级数据中统计产生的? 府级粮价数据代表的是府治所在地的价格还是一府内所有州县价格的综合情况? 对于这些关涉到府级粮价数据具体含义的问题,目前还鲜有研究者作出明确的研究结论。

清代督抚在奏报粮价时,在粮价单中按府级政区和粮食品种开列上月粮价,乾隆三年(1738)起即开始要求各省按照规范化的统一格式进行报告②。兹引乾隆四十一年(1776)山东巡抚的一份粮价单以说明督抚奏报粮价的具体格式:

> 山东巡抚臣杨景素跪奏,今将乾隆四十一年四月份山东省各府州属米粮价值开列清单恭呈御览。计开:
> 济南府属价平,查麦子、高粱较上月平减,大米黑豆稍增,余相同。
> 大米每石价银二两八分至三两八钱,
> 小米每石价银一两三钱四分至一两七钱八分,
> 麦子每石价银一两四钱八分至二两一钱,
> 谷子每石价银八钱六分至一两一钱一分,
> 黄豆每石价银九钱六分至一两五钱七分,

---

① 《晚清甘肃米粮时估价格史料(节录)》,《档案》,1997 年第 S1 期。
② 王道瑞:《清代粮价奏报制度的确立及其作用》,《历史档案》,1987 年第 4 期,第 80—86 页。

黑豆每石价银一两四分至一两四钱三分，

高粱每石价银九钱二分至一两一钱八分。

……①

从这份粮价单中可以看到，报告某府某种粮食价格时的格式一般为一个价格区间，如上述档案中，该府的价格即表述为"价银多少至多少"。这种格式表示的粮价虽然给出了一个非常具体的价格数字，但是这个价格数字在其时空含义上仍然有许多模糊之处，值得我们深入研究。

首先，"府"的空间范围是什么？我们可以作多种理解。粮价单中的"府"可能仅仅是指府治所在地，以府治地区的价格代表整个府的价格，此时府的粮价其实是一个意义明确的"点"数据；同时，"府"也可能是指包括所有州县在内的整个府的范围，此时府的粮价就是一个概括全府范围价格的"面"数据，如果是"面"数据，又是如何取得的呢？

其次，价格区间代表的是时间区间还是空间区间？对此，我们也可以作多种理解。价格区间可以是时间性质的区间，即该府本月内随时间而波动的价格区间，是不同时间点上粮价的波峰和波谷的极值；同时，价格区间也可以理解为空间性质的区间，即代表该府内所有州县粮价在空间上呈现出来的差异性，价格区间代表各个州县粮食地区差价的高低值区间。

粮价数据的这些模糊性影响了我们对清代粮价数据的利用，需要将这些模糊性彻底解开才能进行下一步的研究工作。如果仅仅从粮价奏折和粮价单等只反映府级粮价的档案出发，是无法回答以上问题的。因此，必须找到规模完整的县级粮价数据序列，将之和府级数据进行比较，才能厘清府级粮价数据的具体含义。

四、粮价数据的再认识

接下来将分别对江苏、云南和甘肃三地的县级粮价数据和粮价单中的府级数据进行比较。

江苏的粮价数据包括《光绪中江宁布政使司所属各府厅米价表》和《光绪中苏州布政使司所属各府厅州县米价表》两份粮价细册，时间包括光绪八年（1882）、九年（1883）、三十三年（1907）和三十四年（1908）②。由于江宁布政使

---

① 山东巡抚杨景素：《奏呈四月份粮价清单》，乾隆四十一年五月初七日，中国第一历史档案馆藏，《朱批奏折》，档号13-07-1319。

② 柳诒徵：《江苏各地千六百年间之米价》，载《柳诒徵史学论文续集》，上海：上海古籍出版社，1991年，第462—496页。

司按府开列粮价,苏州布政使司分县开列各府粮价,因此本研究仅采用苏州布政使司的分县价格资料进行分析,选取的是中米价格序列。云南的粮价细册仅记载了宣统三年(1911)二月份的数据,但是其地理范围是完整的,包括全省各府厅州县①,粮食品种包括上米、中米、下米、小麦和大麦。甘肃的粮价为光绪二十六年(1900)三月的《甘肃布政司详赍各属米粮时估价值清册》,从内容上来看,应该是甘肃布政使司造报通省粮价的底稿或存案。为便于比较,选取其中粟米、小麦、豌豆和青稞四个品种的粮价。接下来将以上三省的县级粮价数据与《清代道光至宣统间粮价表》②中的府级数据进行比较。限于篇幅,本研究根据府州的辖县数量和地理位置,分别选取部分府和直隶州的数据列于表2-1至表2-3进行比较。

通过以上三处粮价细册与《粮价表》中的府县两个层级粮价数据的比较,我们可以发现无论是地处长江三角洲地区的江苏,还是西南、西北边远地区的云南、甘肃,表中绝大多数的粮价数据③都符合以下特点:一府或直隶州粮价的高价和低价分别来自其辖区内诸县粮价中的最高者和最低者。比如辖县较多、地处核心地带的苏州府光绪八年(1882)一月份的高价和低价分别来自长洲、元和、吴县三县(1.50)和吴江、震泽二县(1.40),辖十一个州县的云南府宣统三年(1911)二月上米的高价和低价分别来自昆明县(4.08)和禄丰县(2.05),辖十个州县的巩昌府光绪二十六年(1900)三月小麦的高价和低价分别来自岷县(2.002)和西和县(0.925)。同样,辖县较少、地处偏远的府州也符合这一特点,如武定直隶州宣统三年二月下米的高价和低价分别来自禄劝县(2.30)和元谋县(1.60),安西直隶州光绪二十六年三月小麦的高价和低价分别来自玉门县(1.890)和敦煌县(1.280)。

至此,我们可以初步地判断府级粮价数据的确切含义:府级粮价是指该府的整个行政范围内所有县级政区的价格,而不是仅仅代表府治所在地的价格,即府的粮价是一个"面"数据,而非"点"数据。价格区间代表的含义是指

---

① 佚名编:《滇省府厅州县宣统三年二月份粮价统计散表》,国家图书馆分馆编:《清代边疆史料抄稿本汇编》第34册,北京:线装书局,2003年。
② 中国社会科学院经济研究所编:《清代道光至宣统间粮价表》,桂林:广西师范大学出版社,2009年。简称《粮价表》。
③ 需要说明的是大多数粮价细册数据和《粮价表》数据都吻合,只有少数府州的个别数据有出入,但总体而言误差在可接受的范围内,并不影响本研究的结论。出现少部分误差是正常的,其来源有多方面:其一,来自粮价数据史料本身存在的错误,清代粮价数据需要统计的县份、种类繁多,各级人员在誊抄、汇总时难免出错;其二,来自后人整理时的差错,如《粮价表》数据是20世纪30年代汤象龙等先生组织人员从清代粮价单中抄录的,以统计表方式保存,直至2004年才由中国社会科学院经济研究所整理、录入计算机,数据量达到400多万条,如此庞大的数据量几经传抄,出现误差在所难免。

表 2-1 光绪八年(1882)苏州布政使司所属中米价格

单位:两/石

	1月	2月	3月	4月	5月	6月	7月	8月	9月	10月	11月	12月
苏州府												
长洲县、元和县、吴县	1.50	1.50	1.60	1.60	1.70	1.70	2.00	1.95	1.80	1.70	1.70	1.60
吴江县、震泽县	1.40	1.40	1.40	1.40	1.40	1.50	2.00	1.90	1.90	1.90	1.90	1.80
常熟县、昭文县	1.45	1.45	1.45	1.45	1.45	1.45	1.70	1.70	1.70	1.70	1.65	1.65
昆山县、新阳县	1.45	1.45	1.45	1.45	1.45	1.58	2.8[a]	2.8[a]	1.95	1.95	1.80	1.80
《粮价表》低价	1.40	1.40	1.40	1.40	1.40	1.45	1.70	1.70	1.70	1.70	1.65	1.60
《粮价表》高价	1.50	1.50	1.60	1.60	1.70	1.70	2.08	2.08	1.95	1.95	1.90	1.80
松江府												
华亭县、娄县	1.80	1.80	1.80	1.80	1.80	1.90	2.15	2.15	2.15	2.15	2.15	2.15
奉贤县												
金山县	1.55	1.55	1.55	1.55	1.55	1.55	1.75	1.75	1.75	1.75	1.75	1.75
上海县	2.15	2.15	2.15	2.15	2.15	2.20	2.50	2.40	2.40	2.40	2.40	2.40
南汇县	1.58	1.66	1.72	1.72	1.72	1.82	2.18	2.18	2.18	2.18	2.11	2.11

续表

	1月	2月	3月	4月	5月	6月	7月	8月	9月	10月	11月	12月
青浦县	1.60	1.60	1.60	1.60	1.60	1.75	1.95	1.95	1.95	1.95	1.95	1.95
川沙厅	1.60	1.60	1.60	1.60	1.60	1.70	1.70	1.70	1.70	1.70	1.70	1.70
《粮价表》低价	1.55	1.55	1.55	1.55	1.55	1.55	1.70	1.70	1.70	1.70	1.70	1.70
《粮价表》高价	2.15	2.15	2.15	2.15	2.15	2.20	2.50	2.40	2.40	2.40	2.40	2.40
太仓直隶州												
太仓州、镇洋县	1.82	1.82	1.82	1.80	1.75	1.75	2.40	2.38	2.38	2.25	2.20	2.20
嘉定县	2.10	2.10	2.10	2.10	2.20	2.20	2.70	2.60	2.60	2.60	2.60	2.60
宝山县	2.10	2.10	2.10	2.10	2.10	2.10	2.35	2.35	2.35	2.35	2.30	2.30
崇明县	2.00	2.15	2.15	2.15	2.15	2.15	2.15	2.15	2.15	2.15	2.15	2.15
《粮价表》低价	1.82	1.82	1.82	1.80	1.75	1.75	2.15	2.15	2.15	2.15	2.15	2.15
《粮价表》高价	2.15	2.15	2.15	2.15	2.20	2.20	2.70	2.60	2.60	2.60	2.60	2.60

资料来源：柳诒徵：《江苏各地于六百年间之米价》，载《柳诒徵史学论文续集》，上海：上海古籍出版社，1991年，第482—484页。中国社会科学院经济研究所编：《清代道光至宣统间粮价表·江苏》，桂林：广西师范大学出版社，2009年。

说明：a. 疑印刷错误，应为2.08。

表2-2　宣统三年(1911)二月份云南所属各府厅州县粮价　单位：两/石

府别	县别	上米	中米	下米	小麦	大麦
云南府	昆明县	4.08	3.61	3.27	2.92	2.10
	安宁州	4.00	3.90	3.85	2.20	2.00
	禄丰县	2.05	1.90	1.90	1.50	1.00
	晋宁州	3.60	3.30	3.14	2.50	1.50
	呈贡县	3.30	3.20	3.10	2.40	2.00
	昆阳州	3.55	3.22	3.11	2.22	1.56
	易门县	3.00	2.90	2.80	4.00	1.60
	嵩明州	3.18	2.93	2.67	2.55	1.15
	宜良县	3.64	3.55	3.47	2.60	1.50
	罗次县	2.30	2.10	2.00	1.00	1.00
	富民县	4.00	2.66	3.50	2.16	1.66
	《粮价表》低价	2.05	1.90	1.90	1.20	1.00
	《粮价表》高价	4.08	3.90	3.85	4.00	2.10
大理府	太和县	1.20	1.10	1.00	0.60	0.60
	赵州	1.25	1.13	1.00	0.82	0.86
	云南县	1.34	0.95	0.90	0.64	0.64
	邓川州	1.65	1.60	1.55	1.30	0.70
	浪穹县	1.85	1.74	1.69	0.72	0.46
	宾川州	1.60	1.50	1.40	1.45	0.50
	云龙州	1.77	1.76	1.74	1.44	0.65
	《粮价表》低价	1.20	0.95	0.90	0.60	0.46
	《粮价表》高价	1.85	1.76	1.74	1.45	0.86
丽江府	丽江县	1.40	1.30	1.20	0.65	0.55
	中甸厅	2.40	2.10	1.00	0.85	0.50

续表

府别	县别	上米	中米	下米	小麦	大麦
丽江府	维西厅		3.00	2.80	1.50	1.00
	鹤庆州		1.40	1.30	0.80	0.60
	剑川州	1.30	1.10	1.00	1.00	0.90
	《粮价表》低价	1.30	1.10	1.00	0.65	0.50
	《粮价表》高价	2.40	3.00	2.80	1.50	1.00
广西直隶州	广西直隶州	3.80	3.60	3.30	2.40	0.90
	师宗县	2.19	2.70	1.96	1.61	0.69
	丘北县	3.40	2.20	3.00	2.60	2.40
	弥勒县	3.90	2.70	3.50	2.50	0.90
	《粮价表》低价	2.19	2.20	1.96	1.61	0.69
	《粮价表》高价	3.90	3.60	3.50	2.60	2.40
武定直隶州	武定直隶州	1.95	1.85	1.80	1.30	0.85
	元谋县	2.40	2.20	1.60	1.40	1.00
	禄劝县	2.70	2.50	2.30	2.10	1.40
	《粮价表》低价	1.95	1.85	1.60	1.30	0.85
	《粮价表》高价	2.70	2.50	2.30	2.10	1.40

资料来源：佚名编：《滇省府厅州县宣统三年二月份粮价统计散表》，国家图书馆分馆编：《清代边疆史料抄稿本汇编》第34册，北京：线装书局，2003年。中国社会科学院经济研究所编：《清代道光至宣统间粮价表·云南》，桂林：广西师范大学出版社，2009年。

表2-3 光绪二十六年(1900)三月甘肃所属各府厅州县粮价

单位：两/京石

府别	县别	粟米	小麦	豌豆	青稞
兰州府	皋兰县	4.383	3.436	3.554	2.843
	河州	2.674	2.292	2.292	1.667
	狄道州	2.712	2.146	2.146	1.808

续表

府别	县别	粟米	小麦	豌豆	青稞
兰州府	渭源县	1.162	1.803	1.614	1.424
	金县	2.688	2.150	2.050	1.658
	靖远县	1.833	1.571	1.571	
	红水县丞	2.100	2.100	2.100	1.680
	《粮价表》低价	1.162	1.571	1.571	1.424
	《粮价表》高价	4.383	3.436	3.554	2.843
巩昌府	陇西县	2.176	1.915	1.915	
	宁远县	2.291	1.736	1.736	
	伏羌县	2.466	1.677	1.702	
	安定县	2.100	1.890	1.890	
	会宁县		1.649	1.649	
	通渭县		1.651	1.534	
	西和县	1.105	0.925	0.976	
	岷县	2.155	2.002	2.002	1.778
	洮州厅		1.925	1.575	
	陇西县丞	1.774	1.183	1.014	0.507
	《粮价表》低价	1.105	0.925	0.977	0.507
	《粮价表》高价	2.466	2.002	2.002	1.778
甘州府	抚彝厅	1.029	0.735	0.991	0.605
	张掖县	1.706	1.029	1.541	0.823
	山丹县	1.398	0.865	0.860	0.647
	东乐县丞	0.749	0.714	1.190	0.440
	《粮价表》低价	0.749	0.714	0.860	0.440
	《粮价表》高价	1.706	1.029	1.541	0.823

续表

府别	县别	粟米	小麦	豌豆	青稞
秦州直隶州	三岔州判	3.401	3.401	3.401	
	秦安县		1.159	1.448	
	清水县	2.030	1.645	1.575	
	礼县	1.598	0.907	0.907	
	两当县	2.841	2.521	1.964	
	徽县	4.383	2.848	2.586	
	秦州	2.302	1.962	1.648	
	《粮价表》低价	1.119	0.907	0.907	
	《粮价表》高价	4.383	3.401	3.401	
安西直隶州	玉门县	2.310	1.890	1.890	1.890
	敦煌县	0.920	1.280	1.200	1.032
	安西州	1.880	1.600	2.160	1.520
	《粮价表》低价	0.920	1.280	1.200	1.032
	《粮价表》高价	2.310	1.890	2.160	1.890

资料来源：《光绪二十六年三月份米粮时估价值清册》，甘肃省档案馆1号全宗《清朝甘肃地方政府档案》，档号1-1-76；中国社会科学院经济研究所编：《清代道光至宣统间粮价表·甘肃》，桂林：广西师范大学出版社，2009年。

一府内所有厅县粮食价格所呈现的地区间差价，该区间就是各地价格最高和最低值的区间，低价和高价不是指时间序列上价格波动的波峰值和波谷值。

从以上数据的比较分析结果中，我们可以对上文中提出的几个问题作出初步的解答。

首先，是粮价单数据的确切含义的问题。王业键曾指出，清代粮价单数据的一个重大缺陷是其不代表十分明确的时间和地点[①]，这明显地反映在本研究所利用的三处县级粮价资料中。粮单中的价格区间并不代表明确时间的价

---

① 王业键：《清代的粮价陈报制度及其评价》，载《清代经济史论文集（二）》，台北：稻乡出版社，2003年，第33—34页。

格,只是笼统地代表某月的价格,并没有具体指出是一月中的上半月或下半月,还是对整个月价格的概括。同时,府级粮价也不代表固定地点的价格,价格的上限和下限在某些府会固定出现在某些县,这种情况主要出现在高价上,如松江府的高价在光绪八年(1882)、九年(1883)连续两年共二十四个月都出现在上海县。但是在某些府也会时常发生粮价的上、下限在不同县之间不断变动的情况,这一情况主要出现在低价上,如在本书研究的时段内,苏州布政使司各府的低价一直在不同的县之间变动,没有出现低价持续一年以上长期稳定在某一个县的情况。本书的研究通过对县级粮价数据的梳理,揭示了粮价清单数据在其内部含义上具有不确定性,在利用粮价数据时需注意这一制度背景。

其次,明确了粮价数据的确切含义后,我们对府级粮价单数据的产生过程的认识就更为清晰了。按照清代粮价报告制度的执行程序,首先由县级官员每旬或每半月一次收集辖境内的粮价数据,转换成统一的计价单位,定期向府级官员和布政使上报。府级官员汇集各县的粮价后,提交报告给布政使,此时府级上报的数据可能仍是详细开列所属各县的价格而并未汇总。布政使汇集全省各县的粮价后,负责编制按县开列价格的粮价细册上报户部,同时制作按府开列的粮价单上报督抚,由督抚奏报皇帝。布政使制作粮价单时即取各府所属县级粮价的最大值和最小值作为价格区间,这种方法仅需按府对各县粮价比较高低即可,操作简单而又快捷,可以说具有很高的行政效率。相比于人口和土地统计制度的复杂性和不可操作性,清代的粮价报告制度作为一项地方官员日常行政事务,其简单快捷的操作方式是这一制度能够得到长期执行,并为今天的研究留下大量相对可靠数据的必要保证。

最后,粮价报告制度操作的简便性也导致府级粮价数据丢失了详细的县级粮价信息,为了减少这种信息丢失造成的偏差,研究者在使用粮价数据时必须注意数据的处理方法。由于府级粮价不代表固定地点的价格,而是将府级辖区内的所有州县取其最大值和最小值作为价格区间。价格区间仅仅能够反映一府内所有县的价格区间,那么价格区间的上、下限未发生变化并不代表这个府内各县的粮价没有变化。可能的情况是各县的价格都发生了变化,只是其变化的范围处于价格区间内,也可能是区间的上、下限在不同县之间发生了转换。因此,王业键先生也认为,在不能确定"上、下限是几乎一致地属于某县或某一地区的价格,就上、下限取其平均值来观察,应该是较有代表性和一致性的"[①]。通过取价格上、下限的平均值的方法,更能够代表一个

---

① 王业键:《清代的粮价陈报制度及其评价》,载《清代经济史论文集(二)》,台北:稻乡出版社,2003年,第34页。

府粮价的整体情况,在某种程度上有助于纠正粮价数据的偏差。

五、本章小结

本章首先从宫中档、内阁大库档等清代档案资料中梳理了粮价细册制度的建立过程和执行该制度的细节。从中可知,在粮价细册制度的创立过程中,地方官员、乾隆皇帝和户部官员三方在该制度的决策中的态度,从一开始即将保证粮价数据的真实可靠性作为该制度的基本要求。因而,为了保证粮价报告的真实性,户部主张不能将粮价细册作为核销凭证,这种做法使粮价细册和地方实际利益的关系分离,使粮价细册制度成为一项具有相对独立性的制度,因而地方官员造假的动机减少,有利于保证粮价数据的真实性。

本章利用清代粮价细册资料,整理了多地的县级粮价数据,并与粮价单中的府级粮价数据进行比较,厘清了府县两个层级粮价数据之间的关系,并加深了对粮价单中府级粮价的真实含义的认识,提出利用粮价数据时应注意的问题。粮价单中的府级粮价数据的编制方法是一种简单的综合,即将一府内所有厅县价格的最大值和最小值作为该府粮价的价格区间,这种简便易行的操作方式保证了这一制度能够长期作为地方日常行政事务被有效地执行。同时,这也意味着粮价单中的高价和低价均不能代表一府粮价的整体情况,那么在利用粮价数据时取其平均值应该更具有代表性。

粮价细册制度的相对独立性,使其成为一项不与地方利益直接关联的制度,在一定程度上减少了地方官员上报粮价的造假行为,这是粮价数据真实性的制度来源之一。地方粮价调查的简便性和上报程序的易操作性,使得这项制度建立之后能够一直作为地方日常行政事务长期得到执行,形成具有完整时空覆盖范围的物价资料。以上两个因素是清代粮价数据能够成为相对真实可靠而又具有系统性的经济史数据的制度原因。同时,研究者在利用清代粮价数据时,首先要注意粮价数据所代表的真实含义,应分时段、分地点对粮价资料的可靠性进行进一步的评估,在此基础上采用合理的数据处理方法进行研究。

结合第一章所利用的各种地方粮价报告档案,我们可以发现在利用粮价资料时还必须认识到粮价单数据的局限性,其中一个重要的问题是清代粮价报告计价单位的问题。王业键的研究指出州县官员在上报时需要将计量单位统一换算为官方标准单位,报告辖区内的以银计价或以钱计价的粮食价格,同时还需要报告当地的银钱比价[①]。陈春声在讨论清代粮价资料的可比

---

① 王业键:《清代的粮价陈报制度及其评价》,载《清代经济史论文集(二)》,台北:稻乡出版社,2003年,第10页。

性时也指出，清代许多地方市场的粮价是以制钱开价的，州县地方官员在上报时根据当地的银钱比价折算为官方的标准银两单位，而各地的银钱比价是地方官员非常熟悉通晓的市场信息，因此粮价单的数据是可比较的[①]。粮价报告中的粮价以银两或制钱计价，在县级官员上报到府级和省级报告时按照当地实际的银钱比价进行换算，且地方官员可以方便地核查当地的市场价格和银钱比价信息，这些因素可以基本保证粮价单中的价格数据是准确的。

然而，在粮价单价格数据能保持相对准确的前提下，粮价单数据能否真实地反映市场的实际波动，还受到清代银钱并用货币制度的影响。在使用银两交易的地方市场，地方官员直接将银两计价的粮价信息上报，粮价单中的数据可以相对真实地反映市场波动情况。但在使用制钱交易为主的地方市场，用银钱比价换算后的银两表示的粮价信息则不能完全真实地反映市场波动情况。因此从能否真实反映市场波动这一意义上说，清代粮价单的数据又是不完全真实的。目前利用粮价变动研究清代市场整合问题的研究都是采用以银两计价的粮价单数据，主要在于粮价单数据的可获得性。如果要更加完整地探究清代市场的运行状况，还需要建立一套以制钱计价的价格数据，在此基础上进行计量分析。然而，从目前的资料情况来看这一研究设想尚难以实现。虽然从现有的档案资料中能发现部分银钱比价数据，如在地方粮价报告、粮价细册和粮价奏折中均发现有少量的钱价数据，但这些数据还无法形成具有时间和空间连续性且成规模的数据序列。

---

① 陈春声：《清代的粮价奏报制度》，载《市场机制与社会变迁——18世纪广东米价分析》（附录一），北京：中国人民大学出版社，2010年，第207—216页。

第三章 清代粮价数据质量研究

一、粮价数据的可靠性问题

清代粮价报告制度建立以来,产生了海量的各类粮价数据,其覆盖的时间范围接近两百年,空间范围遍及内地全部行省及部分边疆地区。粮价数据具备如此完整的时空覆盖范围,已成为经济史研究者非常重视的数据材料。而在粮价数据的完整性之外,更难得的是粮价报告制度执行时统计口径的高度一致性:统计的计价单位(以银两计价)、上报的时间频率(按月上报)以及数据的空间尺度(分府上报)在整个国家范围内均是一致的。这些特性使清代粮价数据成为中国古代历史上非常少见的系统性经济数据,研究者可以对其进行跨时间和跨空间的比较研究,因而粮价数据成为研究前工业化时期清代经济与社会不可多得的数据集。在缺乏完整的现代国家统计体制的清朝,相比于人口、税收等需要耗费大量人力和物力进行普查和统计的经济指标,粮食价格数据的获取途径非常简便而准确,这使得粮价数据的可信度要优于人口、税收等经济史数据。

当然,粮价数据在具备以上优点的同时,也不可避免地带有一些缺憾。具体而言,粮价数据的缺陷包括数据缺失和数据失真两个方面。数据缺失是研究中无法弥补的史料空白,而在研究中如果使用失真的数据,则会导致错误的结论,因而在利用粮价资料时要格外重视粮价数据的质量问题,对其可靠性要有清晰的认识。粮价数据近年来已经成为清代经济史、环境史等研究领域中广泛使用的定量数据,对其可靠性进行全面深入的研究显得非常必要。因此本章对"清代粮价资料库"中的粮价数据质量进行分区域、分时段的评估,揭示其时空差异性并对其制度性的原因进行初步的探讨,希望能为学界利用粮价数据提供一定的参考。

针对粮价数据的可靠性问题,前人的研究已进行了诸多有益的探索。一方面,部分学者从粮价报告制度的执行及其效果来进行分析①,对不同时期的制度执行力度,尤其是皇帝和地方官员等人对该制度的重视程度作了比较,这方面的研究主要是从描述性史料出发所做的定性研究。另一方面,有的学者从粮价数据本身出发,从粮价数据的数量特征对其可靠性进行了定量的研究,在数据可靠性的评价上总结了一套可行的标准,并且按此标准提出了科学的定量检测方法,为粮价数据可靠性评估提供了有益的参考。

王业键等的研究在这方面具有开创意义,系统地研究了粮价数据的可靠性问题,并提出了科学检测粮价数据可靠性的定量方法。他们以粮价数据重复出现连续不变月数的长度、位置、频率和粮价数据的遗漏率来衡量粮价数据的可靠性。根据他们提出的标准,可以认为粮价数据连续不变在3个月(含)以下的数据是可靠性比较高的,而可靠数据占总数据量的比重(达到70%以上)以及较低的遗漏率这两个指标可作为评判粮价数据可靠性的参考标准。

王业键等的研究详细地介绍了这套评价标准和统计方法,研究了1741~1790年间安徽、福建、广东、湖北、湖南、江苏、江西、浙江八个省的小麦价格和大米价格数据的可靠性②。通过统计数据遗漏率、可靠性频率统计指标、一年以上(超过12个月)不变数据出现次数、不变粮价记录最长月数等指标,对粮价数据可靠性作出了综合性的定量评估。他们的研究结果显示,江苏省内各府数据质量较高,浙江省内除杭州、嘉兴两府外数据质量不高,福建省内各府数据质量不一,广东省各府数据质量在东南沿海四省中最好;江西、安徽、湖南、湖北四省的米价数据遗漏率较低且可靠性统计指标也较高,显示这段时间内长江中游四省的米价数据质量较好,但小麦价格数据可靠性不如米价数据,安徽省小麦数据质量较其余省份较好。

多位学者也注意到了粮价数据中连续出现相同价格月份的问题,并以此

---

① Han-sheng Chuan and Richard A. Kraus, *Mid-Ch'ing Rice Markets and Trade: An Essay in Price History*, Cambridge: East Asian Research Center, Harvard University; distributed by Harvard University Press, 1975, pp. 1 - 16. Endymion Porter Wilkinson. *Studies in Chinese price history*. New York: Garland Pub., 1980. 王业键:《清代的粮价陈报制度及其评价》,载《清代经济史论文集(二)》,台北:稻乡出版社,2003年,第1—36页。陈金陵:《清朝的粮价奏报与其盛衰》,《中国社会经济史研究》,1985年第3期,第63—68页。王道瑞:《清代粮价奏报制度的确立及其作用》,《历史档案》,1987年第4期,第80—86页。陈春声:《清代的粮价奏报制度》,载《市场机制与社会变迁——18世纪广东米价分析》(附录一),北京:中国人民大学出版社,2010年,第207—216页。谢美娥:《清代台湾米价研究》,台北:稻乡出版社,2008年,第41—72页。

② 王业键等:《清代粮价资料之可靠性检定》,载《清代经济史论文集(二)》,台北:稻乡出版社,2003年,第289—315页。

作为判断粮价数据可靠性的重要方面。如马立博研究了1738～1795年广东和广西米价的数据可靠性,对粮价重复出现的月份作了统计。他的研究发现大部分出现重复粮价的府都处于边远地区,并推测产生这种现象的原因,可能是州县一级的地方官未按时上报粮价,导致督抚为了及时上奏而重复上报前月粮价[1]。此外,李明珠的研究也对1738～1911年直隶的粮价数据可靠性作了类似的定量评估[2]。

谢美娥研究了台湾府米价数据的质量,她将米价史料的评估分为外部研究和内部研究。外部研究即指研究粮价报告制度在台湾地区运作的情形,从制度执行层面的角度对粮价数据进行评价。内部研究则是指从米价数据自身数量特征来评价数据的可靠性,较外部研究可以获得更加精确的评价结果。无论是外部研究还是内部研究,均发现台湾地区18世纪的粮价数据可靠性要优于19世纪数据的可靠性[3]。

王玉茹等研究了1736～1911年长江流域各省首府米价数据的质量,将研究时段按朝代划分为乾隆朝、嘉道朝和咸同光宣朝三个时期分别加以研究,考察了长江流域主要流通枢纽城市成都、重庆、汉阳、长沙、安庆、南昌、苏州、杭州、江宁九个府的粮价数据可靠性指标,包括数据缺失比率、粮价数据连续相同月份的次数及其比率。他们的研究结论认为,乾隆朝的粮价数据质量高于嘉道两朝,咸同光宣四朝粮价数据质量最差,利用粮价数据时必须对具体时间、具体地点的数据质量进行分析[4]。

以上学者的研究为粮价数据可靠性的评价进行了全面的总结,提出了系统的粮价数据质量评判标准,并且研制了具体的统计检测方法,对今后的研究具有极大的借鉴意义。数据质量是所有清代粮价研究必须重点关注的首要问题,对数据的来源、性质和制度背景理解得越透彻,对研究结论的论证也就越扎实。粮价数据的稳定性程度因时因地而不同,其判断标准也理所应当地不同,需根据不同时期、不同地域的粮食产销状况来判定粮价数据的可靠性。而前人对粮价数据可靠性的研究虽然全面而系统,但对时间和空间的划分显得过于简略,难以满足更为精细的研究需求。

为此,本章接下来将对粮价数据进行更为精细的时间和空间划分,在更

---

[1] Robert B. Marks, "Rice prices, food supply, and market structure in eighteenth-century South China", *Late Imperial China*, Vol.12, No. 2 (1991), pp.64–116.

[2] Lillian M. Li, *Fighting Famine in North China: State, Market, and Environmental Decline, 1690s–1990s*, Stanford: Stanford University Press, 2007, pp.407–409.

[3] 谢美娥:《清代台湾米价研究》,台北:稻乡出版社,2008年,第72—100页。

[4] 王玉茹、罗畅:《清代粮价数据质量研究——以长江流域为中心》,《清史研究》,2013年第1期,第53—69页。

小的尺度上对时间进行划分,将空间尺度具体到每个府,分别对其数据可靠性的指标进行统计,以期对粮价数据质量达到更为精细的评判,为后续的研究提供更为扎实的数据支持,同时将从制度层面对影响粮价数据质量的若干因素进行分析。

二、粮价数据可靠性的检测

王业键先生曾在他的研究中提出检测粮价数据可靠性的判定原则和检测方法,鉴于清代粮价数据的特点,出现了大量的数据遗漏和月度粮价数据的重复现象;因此,他认为高质量的粮价数据必须满足低遗漏率和低重复率两项条件[1]。相较而言,数据遗漏可看作客观因素造成的数据缺失,如档案遗失、战乱影响等原因,这类问题对粮价数据的可靠性影响不大。而数据重复则更有可能是人为原因造成的,重复出现的粮价数据极有可能是数据失真造成的,其不可靠的可能性更大。因为按照清代的农业经济状况,粮价的季节波动性较大,出现连续几个月甚至十几个月粮价不变的现象是不正常的,极有可能是地方官员敷衍塞责、虚报瞒报造成的。数据遗漏情况较为容易判断和统计,而数据重复出现的现象则较为复杂多样,需要进行具体的分析。因此对粮价数据可靠性的研究,重点是采用定量方法对其重复率的情况进行统计分析,以确定数据重复出现的频率、时间、地点和持续长度。

清代粮价报告制度在全国范围内实施时,地方官员对原始粮价数据的处理方法即决定了粮价数据出现一定程度的重复是不可避免的,因为地方官员对粮价单中的府级粮价数据只是采取一种简单综合的编制方法,即只将一府内所有厅县价格的最大值和最小值作为该府粮价的最高值和最低值的区间上报。这也就意味着,即使一府内所有厅县的本月粮价实际上是有波动的,只要其波动范围和上月粮价的最高值和最低值相同,那么在督抚上报的粮价清单中,该府的粮价也是和上月保持不变的。在这样一种数据统计方式下,粮价数据出现一定的重复率是正常的,这是我们在评估粮价数据可靠性时必须考虑的因素。因此,只有当某地的粮价数据的重复程度明显过高时,才必须对其加以警惕。这种高重复现象可能是由于地方官员例行公事、敷衍塞责造成的,他们将上月粮价照抄上报,而布政使和督抚未加以注意即将其上奏皇帝,只有当皇帝批阅奏折时注意到粮价异常,才能发现问题并下令督抚进行复查,将这种错误纠正过来。

---

[1] 王业键等:《清代粮价资料之可靠性检定》,载《清代经济史论文集(二)》,台北:稻乡出版社,2003年,第289—315页。

王业键先生的研究为判断粮价数据可靠性指定了一套行之有效的统计方法。首先,该方法统计数据的缺失情况,包括缺失月数及其比率,以此作为参考。其次,还统计数据重复出现的情况,包括正常重复和非正常重复的情况,即重复出现3个月及以下的月数及其比率、重复出现半年以上(7～12个月)和一年以上(13个月及以上)的月数及重复月数最大值等指标。其中,以Wc值表示粮价重复出现3个月及以下的月数占总月数的比率,以此作为衡量正常粮价的指标,Wc值越大表示粮价数据的不正常重复率越低,粮价数据可靠性就越高①。

本书也将采用上述方法对1738～1911年全国各省分府大米(一般为中米)和小麦价格进行统计,划分时段分别进行检验。相较于以往研究,本书在研究范围上更为全面,在研究精度上也有所提高。首先,研究空间范围覆盖了内地各省的所有府级政区,研究时段也囊括了全部有粮价记录的年份,借此我们可以对整个时期的粮价数据质量有一个全面的了解。其次,研究精度有一定的提升,在空间上精确到每一个府级政区,时间上作了更加精细的划分,兼顾历史背景的时代特性,基本以25～30年为一个区间。如1738～1765年为乾隆前期,1766～1795年为乾隆后期,1796～1820年为嘉庆朝,1821～1850年为太平天国大动乱前的时期,1851～1874年为太平天国及其恢复期,1875～1911年为清末时期。以下为各个时期的数据遗漏率和正常粮价(重复3次以下月数)所占比率Wc指标进行统计的结果。

表3-1 大米价格数据遗漏率　　　　　　　　单位:%

年份 省别	1738～ 1765	1766～ 1795	1796～ 1820	1821～ 1850	1851～ 1874	1875～ 1911	1738～ 1911
安徽	12.20	16.11	23.00	21.67	67.01	6.53	22.41
福建	3.87	14.72	18.33	20.83	6.25	11.04	12.60
广东	8.04	17.22	21.33	21.67	6.25	8.56	13.75
广西	1.79	10.56	22.00	21.11	5.56	7.21	11.21
贵州	9.82	21.39	21.00	20.56	5.21	6.76	13.98
湖北	10.12	12.78	32.33	21.11	21.18	7.66	16.67

---

① 王业键等:《清代粮价资料之可靠性检定》,载《清代经济史论文集(二)》,台北:稻乡出版社,2003年,第289—315页。

续表

年份\省别	1738~1765	1766~1795	1796~1820	1821~1850	1851~1874	1875~1911	1738~1911
湖南	4.76	15.28	18.33	21.94	6.94	6.31	12.12
江苏	8.33	16.67	20.33	21.39	35.07	7.66	17.29
江西	7.14	15.28	21.67	20.83	5.21	6.08	12.50
浙江	3.27	14.72	19.67	21.94	19.44	7.43	13.94

表3-2 小麦价格数据遗漏率　　　　　　　　　　　　　　单位：%

年份\省别	1738~1765	1766~1795	1796~1820	1821~1850	1851~1874	1875~1911	1738~1911
甘肃	9.82	27.50	25.00	24.17	40.00	9.95	21.89
河南	38.10	18.89	24.00	23.89	5.67	6.25	19.06
山东	19.64	21.11	28.67	25.00	9.33	6.94	18.01
山西	9.52	12.50	20.33	21.67	4.67	5.79	12.21
陕西	7.14	20.83	34.33	25.28	55.67	—	42.72

表3-3 大米价格数据可靠性 Wc 统计值　　　　　　　　单位：%

年份\省别	1738~1765	1766~1795	1796~1820	1821~1850	1851~1874	1875~1911	1738~1911
安徽	77.13	62.35	68.86	46.64	52.31	36.52	56.03
福建	74.23	67.59	50.82	42.13	45.28	43.38	55.02
广东	78.01	72.49	79.33	68.33	70.87	56.22	69.77
广西	61.87	73.96	56.94	79.49	65.47	59.20	65.98
贵州	63.72	68.20	82.47	96.99	97.58	98.33	85.32
湖北	62.58	52.52	44.14	36.23	41.41	43.02	46.94
湖南	69.40	56.62	75.86	29.70	36.25	54.20	53.77
江苏	84.68	67.87	57.91	51.63	68.66	61.68	65.44

续表

年份 省别	1738~ 1765	1766~ 1795	1796~ 1820	1821~ 1850	1851~ 1874	1875~ 1911	1738~ 1911
江西	71.52	63.44	74.16	47.92	48.27	47.09	57.78
浙江	70.74	58.47	59.13	22.24	37.89	31.41	47.84

注：表中省级数据为各省府级Wc统计值的平均数，各府的Wc统计值见附录2。

表3-4 小麦价格数据可靠性Wc统计值　　　　　　　　单位：%

年份 省别	1738~ 1765	1766~ 1795	1796~ 1820	1821~ 1850	1851~ 1874	1875~ 1911	1738~ 1911
甘肃	79.43	56.26	69.56	28.48	29.21	58.10	55.20
河南	75.55	35.25	39.68	11.65	26.39	60.89	41.36
山东	86.37	58.83	40.15	43.21	43.87	72.53	59.57
山西	63.21	39.71	31.74	21.76	33.53	47.68	40.92
陕西	72.62	56.67	59.43	37.21	38.03	—	54.84

注：表中省级数据为各省府级Wc统计值的平均数，各府的Wc统计值见附录2。

由以上统计结果可见，粮价数据可靠性随时间、地点不同呈现巨大的差异性，总体而言，有如下几个特征。

首先，看数据的遗漏率。因为粮价清单是以府级政区为单位上报通省各府粮价的，各府的粮价数据是一起上报的，亦即各府之间的遗漏率是一致的，因此这里以省为单位统计数据遗漏率。统计结果显示，在1738~1911年间，绝大部分的省份数据缺失比率都在10%~20%之间，只有安徽、陕西、甘肃等省因战乱暂停粮价报告而导致粮价数据缺失严重。若再按照划分的时段分别加以考察，则我们可以发现，以乾隆前期（1738~1765年）和清末时期（1875~1911年）数据缺失率最小，大部分的府遗漏率基本在10%以下，乾隆后期（1766~1795年）基本在10%~20%之间，嘉庆、道光两朝（1796~1820年和1821~1850年两个时段）粮价数据的遗漏率较高，在20%~30%之间。而1851~1874年间，由于部分省处于战乱状态，无法上报粮价数据，造成数据缺失，故而这一时期湖北、安徽、江苏和浙江等省份因处于太平天国战区，粮价数据缺失严重，陕西、甘肃二省也由于处于西北地区回乱的战区，无法上报粮价，导致数据缺失率较高。

其次，看数据的重复情况。从整个研究时段来看，1738~1911年间，大米价格数据以贵州省各府质量最高，其 Wc 值在全部时段基本都保持在80%以上，可以说是非常高的比率；广东、广西和江苏三省各府的数据质量也非常高，大多数府都达到60%~80%；长江中游的湖南、江西和安徽三省各府粮价数据质量稍差，大多数府的 Wc 值在50%~60%之间；东南沿海的福建和浙江二省部分府的数据质量尚可，Wc 值可达到50%~60%，但部分府（尤其是浙江）的数据质量较差，Wc 值低于50%；以湖北省各府的数据质量最差，其 Wc 值很多情况下都未达到50%的水平。小麦数据中，以西北地区的陕西、甘肃二省以及山东省的数据质量最好，但总体不及南方省份大米价格数据质量。

就具体时段而言，各地价格数据质量又呈现巨大空间差异性。首先，大米价格数据以1738~1820年间所覆盖的三个时段（1738~1765年，1766~1795年，1796~1820年）数据质量最好，大部分省份在这三个时段内的数据质量 Wc 值均达到60%以上，仅有湖北、福建部分府的 Wc 值低于50%；在1821~1850年和1851~1874年两个时段内，除广东、广西和贵州三省份外，其余省份大部分府的 Wc 值都普遍下降到50%以下，这一时期粮价数据质量普遍不佳，具体原因较为复杂，可能与这一时期吏治松弛、战乱较多等因素有关。至于小麦价格数据，各省在乾隆朝前期（1738~1765年）的数据可靠性均较好，Wc 值基本在60%以上。而陕西、甘肃二省1738~1820年间数据质量普遍较高，其余省份在乾隆后期粮价数据质量就开始下降，直至清末1874年之前的时段都普遍不高。而清末1875~1911年间，北方省份的小麦价格数据质量普遍转好，除陕西缺失粮价数据外，各省小麦价格数据重复率较低。

总体来看，大米价格数据以乾隆及嘉庆年间（1738~1820年）的可靠性为高，而又以乾隆年间数据质量最好；小麦价格数据中，陕西、甘肃二省1738~1820年间数据质量也较高，河南、山东、山西小麦价格数据则仅有乾隆前期（1738~1765年）质量相对较高。以上对各个时期的粮价数据可靠性作了量化的统计，有利于分辨哪些时期的数据适宜用来进行计量分析，哪些时期的数据质量问题比较大，在使用时必须谨慎对待。这一评价结果的目的，在于明确各时期、各地点粮价数据的可信度，为计量研究的分析结论及其解释提供数据背景的参考。

三、影响粮价数据质量的制度因素

如第二部分分析指出的，粮价数据质量随时间、地点的变化差异性极大，产生低质量的粮价数据的原因也复杂多样，概括起来大致可按其来源分为两类。一类是客观原因,受制度设计和制度执行环节中的缺陷等客观条件的制约,导致不可避免地要产生粮价数据质量不佳的问题;一类是主观原因,主要是地方官员在执行制度时的主观行为,如粉饰太平、取悦皇帝,或漫不经心、敷衍塞责,导致粮价数据偏离真实而引起粮价数据质量的下降。以往研究对影响粮价数据质量的主观因素方面强调较多[1],而对粮价报告制度本身的原因以及与粮价报告相关的其他制度的原因研究较少。本章接下来将从清代官方文献及档案等史料记载中,重点对影响粮价数据质量的若干制度因素进行论述,以期对这一问题有更为全面的认识。当然,影响粮价报告数据可靠性的因素极为复杂多样,这里仅仅是对其中的若干较为关键的制度因素进行探讨,并不能对这一问题作出全面而彻底的回答。

其一,粮价报告制度在执行过程中的制度性缺陷会对粮价数据质量产生影响。粮价数据质量不佳的主要表现之一是粮价连续性月份不变的出现次数过多,导致数据重复率过高。以往学者多认为这是主观因素造成的:官员的敷衍塞责,将上报粮价当作例行公事,未将当月粮价据实调查统计而只将上月粮价照抄即行上报,同时皇帝批阅奏折未加以注意,导致这一问题未能得到纠正。其实,如果我们对清代粮价报告制度的实际执行过程及其细节加以注意,即可发现问题并非如此简单。

粮价报告制度是清代地方政务的一项常规事务,自下而上地层层逐级执行,可谓设计细密的一项制度。粮价问题关系民瘼,也是军需、河工、仓谷采买、平粜等支出报销的重要参考依据,应是统治者最为关注的问题之一,在制度上对于及时地获取各地真实粮价不可能不重视。然而,地方官员在执行这项制度的过程中会遇到诸多无法克服的困难,如果上级官员忽视粮价报告制度执行的客观条件制约,过于重视这一制度的表面执行效果,一味地强调制度的按期执行,反而会收到适得其反的效果。

如乾隆七年(1742)八月二十九日广东巡抚王安国所上奏折陈明粮价奏报迟缓一事,即可从中看到该制度执行中的两难之处:

> 乾隆七年七月二十三日奉上谕:朕览王安国所奏米粮价值清单乃

---

[1] 王业键:《清代的粮价陈报制度及其评价》,载《清代经济史论文集(二)》,台北:稻乡出版社,2003年,第1—36页。陈金陵:《清朝的粮价奏报与其盛衰》,《中国社会经济史研究》,1985年第3期,第63—68页。王道瑞:《清代粮价奏报制度的确立及其作用》,《历史档案》,1987年第4期,第80—86页。陈春声:《清代的粮价奏报制度》,载《市场机制与社会变迁——18世纪广东米价分析》(附录一),北京:中国人民大学出版社,2010年,第207—216页。

系本年四月份者,今已七月□,始奏四月粮价,太觉迟缓,可传旨训饬之。钦此。遵旨寄信等因到臣。臣查粤省幅员辽阔,如琼州府属之崖、感等州县距琼郡一千一百余里,距省城二千九百余里,兼之海洋风信靡常,上月下旬米粮价值必俟次月底知府甫能报司,由司汇同各府米价开报到臣,动逾一月有余。或稍有不符之处饬查另覆,则已四十余日矣,有时布政司开摺呈报,适逢陈奏地方晴雨事宜已经起程,不得不俟下次附摺具奏。从前或有因本月米价未齐,布政司仍照上月价值填报之事,臣诸事务求实在,且米价关系民瘼,是以屡次饬司,必俟各属报齐方始汇报,是以较之从前为期稍迟,并非敢于怠缓。今蒙谕旨训饬,除行布政司早为开报外,所有奏报稍迟实情,理合奏闻,伏乞睿鉴。谨奏。乾隆七年八月二十九日。(朱批:知道了。)①

这份奏折显示,乾隆七年(1742)广东四月份粮价七月份始奏报到皇帝手中,已经远远迟于应报日期,因而引起乾隆帝对广东督抚的不满,"传旨训饬之"。巡抚王安国覆奏解释迟缓原因,在于该省幅员辽阔,要集齐通省各府粮价数据费时甚久,"上月下旬米粮价值必俟次月底知府甫能报司",加上布政使司汇总各府粮价上报到巡抚,"动逾一月有余",或遇到"稍有不符之处饬查另覆,则已四十余日",可见要督抚严格按照粮价奏报制度所要求的上报时间及时上报粮价,殊非易事。一般情况下,督抚为了免于遭到皇帝训饬,会严厉催促布政使及府县官员及时上报粮价,而事实上地方却往往不能按照期限集齐粮价。为了应付上级的催督,布政使等地方官员也只能"仍照上月价值填报"。而如果督抚未加以核查,则奏报到皇帝手中的粮价清单实际上就是"上月价值"。与以往督抚不同,王安国每月粮价必"各属报齐方始汇报",所以粮价奏报"较之从前为期稍迟",但这"并非敢于怠缓",而是"诸事务求实在"的态度。

从这份奏折中我们不难看出,粮价报告是否及时不单是地方官员主观愿望能决定的,往往受制于客观环境。这份奏折中,王安国的陈述明确地指出了地方官员在粮价报告制度执行中的一些不规范行为。因为府的辖区幅员辽阔,导致粮价无法及时上报,影响布政使汇集通省粮价的工作,因而布政使"仍照上月价值填报"。这一问题可能较为普遍,尤其是在一些地处偏远、幅员辽阔而又辖区数量众多的省份,问题可能更为严重。清代粮价报告制度执

---

① 广东巡抚王安国:《奏为奉旨训旨复陈粮价奏报迟缓事》,乾隆七年八月二十九日,中国第一历史档案馆藏,《朱批奏折》,档号04-01-12-0030-012。

行时面临着时效性和真实性的两难,往往两者不能同时达到要求。行政效率决定于信息传递的效率,建立和维持如此庞大的全国粮价情报系统,其耗费的各种行政资源可想而知。尤其是对于远离政治中心的边远地区,只能在时效性和真实性之间做出取舍,这是影响粮价数据质量的重要因素。

其二,有助于保证粮价报告真实性的辅助措施逐渐失效,会造成粮价数据质量的下降。清代粮价报告制度建立之初,即有相关的保证粮价数据真实性的辅助性措施。首先是皇帝的定期检查,粮价清单随粮价奏折上奏,皇帝亲自批阅。鉴于奏折制度的严格要求,地方官员自然不敢马虎。但是道光以后,皇帝对粮价奏折及清单的重视程度远不如前朝皇帝,皇帝重视程度下降与这一时期粮价数据质量普遍下降的现象不无关联[①]。其次是不规则报告和经常性报告的并行运作,除了布政使向户部上报的粮价清册以及督抚向皇帝奏报的粮价清单等常规报告外,其他地方官员如总兵、提督等武职官员,派驻巡视地方的中央官员,迁调、赴任、应召等官员所到地方均被要求随时察访地方粮价上报[②]。这些并行运作的不规则报告和经常性报告的存在,对于常规性的粮价报告是很有效的补充渠道,对于保证粮价数据真实性具有很好的监督作用。同时,还有粮价报告以外的相关辅助信息报告,如雨雪分寸、收成分数等信息也是定期上报的,这些信息对于皇帝检查粮价数据具有辅助和参考作用,是对粮价数据质量的有效检验。

如乾隆三十七年(1772)九月戊申日,乾隆皇帝同时结合收成分数和所属各地粮价两种地方报告,检查江苏地方官员上报的内容,发现二者存在明显的矛盾之处:

> 谕军机大臣等。据萨载奏,江苏省秋禾收成,俱实有十分。及检阅粮价单,则于徐州府属下,注有价贵字样。其余各府,亦俱系价中。殊不可解。今年江苏丰稔倍常,米粮必甚饶裕,价值自应平减。何以徐州时价尚贵,而各府亦仍属中平?十分丰收之年,不应如此。自来从无十二分收成之事。然必如何方能米谷价平乎?若非粮价单不足为凭,即系收成分数,未必尽实。著传谕萨载,即行查明据实覆奏。寻奏,奉谕转饬确查。据江宁、苏州两藩司覆称,开报粮价,系将上、中、糙三色米价折中计

---

① 陈金陵:《清朝的粮价奏报与其盛衰》,《中国社会经济史研究》,1985 年第 3 期,第 63—68 页。
② 陈春声:《清代的粮价奏报制度》,载《市场机制与社会变迁——18 世纪广东米价分析》(附录一),北京:中国人民大学出版社,2010 年,第 207—216 页。王业键:《清代的粮价陈报制度及其评价》,《清代经济史论文集(二)》,台北:稻乡出版社,2003 年,第 1—36 页。

算。价在二两外者，注价贵；一两五六钱，注价中；一两二三钱，注价平。近年各项粮价平减，惟大米价尚在一两五六钱以上，是以江苏等处概注价中。至徐州府属，种稻甚少，大米由豫省及扬属贩往，脚价较重，现二两至二两七钱不等，故注价贵。其实本处所产杂粮，俱属平减。得旨。因徐绩奏米粮价，所降谕旨甚明。足见汝等依样画葫芦。无一实心任事者。亦不止此一事也。①

又如乾隆五十一年（1786）六月初三日上谕档中记载乾隆皇帝检阅江苏各属粮价清单，发现该省苏州府、常州府和太仓州等地，收成分数达到十分，而粮价不降反增，遂起疑并下令核查：

乾隆五十一年六月初三日奉上谕。据闵鹗元奏到江苏省四月份粮价清单，内开苏、常两府属米、小麦价，及太仓州属大麦、豆价俱比上月加增等语。江苏上年因雨泽短缺，岁收稍歉，民间粮价较增，尚为事所应有。至本年苏、常等属前据该抚等奏报春雨霑渥，麦收约计十分。当此民食充裕之时，一切米麦等项市价自当渐就减落，即或未能顿减，应亦不过照前，断无转比上月加增之理。此必系奸商为富不仁，知本年春熟丰收粮食势在必减，预行增价粜卖，至麦收谷贱时少为减价，尚可与上月相同。似此有增无减，伊于何底，市侩伎俩最为可恶。朕念民依，无时暂释，遇各省陈奏粮价一一详加检阅，先事咨筹。督抚身任封疆，于关系民生事件尤宜时刻留心，如该处有奸商抬价居奇之事，务须访查确寔，严行究办，惩一儆百，使奸侩无所施其伎俩，而穷民得沾实惠，方为妥善。著传谕李世杰、闵鹗元即饬属严密查办，并将苏、常、太仓各属粮价因何开列价增之处据寔覆奏。钦此。②

江苏巡抚闵鹗元的覆奏如下：

窃查大江南北地方民户殷繁，本地之米不敷民食，向借上江川楚客米接济，上秋苏、常二属丰歉不齐，太仓尚属丰稔，只因邻近地方被灾较广，以致粮价日就昂贵。本年麦收均足有十分，只因节气较迟，四月间新

---

① 《乾隆朝实录》，卷九百十七，乾隆三十七年，壬辰，九月，戊申。
② 中国第一历史档案馆编：《乾隆朝上谕档》，第十三册，北京：中国档案出版社，1991年，第203—204页。

麦尚未登场,各市镇粮食日形短绌,而外来客米因苏、常等属粮价较之江、淮、杨、镇尚觉稍平,是以商贩闻风来苏甚少。臣昕夕盼望,因川楚来江之米必由江宁之龙江关经过先经移明该关,将米载船只按五日一次查报,计自本年正月起截至四月底,止计过关大小米船赴下江者共一千七百八十四只,其进浒墅关来苏及赴浙之米移准该关按日移报,臣时加查核,自正月初起至四月底止,共过客米五万八千三百余石。市间粮价总属有增无减,嗣至五月间一月之内,计过浒墅关之米共二十四万余石,新麦亦以次登场入市,粮价得渐就平减,业经臣于五月十八、二十八等日恭报地方情形摺内,将各属粮价日就平减之处恭奏在案。兹六月以来客贩仍源源而至,粮价日减,民气怡和。较之上冬,今春景象迥别,实足上慰圣慈殷注。至苏省富贾囤积居奇,最为恶习,每当青黄不接粮贵之时,间有官为定价以平市值之事。今年因本地需米孔亟,尤恐商贩闻知价贱,裹足不前,是以未经官为定值。现在遵旨密加查访,如果有为富不仁之户,居奇病民即当严加究治,俾穷民得沾实惠以仰副圣天子酌筹民食之至意。所有臣查明粮价长落情形及遵奉办理缘由,理合恭摺附驿覆奏并将五月份粮价开列清单,恭呈御览。①

乾隆皇帝收到的江苏省四月粮价清单称苏州府、常州府和太仓州等地的米价、麦价和豆价"俱比上月加增",而根据早前江苏巡抚奏报的收成分数,各地收成约为十分,收成分数十足而粮价不降反增,乾隆皇帝遂起疑,并"传谕李世杰、闵鹗元即饬属严密查办,并将苏、常、太仓各属粮因何开列价增之处据寔覆奏"。随后江苏巡抚闵鹗元的覆奏做出解释,认为四月粮价较高是市场暂时性的米粮短缺造成的,五月以后情况已有改观。"本年麦收均足有十分,只因节气较迟,四月间新麦尚未登场,各市镇粮食日形短绌,而外来客米因苏、常等属粮价较之江、淮、扬、镇尚觉稍平,是以商贩闻风来苏甚少",据龙江关和浒墅关的统计,从正月初至四月底止,来自川楚等上游省份的大小米船一共才一千七百八十四只,共过米五万八千三百余石。而到了五月以后,仅仅五月份一个月的时间内通过浒墅关的客米即达到二十四万余石,再加上此时本地新麦渐次入市,造成市场上米麦充裕,粮价遂得以平减,"六月以来客贩仍源源而至,粮价日减,民气怡和"。

乾隆、嘉庆时期的粮价报告和天气、收成报告等信息并行运作,皇帝仍可

---

① 闵鹗元:《奏为遵旨办理查明粮价长落情形并报五月份粮价事》,中国第一历史档案馆藏,《朱批奏折》,档号04-01-25-0255-004。

以获取多方面的信息,通过综合比较不同渠道的报告内容来监督地方督抚的奏报。然而,到了道光年间,这些并行运作的补充信息渠道逐渐失去监督常规粮价报告的作用。道光元年(1821)的一道上谕,下令苏州织造停止上报晴雨录及粮价的举措:

> 道光元年十一月二十六日奉上谕。向来苏州织造每月具奏晴雨录及粮价单一次,各处盐关、织造均无此奏。且江苏巡抚驻劄苏州,业将各属雨水粮价情形按月具奏,该织造复行陈奏,实属重复。嗣后著即停止,以省繁文。将此传谕佳禄知之,钦此。军机大臣遵旨传谕苏州织造佳禄。①

除了谕令苏州织造停止上报晴雨录及粮价一事外,从这道上谕中我们还知道,道光元年时"各处盐关、织造均无此奏",可见其余盐关、织造停止上奏晴雨录及粮价单为时已久,苏州织造是当时仅有的仍在坚持上奏粮价的官员。由此可见,不规则报告和经常性报告等辅助性的监督措施逐渐废弛,地方官员的常规性上报失去了非常有效的监督措施,地方官员对于上报粮价也就更为漫不经心了,数据的真实性无法得到保证,这是导致粮价数据质量受影响的制度因素之一。

此外,从与粮价报告制度相辅助的收成分数报告等执行情况来看,这些制度到了清代后期也越来越难以得到有效的执行。如本章的统计结果显示的,清代后期粮价报告数据出现了大量的重复性报告,数据的重复率远远高于前一时期。其实,这一现象不仅仅出现在粮价报告数据中,在收成分数报告数据中也出现了类似的情况。笔者从第一历史档案馆收藏的《朱批奏折》和《录副奏折》中收集了清代浙江的收成分数报告档案,整理了浙江各府的收成分数数据。对这些数据进行比较后,我们可以发现,浙江各府报告的收成分数在清代后期普遍出现了突然性的下降:原先经常报告收成分数在八分、九分的地方,到了清代后期道光年间以后报告的收成分数纷纷下降到了六分甚至五分。收成分数突然下降,可能确实是农业歉收导致的,也可能是收成分数报告制度执行不力造成的。地方官员可能会故意将地方收成分数瞒报,造成歉收的假象,以此赢得朝廷在税收上的减免政策以及赈灾方面的优惠。

---

① 中国第一历史档案馆编:《嘉庆道光两朝上谕档》,第二十六册(道光元年),桂林:广西师范大学出版社,2000年,第557页。

其三,与粮价报告存在直接关联的其他制度也会对粮价数据质量产生影响。在这些关联的制度中,地方仓储制度是最为关键的,因为地方粮价实情与仓谷的采买、平粜直接关系到地方粮食商人及地方官员的切身利益。常平仓、社仓、义仓等地方仓谷的采买、平粜与粮价关系甚为密切。一方面,地方仓储制度的有效运作具有稳定地方粮价的功能;另一方面,地方粮价的稳定性也有利于地方上能够将缺额的仓谷及时买补还仓,这对于保持地方仓储积贮的稳定性具有关键性的作用。因为粮价清单中的数据最终来源是由州县地方官员上报的粮价,而地方粮价报告多由经营地方粮食商业的铺户及牙行等直接经手上报,因事关其切身利益,粮商铺户经常事先抬高粮价然后上报,甚至弄虚作假、虚捏粮价进行上报,地方官员对此却听之任之,不加核查即直接上报。

在乾隆五十七年(1792)九月的上谕档中,即发现不少这样的问题存在。首先是奉天地方粮价异常,引起乾隆皇帝的怀疑:

> 乾隆五十七年九月初六日内阁奉上谕。本日据宜兴奏奉天所属地方七月至八月气候晴暖,禾稼收获登场秋成约有七八分,市集米谷充盈,小民购买甚易,等语。而所开粮价单内粟谷高粱米豆等项价值俱比上月贵至三钱五分及九分五六分不等。奉天各属今岁收成丰稔,粮价自应平减,何以转较上月加增?各省督抚每月所报粮价往往多就轻减之价开报,本不尽实,即如顺天府凡遇内廷采买之项,均开贵价,而每月粮价率以平减奏报,其意不过欲图好看。今奉天所报粮价单内粟谷等项,既比上月价值加增,则该处市价之昂更当不止于所报之数,岂有收成丰稔而粮价转增之理?或系市侩等见秋成刈获,米谷充盈,将来价值必当减落,是以预将粮价抬高,为渐次减落仍可得有赢余地步。而该府尹不加详查,遽即率行开报。人心贪利日流日下,此等弊习不独奉天一省为然,京师各省皆在所不免。该督抚等自应敕令地方官晓谕各铺户市贩等,以年岁丰啬不齐,总当随时按照时价粜卖,其丰收年份更应平价出售,岂得预留地步,转致丰岁价腾?民皆贵食,若因米谷丰登,惟恐价值减落,预行抬高以图牟利居奇,是只知有增无减,伊于何底。似此封殖病民,岂公平贸易之道?此后务宜各知悛改,若仍前故抬价值,必当查明从重究办。如此明白晓谕,庶各铺户等知所顾忌,不敢任意居奇,小民共受贱食之利。但该督抚等仍不得因有此旨,辄将所开粮价止就轻减价值开报,希图蒙混塞责,总应据市集实价,比较上月增减,详悉呈览。朕于民食攸关,无不细加披览不厌精详,倘该督抚视为具文,虚开粉饰,亦断难逃朕

鉴察也,将此通谕知之。钦此。①

乾隆皇帝对收成分数奏折和粮价清单奏折两相比较之下,发现收成分数不减而粮价反增,怀疑其中必有地方官员上报时的作弊行为。因为,平日各地的粮价报告"往往多就轻减之价开报,本不尽实",不过是为了取悦皇帝,使皇帝不至于为此担忧,"其意不过欲图好看"。如果上报粮价比上月加增,则说明实际粮价的增加更加厉害,因此皇帝怀疑是地方上市侩见粮食丰收,预期秋粮上市后粮价会减落,故而提前将粮价抬高,"为渐次减落仍可得有赢余地步",以规避在未来粮食市场上的风险。

更为严重的情况是"官民交相为弊,风气日趋日下",遇到地方仓谷需要采买和平粜时,粮商铺户和地方官员串通一气,共同作弊,从中获利。"地方州县又因虚开贵价,遇采买时即可照贵价报销,希图沾润",在地方仓谷的采买和平粜中,地方粮商囤积居奇,官员也可借机从中渔利,两者共同作弊,虚报粮价,导致上报的粮价数据失实。"因有采买等事先行浮开数目,以便任意侵肥",长此以往的结果是地方仓谷银两日益短绌,府库日益亏缺。

嘉庆初年,素以产粮丰富的广西出现仓谷亏空的情况,说明这一现象的严重程度:

> 军机大臣字寄两广总督吉、署广西巡抚台。嘉庆二年十月十一日奉上谕前因吉庆奏粤西仓谷不敷碾运,派员前往湖南采买一事,节经降旨令吉庆于军务完竣后会同台布据实严查参奏。粤西素称产米之区,广东地方如遇米石稍短年份,曾在粤西采买接济,何以该省仓谷转有短少不敷碾运?自系地方仓库平日任意亏缺,上自巡抚,下及州县,均有应得之罪,现在黔省军务业经告竣,吉庆自己带兵回粤,于经过粤西时,务遵节降谕旨,会同台布将各州县仓谷因何缺额之处,地方官逐一严查,若有情弊,即行据实迅速严参究办,不可稍有瞻狥含混,致负委任。将此谕令知之,钦此。遵旨寄信前来。②

嘉庆二年十一月二十七日内阁奉上谕吉庆等奏广西常平仓谷及存贮谷价盘充核算均属无亏一折,所办实属非是。前因吉庆奏粤西碾运军需米石迟缓不前,当以该省系产米之区,何至无米碾运,自系仓贮多有亏

---

① 中国第一历史档案馆编:《乾隆朝上谕档》,第十七册,北京:中国档案出版社,1991年,第19—20页。
② 中国第一历史档案馆编:《嘉庆道光两朝上谕档》,第二册(嘉庆二年),桂林:广西师范大学出版社,2000年,第289—290页。

缺,特谕令吉庆、台布会同查办,自应将如何亏缺之处详悉查明,据实具奏。乃吉庆等查奏折内辄据属员一面之辞,以常平仓谷随时动用,因今年谷价较昂,多有未经买补之处,将仓谷短缺州县现有谷价银四十一万三千余两存贮司库,即以数目相符均无亏短具奏,岂有如此查办之理? 州县仓储原以预备急需,颗粒不容短缺,若平日并不实贮在仓,需用时虽有谷价,岂可以银代谷? 况前令吉庆等查办此案业已半载有余,道府州县等官自必闻风预为挪借,藉谷价以为目前掩饰之计,该督抚查办后各该州县又何难将谷价挪还,是并此项谷价将来亦归无着。今吉庆等仅以仓谷并不随时买补,请将历任督抚司道府厅州县等交部议处,竟系为广西大小各官开脱地步。吉庆、台布均系受恩深重之人,于特交查办事件似此含糊狗庇,实属有负委任。俱著交部严加议处,仍著将粤西通省州县实在亏缺仓谷之处,另行秉公查核,据实分别参奏,毋得稍有瞻狥致干重戾。钦此。①

广西是两广地区的稻米主产区,相对而言,广西人口少,因而广西稻米经常有剩余。而广东因为人口众多,且土地种植经济作物较多,常常出现粮食短缺的问题,因此"广东地方如遇米石稍短年份,曾在粤西采买接济"。如今粮食剩余地区的广西出现仓谷空虚,应当不是粮食产量下降所致,而是地方官员对仓谷的管理混乱造成的。因"谷价较昂,多有未经买补之处",导致谷仓存粮空虚,而地方官员却"以银代谷",以谷价银两充数,"以数目相符均无亏短",最终将导致地方仓储系统瘫痪,失去赈济、平粜等功能。可以说仓储系统的功能日益消失,与粮价报告制度的松弛亦不无关系。而反过来说,粮价报告制度的崩坏,正是由于其执行关涉地方官员及商人的切身利益,两者之间的微妙关系恰恰也导致了粮价报告制度不能有效执行。

四、本章小结

前人研究对评价清代粮价数据可靠性提出了一套有效的方法,可以对粮价数据的可靠性进行定量的检测,这些研究为本研究奠定了方法上的基础。然而,这些研究对粮价数据可靠性检测结果精度还有待加强,对时间的划分和地点的覆盖面均有深入的必要,以满足更为精细的研究需要。因此,本章对粮价数据的时间和空间尺度进行了更为精细的划分,提高了其时空分辨

---

① 中国第一历史档案馆编:《嘉庆道光两朝上谕档》,第二册(嘉庆二年),桂林:广西师范大学出版社,2000年,第326—327页。

率。具体而言，在时间上以 30 年左右进行划分，在空间上精确到每一个府级政区。在此基础上，对粮价数据进行定量检测，得到一个更全面、更详细的粮价数据可靠性评价结果，这使我们对粮价数据有了更为深入的认识，是进行后续定量分析的数据基础。

从本研究的定量检测结果来看，大米价格数据以乾隆及嘉庆年间(1738～1820年)的可靠性为高，而又以乾隆年间数据质量最好；小麦价格数据中，陕西、甘肃二省 1738～1820 年间数据质量也较高，河南、山东、山西小麦价格数据则仅有乾隆前期(1738～1765年)质量相对较高。当然，各地的粮价数据可靠性并不能以同一个标准来评判，在研究中须对各地粮食市场的特性加以考虑。各地的粮食生产、消费结构不同，粮食贸易状况及交通运输条件不同，粮价的稳定程度也不同。一般来说，粮食主产区的粮食剩余量较大，粮价更趋于稳定，因而其月度粮价波动性较小，粮价数据的重复率比较高也属于正常现象；而粮食消费区经常处于缺粮状态，需要依靠外地粮食输入来维持日常粮食消费，因而其粮价易于受到当地及外地粮食流通的影响，粮价的波动性更大，粮价稳定性较弱，因而其粮价数据的重复率要低。这一评价结果的目的，在于明确各时期、各地区粮价数据的可信度，为接下来计量分析的研究提供参考。

本章还探讨了影响粮价数据质量的制度因素，分别从粮价报告制度执行流程、辅助性措施和粮价相关制度的施行等三方面进行了分析。粮价报告本身的执行难度导致粮价数据产生错误，辅助性报告的废弛使粮价报告失去良好的监督机制，仓储等关系到地方利益的制度的施行导致地方粮价数据失实，这些都是影响粮价数据可靠性的制度因素。当然，影响粮价数据可靠性的因素很多，制度性的原因也较复杂，要彻底研究清楚这一问题也颇有难度，目前的研究也只能通过清代档案及文献中的一些相关具体事例加以探讨，并不能形成最终的结论。鉴于这个问题的复杂性，需要更为全面系统的梳理，才能得到更加为人信服的结论。必须结合粮价数据和文献档案材料，对粮价报告制度在各个时期和各个地区的执行效果进行详细的研究，对不同时间、不同地区粮价数据的特性及其形成原因进行多方位的研究，方能得到更为深入的结论。

第四章 清代的市场整合及其空间结构(1738～1820年)

一、清代市场：整合还是分割？

市场整合是近年来经济史学界颇为关注的问题。市场整合代表市场的发育水平，良好的市场整合状况能够促进经济的分工水平和专业化水平，扩大市场规模，提高市场配置资源的效率，最终促进经济增长。清代中期的中国是否存在整合的国内市场，或者说清代中期的中国是否形成了统一的国内市场，是一个争论已久的问题。

施坚雅(William G. Skinner)对中国的城乡市场体系和区域城市体系进行了深具影响的研究之后，提出了著名的大区理论(Macroregion)。该理论从自然地理的角度将中国划分为九大区域，认为各个大区在其内部形成了一套自成一体的市场体系，并相应地在各个大区内发展出一套独立的区域性城市体系，但并未形成在全国范围内统一的城市体系。大区与大区之间由于存在自然阻隔和交通障碍，相互之间的联系非常松散，各个大区的发展周期也是不同步的，大区之间是一种准独立(quasi-autonomous)的关系[1]。

施坚雅的大区理论提出后，其关于大区独立性的观点即受到一些西方学者的质疑和经验研究的检验。如桑德斯(Barbara Sands)和马若孟(Ramon H. Myers)的研究即指出，大区之间存在大量粮食、盐、铜、棉布等商品的流通，尤其是体积、重量较大而价格又低廉的粮食贸易，说明地区之间的联系紧密，此外他们还以存在区域间价格相关性来反驳施坚雅

---

[1] 施坚雅关于城乡市场体系的研究见施坚雅：《中国农村的市场和社会结构》，史建云、徐秀丽译，北京：中国社会科学出版社，1998年；关于区域城市体系的研究收录于施坚雅主编：《中华帝国晚期的城市》，叶光庭等译，北京：中华书局，2000年(英文版 Skinner, George William, Hugh DR Baker, eds. *The City in Late Imperial China*. Stanford: Stanford University Press, 1977)；大区理论的提出见 G. William Skinner, "Presidential Address: The Structure of Chinese History", *The Journal of Asian Studies*, 1985, 44(02): 271-292。

的大区理论①。罗威廉对汉口城市的研究也认为,"前工业化时期高效率的水运系统和特殊的商业手段,使中国克服了长距离、低技术的障碍,并在清朝中期形成了全国性的市场",并且这个全国性的市场以汉口为唯一的集散中心②。对于这些争论,美国学者李丹(Dannial Little)曾指出,利用存在广泛的区际贸易作为证据难以对施坚雅大区理论形成有效的反驳,因为施坚雅的命题并没有完全否定区际贸易的存在,在其理论中区际贸易的规模是一个开放性的问题③。

此外,这一理论还受到研究中国传统市场的经济史学者的间接挑战。他们通过研究清代前、中期国内贸易的路径、规模和商人组织及其活动等经济史现象,勾画了清代中期国内繁荣的贸易图景,尤其是与此前的历史时期相比,清代中期的长途贸易无论是交易规模还是贸易的空间范围,均有很大的扩展。邓亦兵研究了清代前、中期发达的水路、陆路和海路的格局,认为已经形成了遍布全国的交通网络和商品流通网络,为全国贸易的发展提供了交通运输条件的基础④。许檀将全国市场网络划分为流通枢纽城市、中等商业城镇和农村集市三个层级,对明清时期城乡市场网络体系的形成和发展作了梳理,并认为清代中叶时"在全国范围内已经形成一个涵盖广阔、运作自如的城乡市场网络体系",而市场机制在促进传统经济向市场经济的转化中发挥了主要的作用⑤。李伯重则明确提出在清代中期,"一个整合良好的全国市场,已经在中国形成了",这"是一个客观存在"⑥,并对19世纪初期中国全国市场中长途贸易的规模重新进行了估计,对全国市场的空间结构作了进一步的分析⑦。

上述争论的双方其实并未就此问题展开过直接的讨论,而且他们观点的

---

① Barbara Sands, Ramon H. Myers, "The Spatial Approach to Chinese History: a Test", *The Journal of Asian Studies*, 1986, 45(04): 721-743.
② [美]罗威廉:《汉口:一个中国城市的商业和社会(1796—1889)》,江溶、鲁西奇译,北京:中国人民大学出版社,2005年,第80页。
③ [美]李丹:《理解农民中国:社会科学哲学的案例研究》,张天虹等译,南京:江苏人民出版社,2008年,第93页。
④ 邓亦兵:《清代前期的粮食运销和市场》,《历史研究》,1995年第4期,第151—161页。邓亦兵:《清代前期商品流通的运道》,《历史档案》,2000年第1期,第99—105页。邓亦兵:《清代前期全国商贸网络形成》,《浙江学刊》,2010年第4期,第15—25页。
⑤ 许檀:《明清时期城乡市场网络体系的形成及意义》,《中国社会科学》,2000年第3期,第191—202页。
⑥ 李伯重:《中国全国市场的形成,1500—1840年》,《清华大学学报(哲学社会科学版)》,1999年第4期,第48—54页。
⑦ 李伯重:《十九世纪初期中国全国市场:规模与空间结构》,《浙江学刊》,2010年第4期,第5—14页。

立足点也各不相同。施坚雅的理论是建立在其区域市场体系和城市体系的相关研究基础上所进行的概括,并未使用"市场整合"这一概念,也未对区域市场整合问题本身进行研究,但其观点其实是间接地对这一问题作出了解答。而对中国传统市场的研究则多是建立在比较不同时期描述性史料的基础上的定性结论,少数定量的经验研究也仅局限于对区域性市场的分析。因而,在双方缺乏针对这一问题进行经验数据的直接论证的情况下,这样的争论是无法得出令人信服的结论的。清代中期的中国是否已经形成了统一的国内市场,仍然是一个需要通过经验证据进行实证检验的论题。

与以往研究者的思路不同,笔者认为清代中国的国内市场是否统一、是否整合,应该是一个具有开放性答案的问题,其答案不应该是一个非此即彼的二元结论。也就是说,这个问题的答案不是"存在"或"不存在"整合的市场,而是在多大程度上市场是整合的,应该把这一问题转变成一个可测度的、具有可比性的问题。我们可以通过经验数据构建出一套评价指标来测度市场的整合程度,并对不同时期、不同区域中多种时空尺度的市场整合程度进行比较,从而对清代中国的市场整合问题有一个更为详细深入的认识。

二、清代市场整合的经验研究

对清代市场整合问题的经验研究,绝大部分都来自对粮食价格数据的实证分析。李丹在其著作中对通过大区内价格的相关性来检验"区域作为经济体系是一种功能整合"的研究表示肯定,认为这是检验施坚雅大区理论的"一个在理论上合适的经验检验形式"[1]。吴承明曾对利用粮价数据进行清代市场整合的研究进行过一次全面的回顾和总结[2],而此后学界依然保持对这一问题的关注,并不断提出新的观点和新的研究方法,将这一研究领域不断推进。在此将按研究区域进行述评。

区域性粮食市场整合的研究,以长江流域和东南沿海地区最为丰富。早期有全汉昇和克劳斯对长江流域和东南沿海地区米价的地区差价进行统计,从数量上对沿江、沿海地区间的跨区域长距离粮食贸易进行了分析,认为在沿江、沿海地区形成了一个跨区域的整合市场[3]。王业键对东南沿海地区粮

---

[1] [美]李丹:《理解农民中国:社会科学哲学的案例研究》,张天虹等译,南京:江苏人民出版社,2008年,第99—100页。

[2] 吴承明:《利用粮价变动研究清代的市场整合》,《中国经济史研究》,1996年第2期,第90—96页。

[3] Han-sheng Chuan and Richard A. Kraus, *Mid-Ch'ing Rice Markets and Trade: An Essay in Price History*, Cambridge: East Asian Research Center, Harvard University; distributed by Harvard University Press, 1975.

食市场的研究认为,18 世纪中叶长江三角洲和珠江三角洲的市场关联性很弱,但部分府州间粮价关联性较强,则显示相当程度的市场整合①。长江中游地区的研究有濮德培和王国斌对 18 世纪湖南省内的粮食市场进行了定性和定量相结合的研究,通过对府内和府间粮食价格变动的分析,他们认为在粮食出口地区的府内和府间市场整合性都很强,而在非粮食出口地区则整合性不好②。赵伟洪采用相关系数和协整分析方法,结合对历史文献的梳理,对江西和湖南为代表的长江中游地区米粮市场的运销线路和区域市场整合情况进行了研究,探讨两个地区米谷流通网络与区域市场整合的关系③。

华南地区的研究,以陈春声和马立博为代表。陈春声采用相关系数法对 18 世纪华南地区的粮价进行了数理分析,对华南地区的粮食市场整合情况进行了结构性分析和历时性分析,认为广东省内存在一个联系紧密、关系复杂的市场网络,形成了一个统一的粮食市场,且市场整合程度的趋势越来越强④。马立博对广东和广西的米粮流通路线和粮食贸易格局进行了分析,利用粮价数据分析结果对两广地区的粮食市场整合性作了评估,并分析了粮食生产和消费情况,认为 18 世纪的岭南地区形成了以广州为中心的主要粮食市场和以梧州为中心的次要粮食市场,但广东东部和广西西部的府州并未整合进岭南市场⑤。

华北地区的研究具有代表性的是李明珠对乾隆以来直隶地区区域内和区域间的粮食流通进行的研究,通过对粮食价格的计量分析,发现直隶地区内部粮食市场趋于分割的同时,与区域外的辽东地区和长三角地区的粮食市场的整合性却在加强。⑥ 张瑞威对 18 世纪华北和江南的长途大米贸易进行了研究,分别分析了山东、直隶和江南地区的大米贸易,揭示了大运河和漕粮

---

① 王业键、黄莹珏:《清中叶东南沿海的粮食作物分布、粮食供需及粮价分析》,《中央研究院历史语言研究所集刊》,1999 年第 70 卷第 2 期,第 363—397 页。
② Roy Bin Wong, Peter C. Perdue, "Grain Markets and Food Supplies in Eighteenth-Century Hunan", in Thomas G. Rawski and Lillian M. Li, eds., *Chinese history in economic perspective*. Berkeley: University of California Press, 1992, pp.126 - 144.
③ 赵伟洪:《清乾隆朝湖南省米谷流通与市场整合》,《中国经济史研究》,2015 年第 1 期,第 38—49,143 页。赵伟洪:《乾隆时期江西省米谷流通与市场整合》,《中国社会经济史研究》,2016 年第 4 期,第 52—64 页。赵伟洪:《乾隆时期长江中游米谷市场的空间格局》,《中国经济史研究》,2017 年第 4 期,第 37—55 页。
④ 陈春声:《清代中叶岭南区域市场的整合——米价动态的数理分析》,《中国经济史研究》,1993 年第 2 期,第 99—106 页。
⑤ [美] 马立博:《虎、米、丝、泥:帝制晚期华南的环境与经济》,王玉茹、关永强译,南京:江苏人民出版社,2011 年,第 258 页。
⑥ Lillian M. Li, "Integration and Disintegration in North China's Grain Markets, 1738 - 1911", *The Journal of Economic History*, Vol.6, No.3, 2000, pp.665 - 699.

运输在北方地区大米贸易中的作用,但认为华北和江南之间的大米贸易并不是市场整合的表现,而是有诸多非市场的因素促成了两地间贸易的发生,并不能认为当时已经形成了整合的市场。①

上述研究重点关注的是长江流域、东南沿海及华北地区等粮食产销发达或粮食消费量大的地区,这些地区粮食贸易非常繁荣,粮食市场发达。除此之外,学界还关注了粮食贸易不发达的边远地区的市场整合情况,如李中清对云贵地区的粮食市场进行了研究,他通过云贵地区的粮价地区差价,并利用相关系数方法对粮价数据进行了分析,发现了云贵地区粮食价格存在一定的地带性差异,而相关系数的分析结果虽然显示了粮价变动的同步性,但这种同步性是来自战争和天气等外在因素的影响,而非来自市场整合本身的作用,因此他认为18世纪西南地区粮食市场整合程度仍然较低②。另外,濮德培也利用相关系数法对甘肃的粮食价格进行了分析,从军事行动和相应的仓储制度等角度对18世纪时甘肃的粮食市场较高的整合程度作了解释,认为甘肃粮食市场的整合程度并非是市场本身作用产生的③。

从研究方法演进的角度来看,早期研究大多采用相关系数法、回归分析等方法对粮价数据进行分析④,近年来学者则更多地运用计量经济学方法对清代中国市场整合问题进行研究,代表了近年来清代粮价与市场整合问题研究的新动向,其数据处理方法和研究思路值得关注。

薛华和凯勒的研究对工业革命前夕18世纪中国南方地区和西欧的粮食价格数据进行了协整分析,比较了两个地区粮食市场的整合性。他们发现18世纪中国南方和西欧的粮食市场的整合性大体上是具有可比性的,但是

---

① 张瑞威:《十八世纪江南与华北之间的长程大米贸易》,《新史学》,2010年第21卷第1期,第25页。
② [美]李中清:《中国西南边疆的社会经济:1250—1850》,林文勋、秦树才译,北京:人民出版社,2012年,第235—259页。
③ [美]濮德培:《清政府和甘肃谷物市场(1739—1864)》,载叶显恩主编:《清代区域社会经济研究》,北京:中华书局,1992年,第1047—1069页。英文版见 Peter C. Perdue, "The Qing State and the Gansu Grain Market, 1739 - 1864", In Thomas G. Rawski and Lillian M. Li, eds., *Chinese history in economic perspective*. Berkeley: University of California Press, 1992, pp.100 - 125。
④ 近年来也有研究者采用两地间价格的相关系数作为指标构建地区间市场整合程度的变量,以探讨影响区域市场整合程度的因素。详见王玉茹、吕长全:《乾隆时期山东省内粮食市场整合探析》,《中国经济史研究》,2017年第4期,第29—36页;阮建青、李垚:《自然灾害与市场演进——基于18世纪清代粮食市场的研究》,《浙江大学学报(人文社会科学版)》,2018年第1期,第183—198页;胡鹏、李军:《自然灾害影响市场整合的政府路径——基于1776—1840年华北小麦市场的实证分析》,《中国经济史研究》,2019年第3期,第84—96页。

最发达的长江三角洲地区却比英格兰地区市场整合性要差,进而认为市场表现是工业革命发生的必要而非充分条件,市场整合程度的提高和经济增长是同时发生的[1]。

颜色和刘丛的研究整理了更大范围的粮价数据,分析了18世纪中国南方十省和北方五省的粮食价格数据,利用回归和协整分析方法对市场整合程度进行了研究,比较了南方和北方市场整合的差异性。回归结果显示南方市场粮价的关联性要强于北方市场,协整分析也显示南方市场的整合程度高于北方市场。在研究中,他们还对分析结果进行了稳健性检验,讨论了区域面积、粮食品种、天气以及政府作用等因素对分析结果的影响。最后分析了南北方市场整合程度出现明显差异性的原因,认为其中主要原因来自南北方河流分布所导致的交通运输条件的差异,进而造成粮食运输成本的差异性。南方河网密布,形成了水运交通的网络体系,运输成本低廉,尤其便利于粮食等体积重量偏大商品的流通;而北方的河流则多数未形成交通运输网络,且经常出现季节性的泛滥和断流,反而给商品流通造成阻碍。因此,南方河流分布促进交通改善和市场发育,北方河流则阻碍了市场整合[2]。

薛华和凯勒的研究率先对彭慕兰"大分流"观点进行了计量经济学经验研究的检验,而李嘉楠等的研究结论除支持了市场整合与地理距离接近性的密切关系外,还进一步对中国国内市场的整合性具有巨大异质性的特点作了更为精细的刻画。他们的研究结论认为中国南方稻米市场的整合程度要高于北方小麦市场,且南方和北方市场均经历了一个长时间的持续性分割过程。这项研究还对区域贸易中的空间价格分析做出了贡献,对河流在长途和短途贸易中的重要性作了定量研究,该研究还是首次使用清代邮政路线网络的详细数据来准确地捕捉贸易路线的经验研究。该研究在对市场整合影响因素的分析中还发现河流网络只在南方稻米市场中扮演了重要角色,而无论在南方还是在北方,省级边界均是最重要的阻碍市场整合的因素。这些研究结论均显示了"大分流"前夕的18世纪中国经历了一个持续性的市场分割过程,无论是对南方的稻米市场还是北方的小麦市场价格趋同性的分析均是这一结果。此外,其提出的问题也值得思考:南方市场整合性虽然高于北方市场整合性,但很有可能南方市场的高整合性来自短途粮食贸易而非来自长途

---

[1] Carol H. Shiue, Wolfgang Keller, "Markets in China and Europe on the Eve of the Industrial Revolution", *The American Economic Review*, 2007 (4): 1189-1216.

[2] 颜色、刘丛:《18世纪中国南北方市场整合程度的比较——利用清代粮价数据的研究》,《经济研究》,2011年第12期,第124—137页。

跨区域粮食贸易①。

以上研究为利用粮价数据进行清代市场整合研究建立了基本的研究框架,包括研究数据的整理、研究视角的突破与研究方法的创新等方面的贡献。可以看到,随着研究的不断推进,清代粮价研究近年来的趋势是研究数据更为丰富完整,研究视角更为新颖,研究方法更为精细,研究结论也在一定程度上突破了以往学术界的一些传统观点,为学术界重新看待清代中国传统经济和市场问题提供了新的认识。然而,总体来看,这些研究在关于市场整合的问题上仍存在一些争议之处,还存在进一步探讨的空间,在数据和方法上也存在有待完善之处。

首先,就研究时空范围而言。在研究时段上,目前的研究多集中在18世纪乾隆年间的粮食市场,这一方面是由于学界普遍认为清代粮价数据质量以乾隆时期最好,另一方面是由于学界认为18世纪是清代经济发展的高峰,市场发育程度也最高,学者倾向于选取18世纪为研究时段以说明清代市场的发达程度。进入19世纪后,中国和西欧的经济出现了所谓的"大分流"②,中国经济进入了长时间的衰退时期,然而目前的研究对经济出现"大分流"的19世纪的市场情况关注甚少,而这个问题对于认识中国经济出现转折其实甚为关键,应当把研究的时段延展到19世纪。另外,在研究的空间范围上,当前研究大多为对单一省份或地理单元进行区域市场的研究,只有少数研究是对跨区域市场进行的研究。单一的区域研究对该区域内的市场分析得非常透彻,面面俱到,但缺乏全局性的视角,较少探讨区域之间的相互联系。而全国范围内的研究则多以南方、北方划分,以两大地区的区域差异为着眼点,这些研究虽然没有把中国看成一个整体,但这样的区域划分仍然显得过于宏大,未对研究区域进行更加深入的细分,往往忽视了宏观区域内部的差异性。

其次,就数据选取而言。清代粮价数据分别记录府级单位全年12个月粮食的高价和低价,然而高价和低价并不是价格在时间上的波动,而是空间上的差异,代表的是府级单位内最高价和最低价所在县的粮食价格。针对粮价数据的这一特性,王业键曾指出在利用粮价数据时,采用价格上、下限的平均值更能够代表一个府粮价的整体情况,更有助于纠正粮价数据的偏差③。

---

① Jianan Li, Daniel M. Bernhofen, Markus Eberhardt, et al. Market integration and disintegration in Qing Dynasty China: evidence from time-series and panel time-series methods. Working Paper Draft, ETSG No.060, 2013.
② [美]彭慕兰:《大分流:欧洲、中国及现代世界经济的发展》,史建云译,南京:江苏人民出版社,2003年。
③ 王业键:《清代的粮价陈报制度及其评价》,载《清代经济史论文集(二)》,台北:稻乡出版社,2003年,第34页。

而上述研究中，多数研究者在选取粮价数据时都采用最高价或最低价代表整个府的价格，甚或仅分析一年中某个月份的最高价或最低价。这种处理方法未能明确注意到粮价数据的特性，有欠妥之处。仅用高价或低价未能代表整个府的价格情况，仅用单个月份的价格则忽略了粮价的季节性波动，不能体现出在特定季节和时间内发生的自然灾害对农业产量及粮食价格产生的影响。

最后，就研究方法而言。上述研究对价格数据采用的分析方法主要有相关系数法和协整检验法。相关系数法是一种较为简易的数据统计方法，用于探索两个变量之间的相关关系和同步变动程度，相关系数用于粮价研究即表示两地之间粮价的相关程度。但是，相关分析属于一种静态数据分析方法，其结果容易受到数据变动的方向和幅度的影响，易产生"伪相关"的问题，所估计的结果会有较大的偏差[①]。协整检验法是一种动态时间序列分析方法，用于检验两个变量之间是否存在长期的均衡关系，且可用于处理非平稳的时间序列数据。协整检验用于粮价研究可以探测两地粮价是否存在保持联动的调整机制。然而，协整分析仅能检验两地粮价是否存在协整关系，不能对协整的程度作出测度，无法对不同空间和不同时段的市场整合程度进行横向和纵向的比较。这两类方法均无法满足对市场整合程度进行比较的研究目的，本研究将采用相对价格法进行研究。

综上所述，本章将在以往研究的基础上，针对其研究的不足之处，从研究范围、数据处理、分析方法上作出改进，希望对清代市场整合问题进行新的实证分析，并从比较的视角对清代中国市场整合的结构性差异作出分析。本章接下来的内容安排如下：第三部分对目前学界关于市场整合问题的研究方法进行较为全面的梳理；第四部分将介绍相对价格法的原理及本研究使用的粮价数据情况；第五部分是利用相对价格法度量市场整合程度的实证分析结果，最后为结论和讨论。

三、市场整合的研究方法

市场整合（market integration）是一个从空间角度对市场运行状态进行概括的概念。虽然关于市场整合问题的研究文献非常丰富，但是对这一概念进行精确定义的文献却并不多见，因此研究者往往因对概念的不同界定而采用不同的研究方法进行研究。针对这种概念定义不清晰的问题，费克勒和古

[①] 彭凯翔：《评 Sui-wai Cheung, The Price of Rice: Market Integration in Eighteenth-Century China》，《新史学》，2010 年第 21 卷第 1 期，第 175—182 页。

德温(Fackler & Goodwin)的研究全面总结了空间价格分析(spatial price analysis)的理论与方法,认为目前学界还没有给出令人满意的对"市场整合"的定义。他们在文中尝试给了一个定义:"市场整合度量一个地区的供给和需求冲击传导至另一个地区的程度,市场整合程度可以用两地间价格传导的速率来度量"[1]。而费克勒和塔斯坦的研究结论认为市场整合既包括直接的传导作用,也包括间接的传导作用,即市场整合既包括发生直接交易的两地之间的整合,也包括通过第三方进行间接交易的两地之间的整合[2]。在实际情况中,市场整合状况总是处于两个极端情形之间的一种中间状态,一个极端是市场处于完全分割状态,另一个极端是市场处于完全整合状态。

研究文献中,国内学者在市场整合问题上也尝试过给出定义。吴承明认为市场整合是指"一个区域乃至一国的市场由贸易网络连接,形成供求比较平衡的状况",其衡量标准可以用"区域内各地价格变动的同步性来检测",而价格变动的同步性即指价格的变动方向和变动幅度的一致性[3]。周章跃和万广华的研究则认为市场整合可以定义为"某一市场价格变化对另一市场价格变化的影响的程度",并且也认为完全整合的市场间的价差是稳定的,并且两个市场间的价格变动在同一方向上作相同幅度的变化[4]。可见,国内学者对市场整合的定义也是从价格变动的角度出发,但是他们均强调价格变动方向和变动幅度的一致性,即价格的共同变动(comovement)。

比较而言,费克勒和古德温的定义对价格的变动方式并未作出限定,并且认为早期将价格共同变动定义为市场整合的研究存在明显的缺陷。从市场的实际情况来看,发生贸易的整合的两个市场或同为供方或需方,或分别为供需的两端。当同为供方或需方时,两个市场在同时受第三方的影响下,其市场价格是同方向变动的;当市场分别为供需两方时,商品在两地之间流通,其价格是反方向变动的。因而,吴承明和周章跃等的定义存在一定的偏颇性,他们定义的市场整合只包括价格共同变动的市场整合,没有涵盖价格方向变动的市场整合关系。近几年有研究者已经注意到这一问题,将价格变动的同向和反向变动均纳入了市场整合的范围内,并放宽了价格变动幅度的

---

[1] Paul L. Fackler, Barry K. Goodwin, "Spatial price analysis", *Handbook of Agricultural Economics*, Elsevier, 2001: 971-1024.

[2] Paul L. Fackler, Hüseyin Tastan, "Estimating the Degree of Market Integration", *American Journal of Agricultural Economics*, 2008 (1): 69-85.

[3] 吴承明:《利用粮价变动研究清代的市场整合》,《中国经济史研究》,1996年第2期,第90—96页。

[4] 周章跃、万广华:《论市场整合研究方法——兼评喻闻、黄季焜〈从大米市场整合程度看我国粮食市场改革〉一文》,《经济研究》,1999年第3期,第75—81页。

限定条件①。

从费克勒和古德温的定义来看,市场整合衡量两地间因供需关系变动而导致的贸易联系的紧密程度,贸易量(trade volumes)是反映市场整合的一个重要指标;同时,由于价格传导机制在贸易中发挥的杠杆作用,市场整合的程度可以表示为价格传导的速率,即一个市场价格变化对另一个市场价格变化影响的效率,因而对价格行为(price behavior)的考察经常成为研究市场整合程度的主要方法②。贸易量分析和价格分析是研究市场整合的两个重要途径,但因两种数据性质的差异导致其研究方法的不同,对市场整合的分析角度也有所不同,所得结论的解释范围也不同。

目前大多数研究市场整合的文献均从商品价格入手,主要来自两方面的原因。首先,来自数据的获取途径。实际情况中,对总体贸易量的完整统计非常困难,精确的贸易量统计数据难以获得,而商品价格的数据则比较容易通过市场调查得到。因而研究者通常利用商品价格数据来分析市场整合程度,在无法获得完整价格数据的情况下才利用贸易量的统计数据对市场进行描述性的概括。其次,来自价格对市场供需关系反应的灵敏性。贝瑞特和李(Barrett & Li)的研究认为,可以从价格行为的变化中发现市场运行的效率,贸易量分析只能对市场交易的概貌有所了解,不能捕捉到关于市场运行效率等深层的市场信息③。此外,贸易量的大小不能反映是不是由于市场自身供需关系的改变而导致的贸易流量改变,因为实际经济运行中有很多贸易的发生是由非市场力量导致的。这些都是价格分析方法相较于贸易量分析的优势所在,也是目前大多数研究市场整合的文献均从商品价格入手的原因。

鉴于价格数据的可获得性及其对市场整合问题可进行深入分析的优势,目前对市场整合的研究多采用价格数据,并发展出了由简单到复杂的多种分析方法。在对这些方法进行评述之前,首先必须明确几个和市场整合相关的概念。利用商品价格研究市场整合程度与经济学中的两个概念密切相关,一个是套利行为(arbitrage),一个是"一价定律"(The Law of One Price,LOP)。

套利行为产生于同种商品在两地之间存在价差,只要价差超出两地之间的交易成本(Transaction Costs),则扣除交易成本后套利者仍有利可图,则商

---

① 参见桂琦寒、陈敏等:《中国国内商品市场趋于分割还是整合:基于相对价格法的分析》,《世界经济》,2006年第2期,第20—30页;陆铭、陈钊:《分割市场的经济增长——为什么经济开放可能加剧地方保护?》,《经济研究》,2009年第3期,第42—52页。
② Kevin Mcnew, Paul L. Fackler, "Testing market equilibrium: is cointegration informative?" *Journal of Agricultural and Resource Economics*, 1997 (02): 191-207.
③ Christopher B. Barrett, Jau Rong Li, "Distinguishing between Equilibrium and Integration in Spatial Price Analysis", *American Journal of Agricultural Economics*, 2002 (2): 292-307.

品从低价地区向高价地区流动,市场将逐步融合,价差也将越来越小,直到出现完全的市场整合。反之,如果两地之间的价差不足以大到超出两地之间的交易成本,则商人无利可图,商品无法在两地之间流通,此时市场将保持完全分割的状态,直至价差增大到足以覆盖交易成本。以上交易过程发生的条件可以表示为:

$$p_i - p_j \leqslant r_{ij}$$

其中 p_i 和 p_j 分别为 i,j 两地的价格,左边式即两地的价差,r_{ij} 为将商品从 j 地运往 i 地的交易成本(此处的交易成本包括运输费用及其他费用)。当 $p_i - p_j = r_{ij}$ 时,是在一种理想状态下套利行为发生的均衡条件,此时的市场即是完全整合的。实际的价格可能会偏离这个均衡关系,但是在一个运行良好的市场中,套利者会沿着交易费用的方向使价格尽量达到均衡的关系。

"一价定律"是经济学中的一个基本定律,意指同质的商品,处于完全竞争市场条件下,扣除交易成本 r_{ij} 后,无论商品在何处交易其价格都是相同的。一定区域内的各个市场间存在一定的价差,将导致套利行为和贸易发生,随着贸易的进行,价差将逐渐变小,直到最后达到均衡状态,同一种商品在各个市场中的价格将趋于同一水平。市场达到符合"一价定律"的均衡状态时,各地间的价差将消除,不存在套利机会,市场效率达到最高。

在实际的经济运行中,商品价格不可能完全符合"一价定律",由于交易成本的存在,两地间商品的价格不可能完全相等,而是在一定的区间内上下波动。但是若市场运行越有效,交易成本越小,则商品价格越接近"一价定律";反之,贸易壁垒越多,交易成本越大,价格越背离"一价定律"。市场在实际运行中的整合程度,可以看成价格接近严格的"一价定律"的程度。市场整合的程度越高,说明市场贸易壁垒越小,交易成本越小,市场间的价差越小,距离"一价定律"的均衡状态越接近。

现有研究文献在论述市场整合时,一般都基于以上两个概念进行推导,得到市场整合的假设条件,再利用数据对市场整合条件进行实证检验。但市场整合是一个对市场实际运行状态的统计学度量,而"一价定律"是一种对市场处于均衡状态的经济现象的理想假设[1]。不同的研究者往往因为对概念的定义不同而导致其对市场整合条件的假设不同,因而其研究方法也随之不同。

---

[1] K. Mcnew, "Spatial Market Integration: Definition, Theory, and Evidence", *Agricultural and Resource Economics Review*, 1996: 1-11.

（一）相关和回归分析法

很多早期的研究者认为市场整合就是指市场间价格共同变动（co-movement）的一致性程度，具体的研究方法就是计算两个市场价格的相关系数，相关系数越大表示价格间的正相关性越强，则代表市场整合程度越高[1]。相应地，用相关系数法分析价格数据从而研究市场整合问题，在中国经济史学界曾经非常流行，并一度成为最常用的研究方法[2]。

回归分析方法的原理与相关系数法一样，也是将两地市场对外部条件变化作出价格调整的一致性作为市场整合的衡量标准，只是将两地市场价格间的线性关系用回归方程表示出来，本质上也是刻画价格序列间的同步变动。相关系数和回归分析方法都是较为简便粗略的度量方法，其对价格共同变动的假定条件存在一定的缺陷，不少研究者已指出其对市场整合的衡量不够准确，必须谨慎利用[3]。

第一，相关系数法对于价格变动方向的限定条件，将导致对市场整合的低估。相关系数法的假定条件限制价格只能同方向变动，如果两地的市场是整合的，则两地的价格必须是同方向变化的，即两地价格必须同升或同降。然而，实际上整合市场间的价格可以是同方向变动的，也可以是反方向变动。当整合市场是处于供求关系的两端时，其价格变动可以是反方向的，即当外部条件改变使得 A 地市场对某商品的需求突然增加时，供给地 B 向需求地 A 输出商品，此时供给地 B 因商品流出供给减少进而价格上升，而需求地 A 因商品流入供给增加而价格下降，此时 A、B 两地的价格一升一降，其变化方向正好是相反的，但市场仍然是整合的。如果利用相关系数法计算方向相反的价格变动，将会得到负值的相关系数，将得到市场整合程度低的错误结论。

第二，相关系数法对于价格变动幅度的限定也会低估市场整合程度。价

---

[1] Paul L. Fackler, Barry K. Goodwin, "Spatial Price Analysis", *Handbook of Agricultural Economics*, Elsevier, 2001, 971-1024.

[2] Thomas G. Rawski, Lillian M. Li, *Chinese History in Economic Perspective*. Berkeley：University of California Press, 1992. 陈春声：《清代中叶岭南区域市场的整合——米价动态的数理分析》，《中国经济史研究》，1993 年第 2 期，第 99—106 页。吴承明：《利用粮价变动研究清代的市场整合》，《中国经济史研究》，1996 年第 2 期，第 90—96 页。朱琳的综述文章对利用粮价来研究清代中国市场整合的方法做了比较全面的总结，详见朱琳：《数理统计方法在清代粮价研究中的应用与发展》，《中国经济史研究》，2015 年第 1 期，第 50—59 页。

[3] 桂琦寒、陈敏、陆铭等：《中国国内商品市场趋于分割还是整合：基于相对价格法的分析》，《世界经济》，2006 年第 2 期，第 20—30 页。B. Harriss, "There is method in my madness: or is it vice versa? Measuring agricultural market performance", *Food Research Institute Studies*, 1979 (2): 197-218. Martin Ravallion, "Testing Market Integration", *American Journal of Agricultural Economics*, 1986 (1): 102-109.

格相关系数是测度两个时间序列数据线性相关程度的指标,假定两地价格呈线性关系时,其变动方向和变动幅度都将一致,相关系数会很高。实际上,价格变动幅度不一致并不会影响市场的整合状态,两地市场价格变动幅度的不一致可以来自各自的价格基数的差异。当交易成本相同时,A、B两地市场共同与C地市场进行某种商品的贸易,A地市场价格的基数较小,其价格变动幅度较大,B地的价格基数较大,则其价格变动幅度较小。因而,如果整合市场间的价格变动幅度不同,利用市场价格计算的相关系数是偏小的,这会导致对市场整合程度的低估。

第三,相关系数和回归分析方法测度市场整合还可能会得出"假整合"的错误结论。高的相关系数来自方向和幅度一致的价格变动,但是高的相关系数并不代表高的市场整合程度。其产生的原因可能是一段时间内两地市场受到共同的外部冲击而产生同方向的价格变化[1];也可能来自价格长期趋势的作用,如因为通货膨胀的作用共同推高了各地市场的价格[2],这些原因都有可能导致伪相关和伪回归的问题,最后得出的也将是"假整合"的结果。

(二)动态时间序列分析方法

长期来看,每一个点市场的价格都是一个动态的时间序列数据,由于价格常常是根据市场供需状况作出相应的变化,因而价格时间序列常常是非平稳的时间序列。传统的相关系数或回归分析方法,是一种静态的数据统计分析方法,只能对平稳的时间序列数据进行有效分析,如果采用传统的回归分析方法分析非平稳的价格数据将可能会产生伪回归的问题,此时需要引入动态的时间序列分析工具。此外,经典的时间序列分析理论和方法着重探讨的是如何利用时间序列模型模拟出一元时间序列的结构特征,得到能够刻画时间序列的方程和参数。当利用多个市场间价格变动来研究市场整合时,问题变成了研究多个含有时间序列的变量之间的相互关系,此时必须突破经典的一元时间序列分析方法,才能对多个市场间价格变动的关系作出分析。因此,利用价格时间序列分析方法进行市场整合研究,在分析工具上必须实现由静态分析到动态分析、由一元时间序列到多元时间序列的方法突破。

以上两个问题自20世纪80年代以来逐步得到解决。随着计量经济学在非平稳时间序列分析方法上取得了重大进展,尤其是分析多个变量均为非平稳序列的多元时间序列分析方法的完善,研究市场整合取得了新方法的突

---

[1] B. Harriss, "There is method in my madness: or is it vice versa? Measuring agricultural market performance", *Food Research Institute Studies*, 1979 (2): 197 - 218.

[2] Paul L. Fackler, Barry K. Goodwin, "Spatial Price Analysis", *Handbook of Agricultural Economics*, Elsevier, 2001, 971 - 1024.

破。恩格尔和格兰杰（Engle & Granger）提出协整分析（cointegration analysis）的概念，发展了分析非平稳时间序列的新方法，协整分析的条件不再要求两个时间序列都是平稳的，只要求他们之间的线性组合是平稳的即可[①]。协整分析的思想是，如果两个变量的时间序列是协整的，则这两个变量之间存在长期均衡关系，虽然在短期内两个变量可以是不均衡的，但这种短期不均衡关系可以由误差修正模型（error correction model, ECM）来描述。常用的协整检验方法是Engle-Granger两步检验法，第一步是检验各变量时间序列的单整阶数，协整要求所有变量必须都是同阶单整的；第二步是对变量进行最小二乘法（OLS）回归，得到动态回归方程和残差，再对残差进行平稳性检验，只有残差是平稳时才可以得出两个变量具有协整关系的结论。

由于协整分析在非平稳时间序列及多元时间序列分析上的优势，使得协整分析成为近年来研究市场整合最常用的方法，大量文献都结合使用协整分析和误差修正模型进行市场整合的研究。

显然，协整分析方法作为一种动态数据的时间序列分析方法，较静态分析方法如相关或回归分析法更为精细，同时具有处理非平稳的时间序列的优势，但用协整法来研究市场整合也存在一定的缺陷。

第一，协整法忽视了交易成本的干扰作用，导致其检验结果出现偏差。协整法的基本思想是检验两地市场间价格的动态关系是否存在长期均衡，即两地间的"一价定律"是否成立。然而，由于交易成本的存在对价格变动具有干扰作用，而交易成本的不可度量性使得对"一价定律"成立的判定变得非常困难。已有的实证研究已经指出，在未对价格数据进行交易成本的调整时，进行协整分析的结果显示价格数据不存在长期均衡关系，不符合"一价定律"；但用运输成本对价格进行调整后再进行协整分析，结果改变为存在协整关系，"一价定律"成立[②]。尽管协整检验或格兰杰检验对"一价定律"的条件有所放宽，允许多元时间序列数据存在非平稳性，整合市场的价格变动无需一一对应，交易成本的存在仍然会对检验结果造成干扰[③]。当交易成本占商品价格总量较大时，利用协整法必须非常谨慎，尤其是在交易成本处于不断变化的情况下，最好能够根据交易成本对价格进行调整，但是交易成本的不

---

① Robert F. Engle, C. W. J. Granger, "Co-Integration and Error Correction: Representation, Estimation, and Testing", *Econometrica*, 1987 (2): 251–276.
② Barry K. Goodwin. Multivariate Cointegration Tests and the Law of One Price in International Wheat Markets. *Review of Agricultural Economics*, 1992 (1): 117–124.
③ Bob Baulch. Transfer Costs, Spatial Arbitrage, and Testing for Food Market Integration. *American Journal of Agricultural Economics*, 1997 (2): 477–487.

可测性使这一方法很难实施①。因此,协整法检验市场整合存在与否的条件是市场间价格是否存在稳定的协整关系,但协整关系是市场整合的充分条件而非必要条件。

第二,协整法无法对市场整合的程度进行度量,无法对不同时间、不同空间的市场整合进行比较。协整法是一种基于统计检验对市场整合状况的判定方法,而不是对市场整合程度进行度量的方法。协整分析的结果是市场存在或不存在协整关系,以此判定市场是否处于整合状态中,即协整检验仅能够提供"或者全有,或者全无"的结论②。一方面,协整分析的结论与现实市场的情况不符,因为现实当中除了完全分割的市场外,市场无不是处于整合之中,只是整合的程度高低不等;另一方面,当研究者需要对市场进行长时段纵向比较,对不同空间范围的区域型市场进行横向比较,或者需要建立市场整合度量指标并对其影响因素进行计量分析时,协整检验仅能够提供"或有、或无"的二元值结论,这对于研究者评价市场整合的程度参考作用非常有限,要建立一套具有可比性的市场整合程度的度量指标,必须寻求其他方法③。

此外,另一种较为常用的市场整合研究方法是 Ravallion 模型法。Ravallion 改进了静态相关分析方法,提出了对动态价格数据分析的 Ravallion 模型法,该方法可以检测辐射型市场的短期和长期均衡关系④。但是,Ravallion 模型法的检验对价格变动的条件要求过于严格,仅能检验到完全的市场整合情况,对于不完全整合的市场,Ravallion 模型法将拒绝市场整合的假设而得出不存在市场整合的错误结论⑤。

(三)相对价格法

随着研究的不断深入,研究者对市场发展的时间过程和空间过程产生了兴趣,为此需要对跨时段、跨区域的市场运行状况进行比较研究,需要建立一套

---

① Paul L. Fackler, Barry K. Goodwin, "Spatial Price Analysis", *Handbook of Agricultural Economics*, Elsevier, 2001, 971-1024.
② 周章跃、万广华:《论市场整合研究方法——兼评喻闻、黄季焜〈从大米市场整合程度看我国粮食市场改革〉一文》,《经济研究》,1999 年第 3 期,第 75—81 页。
③ 陆铭、陈钊:《分割市场的经济增长——为什么经济开放可能加剧地方保护?》,《经济研究》,2009 年第 3 期,第 42—52 页。陈敏、桂琦寒、陆铭等:《中国经济增长如何持续发挥规模效应?——经济开放与国内商品市场分割的实证研究》,《经济学(季刊)》,2008 年第 1 期,第 125—150 页。
④ Martin Ravallion, "Testing Market Integration", *American Journal of Agricultural Economics*, 1986 (1): 102-109.
⑤ 周章跃、万广华:《论市场整合研究方法——兼评喻闻、黄季焜〈从大米市场整合程度看我国粮食市场改革〉一文》,《经济研究》,1999 年第 3 期,第 75—81 页。Bob Baulch, "Transfer Costs, Spatial Arbitrage, and Testing for Food Market Integration", *American Journal of Agricultural Economics*, 1997 (2): 477-487.

既能够衡量市场整合程度又具有可比性的指标,那么在数据处理的方法上就需要有新的发展。前述几种市场整合研究方法均无法满足可比性的要求,相关系数法虽可以进行跨区域的比较,但无法进行跨时间比较;协整法等动态分析方法是基于统计方法来检验市场整合的假设是否成立,其结论是"有或无"市场整合的二元结论,只能进行0和1的比较,亦无法对市场整合的程度进行比较。

由帕斯利和魏尚进(Parsley & Wei)发展的相对价格法为这一问题提供了可行的解决方法,他们使用价格数据构建出一套相对价格趋同率(rates of convergence)数据,作为反映市场整合程度的指标[1]。运用相对价格法研究中国市场整合问题的代表有陆铭和陈钊的研究,他们将相对价格法应用到中国市场整合的研究中,度量了改革开放以来1985~2001年中国国内市场整合的程度及其变化趋势,通过对数据进行纵向和横向的比较,揭示了改革开放以来中国国内市场整合的阶段性特征和区域差异,并且对影响市场整合的因素进行了计量分析。他们的实证研究结论指出,中国国内市场的整合程度总体上呈现上升趋势,否定了以往关于中国国内市场趋于分割的论断[2]。最近也有学者将相对价格法应用于中国经济史上市场整合问题的研究,李嘉楠、代谦等利用1818~1910年南方9省104府米价数据,采用相对价格法构建市场整合度指标,探讨近代中国开埠对国内市场整合和经济空间变迁的影响[3]。

本章将要研究的问题是清代中国国内市场整合程度的变化趋势及其空间差异性,需要进行市场整合程度的度量,并且需要对不同时段、不同区域的市场整合程度进行比较。结合这一研究的需要,本章在方法上也将选择能够提供具有一致性和可比性指标的相对价格法,具体分析时将采用陆铭等采用的研究方法。

四、研究方法与数据

(一)相对价格法

目前学界研究当代中国市场整合的方法有生产法、贸易流量法、价格法等,而其中价格法利用价格数据构建评价指标,因价格数据较容易获取,该方

---

[1] David C. Parsley, Shang-Jin Wei, "Convergence to the Law of One Price Without Trade Barriers or Currency Fluctuations", *The Quarterly Journal of Economics*,1996(4):1211-1236.
[2] 陆铭、陈钊:《中国区域经济发展中的市场整合与工业集聚》,上海:上海人民出版社,2006年。
[3] 李嘉楠、代谦、庄嘉霖:《开放、市场整合与经济空间变迁:基于近代中国开埠的证据》,《世界经济》,2019年第9期,第27—51页。

法已经为学界普遍采用,被视为一个具有可行性的研究方向[1]。具体而言,价格法按其对价格数据的处理方法,又可分为相关回归法、协整分析法、相对价格法等,学界已有研究对这些方法的优缺点进行过全面的评述[2]。就本章的研究目的而言,因需要展示市场整合的动态变化过程,相对价格法是最为适用的方法[3]。

相对价格法的理论基础来源于"一价定律"和"冰川成本"模型。根据"一价定律",假设 i、j 两地间利用差价进行贸易套利,在市场"一价定律"的作用下,同一种商品在两地的价格 P_i 和 P_j 应在减去交易成本的基础上逐渐归于一致。那么,两地之间只要有差价存在,就有套利的空间,贸易就可以发生,并且随着贸易的进行,差价逐渐缩小,套利空间缩小,最终达到价格趋于一致,市场达到整合状态。而"冰川成本"模型对"一价定律"进行了修正,考虑了交易成本的存在,使得"一价定律"的条件放宽。商品在两地的价格 P_i 和 P_j 既可以同升同降,也可以一升一降,只需保证相对价格(P_i 和 P_j 的比值)P_i/P_j 保持在一定范围内波动,即可认为两地之间的市场是整合的。

假设商品在交易中产生的交易费用占每单位商品价格的比例为 c($0 < c < 1$),则只有当 $P_i(1-c) > P_j$ 或 $P_j(1-c) > P_i$ 时,两地间才存在套利行为使贸易得以进行,用相对价格表示套利条件即 $P_i/P_j < 1-c$ 或 $P_i/P_j > 1/(1-c)$,则无套利区间为 $[1-c, 1/(1-c)]$。相对价格的方差 $Var(P_i/P_j)$ 如果随时间变化而趋于减小,则表示相对价格波动的范围在收窄,无套利区间在缩小,交易成本 c 在降低,两地间的贸易壁垒在减少,即市场整合的程度在提高。因此,相对价格方差 $Var(P_i/P_j)$ 可以作为市场整合程度的指标,$Var(P_i/P_j)$ 越小代表市场整合越高。

相对价格法的一大优点,是其以两地间相对价格的变动作为衡量两地之

---

[1] 桂琦寒、陈敏、陆铭等:《中国国内商品市场趋于分割还是整合:基于相对价格法的分析》,《世界经济》,2006 年第 2 期,第 20—30 页。

[2] Paul L. Fackler, Barry K. Goodwin, "Spatial Price Analysis", *Handbook of Agricultural Economics*, Elsevier, 2001, 971-1024. 韩胜飞:《市场整合研究方法与传达的信息》,《经济学(季刊)》,2007 年第 4 期,第 1359—1372 页。周章跃、万广华:《论市场整合研究方法——兼评喻闻、黄季焜〈从大米市场整合程度看我国粮食市场改革〉一文》,《经济研究》,1999 年第 3 期,第 75—81 页。张昊:《再议国内区域市场是趋于分割还是整合——对测度方法的探讨与改进》,《财贸经济》,2014 年第 11 期,第 101—110 页。张昊:《地区间生产分工与市场统一度测算:"价格法"再探讨》,《世界经济》,2020 年第 4 期,第 52—74 页。

[3] 应用相对价格法对当代中国区域市场整合进行的研究已有多项,如桂琦寒、陈敏、陆铭等:《中国国内商品市场趋于分割还是整合:基于相对价格法的分析》,《世界经济》,2006 年第 2 期,第 20—30 页;陈红霞、李国平:《1985~2007 年京津冀区域市场一体化水平测度与过程分析》,《地理研究》,2009 年第 6 期,第 1476—1483 页。

间市场整合的标准,体现了价格机制在市场整合中发挥核心调节作用的思想。只要两地之间的相对价格保持在一定范围内,则不论其商品流通量和流通方向的变化,都可以视作市场整合的表现。同时,该方法的另一大特点是可以对其进行每个时间节点的测度,了解市场整合程度随时间变化的动态过程①,有利于我们对历史时期市场整合问题进行长时段的比较分析。

在相对价格法的具体操作方法上,本研究采用帕斯利和魏尚进的研究思路,结合桂琦寒、陈敏等提出的数据处理方法,采用相对价格的一阶差分形式。具体步骤分为以下几步:第一步,计算在某一时间 t 内,i、j 两地的相对价格 P_{it}/P_{jt};第二步,计算相对价格的对数 $\ln(P_{it}/P_{jt})$;第三步,计算相对价格的一阶差分形式,即 $\Delta Q_{ijt} = \ln(P_{it}/P_{jt}) - \ln(P_{i(t-1)}/P_{j(t-1)})$;第四步,取 ΔQ_{ijt} 的绝对值 $|\Delta Q_{ijt}|$;第五步,求 $|\Delta Q_{ijt}|$ 的方差 $\text{Var}(\Delta Q_t)$,在此基础上求得变异系数 $\text{CV}(\Delta Q_t)$,即为市场分割指数②。

(二) 数据说明

近年来学界对清代粮价数据的整理工作取得重大进展③,较之前人的研究条件,今日学界利用粮价数据的条件已经大为改善,使用粮价数据变得极为便利,在粮价数据的时间跨度、空间范围以及完整性上较前人有了更大的优势。为了与前人的研究成果进行比较,本书将尽可能充分地利用现有的粮价数据,在保证粮价数据质量的前提下,将本书的研究范围最大限度地覆盖前人已有研究的时段和区域。具体而言,本章研究的时间跨度从 1738 年至 1820 年,空间范围则包括南方十二省和北方五省④,价格数据为以府⑤为基本单元的

---

① David C. Parsley, Shang-Jin Wei, "Convergence to the Law of One Price Without Trade Barriers or Currency Fluctuations", *The Quarterly Journal of Economics*, 1996 (4): 1211-1236. 桂琦寒、陈敏、陆铭等:《中国国内商品市场趋于分割还是整合:基于相对价格法的分析》,《世界经济》,2006 年第 2 期, 第 20—30 页。

② 桂琦寒、陈敏、陆铭等:《中国国内商品市场趋于分割还是整合:基于相对价格法的分析》,《世界经济》,2006 年第 2 期,第 20—30 页。需要说明的是,该文因为涉及多种商品价格的加总,需要剔除商品种类差异带来的不可加效应产生的误差,故需要再进行去均值化处理,其计算步骤为:第五步,计算 $|\Delta Q_{ijt}|$ 的平均值 $\overline{|\Delta Q_t|}$;第六步,采用去均值化处理方法,计算 $q_{ijt} = |\Delta Q_{ijt}| - \overline{|\Delta Q_t|}$;第七步,求 q_{ijt} 的方差 $\text{Var}(q_{ijt})$。因为本研究只涉及粮食这一种商品的价格,故无须进行去均值化处理,只需直接求 $|\Delta Q_{ijt}|$ 的方差 $\text{Var}(\Delta Q_t)$ 和变异系数 $\text{CV}(\Delta Q_t)$。

③ 王业键编:"清代粮价资料库",https://mhdb.mh.sinica.edu.tw/foodPrice/。中国社会科学院经济研究所:《清代道光至宣统间粮价表》,桂林:广西师范大学出版社,2009 年。

④ 南方十二省为广东、广西、云南、贵州、四川、湖北、湖南、江西、安徽、江苏、浙江、福建,北方五省为河南、山东、山西、陕西、甘肃,直隶因数据缺失严重未列入研究范围。

⑤ 清代除了府以外,还有与府处于同一行政级别的直隶州和直隶厅等府级单位,为方便行文,下文一律用"府"表示包括府、直隶州、直隶厅在内的"府级单位"。

月度数据。在粮食品种的选取上,南方以米价为主,北方以麦价为主。

确定粮价数据的时空范围后,下面说明对粮价数据的初步处理。

首先,本研究使用的原始数据是按府开列的月份粮价数据,包括每月的高价和低价。前文已指出高价和低价是一府内各县的价格最高值和最低值,取高价和低价的平均值更能代表该府的粮价情况。考虑到本研究分析的是时间跨度有80多年的时间序列数据,且由于粮价具有很明显的季节波动性,采用年平均价格进行分析,有助于剔除粮价的季节波动性对分析结果的影响,同时又能保留粮价的年际波动特征。

其次,本研究采用相对价格法进行分析。先对相邻的府进行配对,生成一系列的接壤府对,然后再计算其相对价格指数,得到一组相对价格的时间序列数据。本研究选择接壤的府进行配对,生成相对价格数据,主要原因在于:其一,前人研究清代中国市场整合问题,多关注长途粮食贸易的价格相关性,常以长途贸易作为全国性统一市场形成的标志,而对区域性的短途贸易注意不够。本研究则将短途贸易作为分析的主要对象,具备发达短途贸易的地方市场是全国性统一市场形成的基础条件,长途贸易发达而地方市场依然分割的市场仅能称之为不完全的统一市场;其二,本研究选取府对的标准并不以一定要存在粮食物品的流通为标准,而是认为价格作为市场调节的信号,其产生作用的方式不一定要通过货物本身在空间上的流动来实现,单纯的价格信息传导也能起到市场调节的作用,而且这种信息传导具有很大的空间相关性,即其影响力与距离成反比关系;其三,选取相邻府对作为相对价格数据的基本方式,便于在进行数据选取时做到研究标准的一致性。基于以上这些原因,本研究选取相邻府对的相对价格来构建测度市场整合程度的分析数据。

根据各省粮价数据质量的情况,一共有238个府被列入数据分析,具体数量如表4-1所示。

表4-1 各省列入分析的府数量

省　份	数　量	省　份	数　量
广　东	13	云　南	21
广　西	12	贵　州	13
江　西	14	四　川	22
福　建	12	河　南	13

续表

省　份	数　量	省　份	数　量
浙　江	11	山　东	12
江　苏	10	山　西	20
安　徽	13	陕　西	12
湖　北	11	甘　肃	12
湖　南	17	合　计	238

依据施坚雅对中国的大区划分，分别对各大区内相邻府对进行统计，一共产生555组府对，各大区府对的具体数量如表4-2所示。

表4-2　各大区府对的数量

大　区	府对数量	大　区	府对数量
长江上游	53	岭南	45
长江中游	130	云贵	80
长江下游	51	华北	77
东南沿海	36	西北	83

经过以上方法的处理，可以得到395个府对的大米相对价格数据和321个府对的小麦相对价格数据（其中四川、湖北、湖南、江西、安徽、江苏6个省大米和小麦数据均有），分别代表大米市场和小麦市场。

五、清代的市场整合的结构和动态分析

（一）整体趋势

从整体趋势来看，如图4-1中所示，在时间上，南方市场（包括岭南、东南沿海、云贵、长江上游、长江中游和长江下游六个大区的大米市场）和北方市场（仅包括华北和西北两个大区的小麦市场）的两条变异系数曲线在1738～1820年间呈现前期平稳、后期上升的趋势。也就是说，市场整合程度呈现出一个前期稳定、后期逐渐减弱的趋势，转折点出现在1800年左右，此后市场整合程度开始逐渐减弱并且波动幅度变大。

从空间上来看,南、北方市场在市场整合程度上存在一定的差异性,但并不呈现十分明显的差异,两者整合程度出现交替的态势。本研究的结果显示,在某些时段南方的大米市场整合性要略微低于北方小麦市场,如1760～1770年间南方市场出现较大波动,而同时期的北方市场则相对平稳。这一点值得注意,与以往研究的结论相左,原因可能是本研究选取的南北方区域范围广大,且南方市场的空间范围远远大于北方市场。同时,相较于其他研究,本研究分析的南方市场将长江上游和云贵地区也纳入了研究范围,这也可能是降低整个南方市场的整合程度的原因(这将在下文分析各区域市场整合程度时体现出来)。

图 4-1 南方市场和北方市场的市场分割指数

注:纵轴表示相对价格的变异系数,曲线经过10年移动平均处理,以下各图同。

如果我们按粮食品种来划分市场,比较大米市场和小麦市场,则可以检验长江上游和云贵区域市场对整体市场整合程度的影响。大米市场仍然包括上述南方的六大区域,而小麦市场则将长江流域三个大区也纳入,即小麦市场包括长江上游、中游、下游和华北、西北五大区域。从图4-2中可以看到,大米市场和小麦市场的整合程度在1738～1820年间仍然表现出长期稳定后逐渐减弱的趋势,在18世纪末出现明显的减弱趋势。比较大米市场和小麦市场,则两者的整合程度基本上是不相上下的关系,没有出现明显的差异。但我们也注意到,包括了长江上游、中游和下游三大区域市场的小麦市场,较之仅包括北方市场的小麦市场,其整合程度有所减弱,可见单就小麦市场而言,长江上、中、下游地区市场的整合程度不如北方市场。

从以上分析我们可以认为,以大米为主要商品的南方粮食市场和以小麦为主要商品的北方粮食市场,在18世纪的整合程度要高于19世纪的整合程

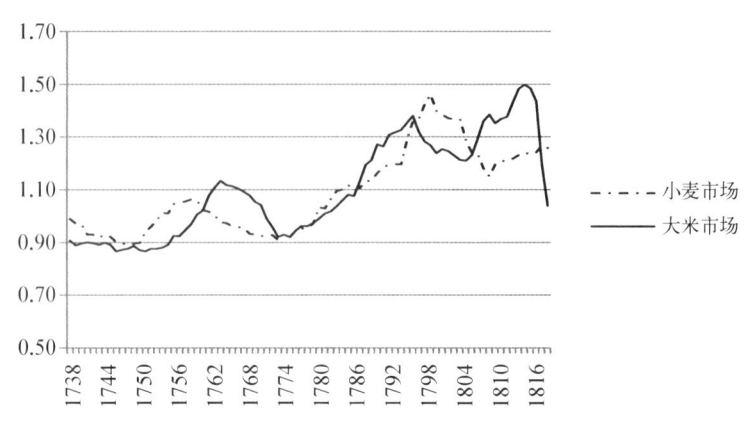

图 4-2　大米市场和小麦市场的市场分割指数

度。至于18世纪是否形成了全国性的统一市场（整合市场），因为无法确定一个评判的基准，所以是一个难以评判、具有相对性的问题。因而本研究只对不同时期的市场整合程度作出比较分析，并不对"是否已经形成全国统一市场"这一争论作出判断。

此外，从以上清代粮食市场整合程度的整体趋势可知，分析大范围的区域市场整合程度时，所选取的分析对象的范围不同也会对结果产生影响。这就说明清代中国粮食市场整合程度的区域差异性极大，需要进一步细分区域分别加以分析，才能得到更为准确的市场整合信息。因此，本研究接下来将对时间和空间进行更为详细的划分，比较在不同时间和空间尺度下的市场整合程度，以对清代中国的市场整合状况作出更为全面的刻画。

（二）大区市场的市场整合程度比较

本研究按照施坚雅大区理论的划分标准，对各个大区的市场整合情况分别进行比较分析。华北和西北两个大区以小麦价格数据进行分析，其余各个大区以大米价格数据作为分析对象，以相对价格的变异系数代表市场分割指数，测度各大区的市场整合程度，结果如图 4-3 所示。

从图中可见，在1738～1820年间，岭南、东南沿海、长江下游三个区域在大部分时间内，其市场分割指数都在 1.0 以下，且在整个时段内波动幅度不大，可以认为其市场整合程度稳定在较高的水平。

然而，云贵、长江上游、长江中游区域则出现了较大幅度的波动，且各区域的变动趋势呈现较大的差异性。云贵地区的市场整合程度在整个1738～1820年间的趋势是持续地降低。在研究时段的最初50年内，市场整合程度在较高水平上小幅波动，而自18世纪中后期开始市场整合程度即已经降至

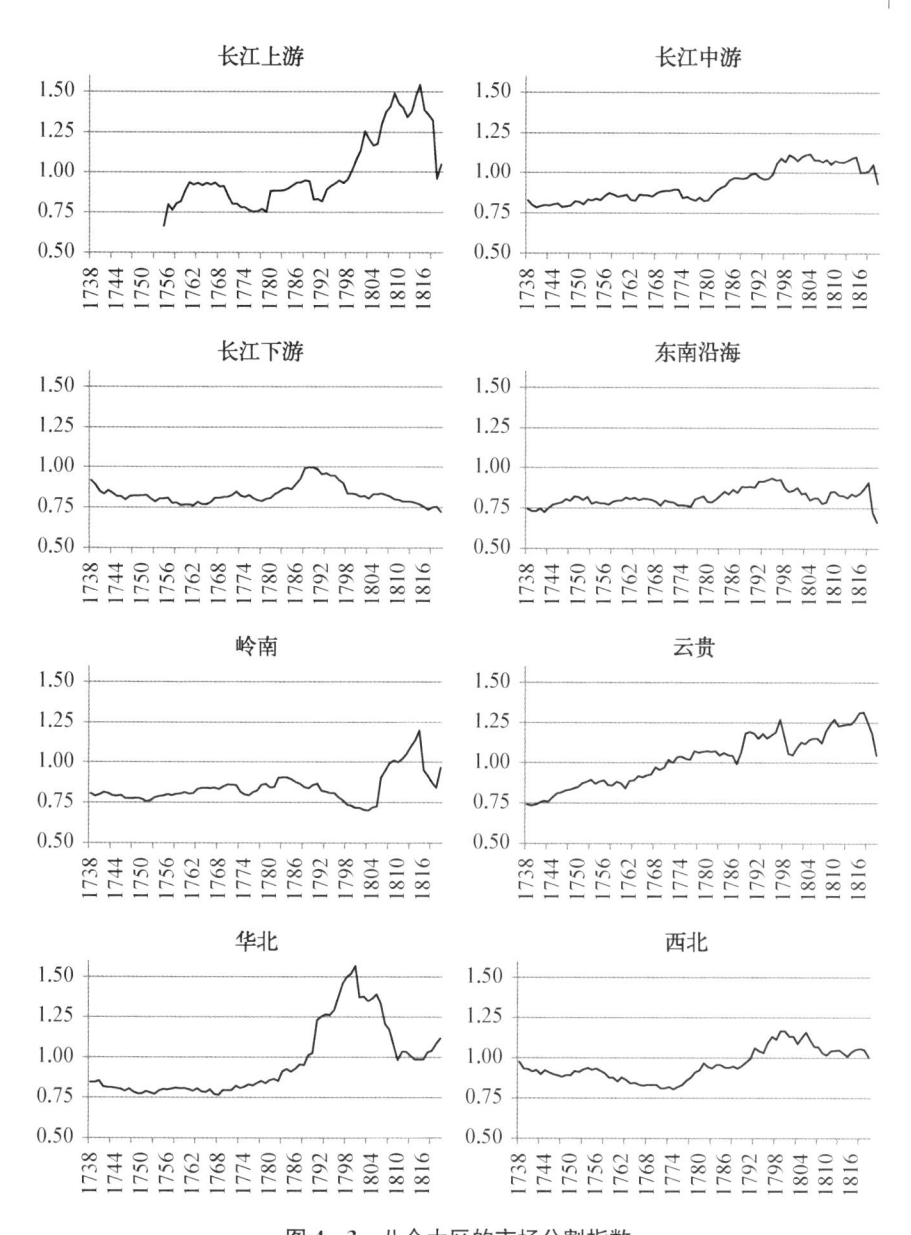

图 4-3 八个大区的市场分割指数

较低水平,此后便一直持续降低且波动幅度逐渐加大。长江上游因数据缺失的原因,分析时段仅从 1764 年开始,1764~1800 年市场整合程度在较高的水平上小幅波动,1800~1820 年是振荡式上升期,在此期内市场整合程度较前一时期降低至较低水平且波动幅度明显加剧。长江中游 1740~1785 年是稳定期,1785~1820 年是长期缓慢上升期,尤其是 1800~1820 年间市场整合程度已大大低于前一时期,这意味着市场整合程度在初期平稳后经历长时间的持续降低过程。

以小麦市场为代表的华北和西北市场的整合程度呈现较为一致的变化趋势,1738~1800年间变异系数大体上平稳在低于1.0的水平,且波动幅度较小,这一时期的市场整合程度较好。1800~1820年间市场整合程度较前一时期降低,华北地区的降低程度和波动幅度都要大于西北地区。

以上是对施坚雅划分的大区市场整合程度进行的分析,从粮食价格变动反映的市场整合程度来看,各大区在以下几个方面表现出明显的不一致性①。

第一,各个大区市场整合程度的水平不一致。具体而言,按其市场整合程度可以分为三组:一是高水平整合区域,岭南、东南沿海和长江下游三个大区的市场整合程度在整个研究时段一直都保持稳定且处于较高的水平;二是中等水平整合区域,长江中游和西北地区市场整合程度在18世纪也较为稳定,1800~1820年间开始逐渐降低,整合程度处于中间水平;三是低水平整合区域,长江上游、云贵和华北地区整合程度处于低水平,尤其是进入19世纪后市场大幅度波动,市场整合程度最低。

第二,各个大区市场整合的趋势和周期不一致。岭南、东南沿海和长江下游三个大区在整个研究时段内市场整合程度都没有出现明显下降的趋势,基本稳定在较高水平上。而其余大区则在不同程度上都出现了市场整合程度下降的趋势,时间基本在18世纪末,而云贵地区下降的时间最早,在18世纪中期就已经开始下降。

第三,各个大区市场整合程度的波动幅度不一致。岭南、东南沿海和长江下游三个大区长期稳定,波动很小。长江中游和西北地区市场整合程度在18世纪末开始下降,云贵地区更早开始下降,但这三个大区的波动幅度不大,是持续渐进式地下降。与之不同的是,长江上游和华北两个大区在19世纪后市场整合程度下降,波动幅度剧烈,显示市场整合很不稳定。

值得注意的是学界对清代前中期粮食贸易规模变化趋势的研究。蒋建平研究了清中叶粮食贸易的发展趋势,认为从18世纪末期开始国内粮食贸易开始低落,并且关于米谷贸易的议论突然沉寂,并将原因归结为正常米谷

---

① 彭凯翔注意到清代粮价的周期波动幅度受到异方差的影响,且与粮价的变化趋势相关,由于通货状况变动和价格黏性的影响,在上升阶段价格波动方差会放大,在下降阶段价格波动方差会缩小。同样地,粮价的变化趋势也可能影响粮价的变化率,进而导致异方差对粮价变异系数的影响,这可能是18世纪后期市场分割指数上升的原因之一,这一问题的解决还有待进一步的分析。关于清代粮价的异方差问题,详见彭凯翔:《清代以来的粮价:历史学的解释与再解释》,上海:上海人民出版社,2006年,第113—119页。

运销受到战争影响、缺粮地区调整种植结构提高米谷自给率、杂粮作物的推广减弱对外地米谷的需求等方面[①]。邓亦兵的研究详细地估算了内陆和沿海地区的粮食运销量，主要利用常关的税粮数据对各水系粮食运销量的变化趋势进行了分析，也发现 18 世纪末以来内陆水运的粮食运销量开始出现衰退趋势，而与之相反，同一时期东南沿海地区的运销量则有增加的趋势[②]。此外，研究清代关税的学者也发现清代乾嘉之际的粮食贸易格局发生的显著变化。范毅军对清代沿运河、沿长江、沿海 3 组榷关的税收数据进行了比较研究，发现国内贸易量在乾隆朝中期达到顶峰，从乾隆朝后期开始，沿运河、沿长江的贸易开始衰退，在嘉庆时期则出现全面衰退[③]。倪玉平对嘉道年间关税的研究也揭示嘉庆年间地处粮食贸易要道的九江关、浒墅关等多个常关因粮食贸易衰减导致关税数额减少的情况[④]。廖声丰的研究也显示乾嘉之际沿运河各关税收数量开始下降，南北之间的粮食运销出现了衰退，并且从自然灾害、运道不畅及南北粮价差异的角度对这一现象进行了解释[⑤]。以上这些对清代粮食贸易运销规模和粮食流通格局变化趋势的研究都表明，18 世纪末内陆地区粮食贸易开始出现衰退，沿海地区有所增长，这些研究可以印证本研究利用粮价数据进行的市场整合程度变化的研究结果。

六、本章小结

清代中国是否存在整合的国内市场，这个问题的答案不是一个非此即彼的二元结论，在没有参照标准的前提下，无法得出清代中国"存在（或不存在）一个全国统一市场"的判断。因此，本章通过相对价格法分析粮价数据，对市场整合程度进行定量的测度，并在具体的时空尺度下对市场整合程度进行比较分析，结果表明市场整合的程度在不同的时间、空间尺度下存在较大的差异。本章的分析结果显示：从整体上来看，中国的市场整合程度在 18 世纪中期和后期要高于 19 世纪前期，南方市场和北方市场的整合程度变化趋势基本一致。同时，各个区域市场之间的整合程度差异性较大：岭南、东南沿

---

① 蒋建平：《清代前期米谷贸易研究》，北京：北京大学出版社，1992 年，第 23—32 页。
② 邓亦兵：《清代前期内陆粮食运输量及变化趋势——关于清代粮食运输研究之二》，《中国经济史研究》，1994 年第 3 期，第 82—94 页；邓亦兵：《清代前期沿海粮食运销及运量变化趋势——关于粮食运销研究之三》，《中国社会经济史研究》，1994 年第 2 期，第 47—58 页。
③ Fan I-chun, *Long-distance trade and market integration in the Ming-Ching Period 1400 - 1850*, Doctoral Dissertation, Stanford University, 1993, p.130.
④ 倪玉平：《清朝嘉道时期的关税收入——以"道光萧条"为中心的考察》，《学术月刊》，2010 年第 6 期，第 134—146 页。
⑤ 廖声丰：《浅论清代前期运河地区的商品流通——以运河榷关税收考察为中心》，《中国经济史研究》，2014 年第 1 期，第 40—51 页。

海和长江下游地区的整合程度最高,且长期保持稳定;长江中游和西北地区整合程度次之,18世纪后期开始持续性地降低;长江上游、云贵和华北地区最低,18世纪后期降低明显且波动较大。

前人研究整合市场问题,主要从跨区域长途贸易的规模和两地间商品价格变动的同步性两种思路来进行研究。因而对于全国统一市场的定义,主要是以进行长途贸易的两地之间的贸易规模和商品价格变动的同步性为标准。按照这一思路,对长途贸易的研究已表明区域之间的商品流通和贸易水平达到较高水平,会得出18世纪的中国已经形成了全国性的统一市场的结论。然而,这一研究思路所关注的仅仅是少数几个进行长途贸易的中心市场,而对于各个区域内部的中心市场与其广大腹地市场之间的整合性则欠缺考察。如果区域内部的市场整合并未达到较高水平,而只有长途贸易市场达到发达的程度,则这种市场整合并不是市场整合的全貌,全国层面的跨区域市场整合仍然会受到区域性的市场分割的限制。

从本章的分析结果中,我们可以看到18～19世纪中国的区域市场整合程度呈现出巨大的差异性。以往的研究在讨论清代中国是否存在统一的国内市场问题时,多倾向于将中国视为一个整体,即使注意到区域的差异性,也仅仅是较为笼统地将中国划分为南方市场和北方市场两个部分。施坚雅的观点认为:"对整个中国一体化的历史认识,不能超越各区域的多样化,或抹煞各区域体系的总特点,相反,一个整体性的文明史建立在其各个组成部分的明确而非偶然的历史的有机组合基础之上","历史的分析与区域的分析是不可分割的"①。因此,讨论清代中国国内市场是否统一的问题,必须注意到中国地域广大和区域多样性的特色,笼统地把中国作为一个整体进行讨论是没有意义的。正是在这个意义上,施坚雅虽然没有直接讨论是否存在统一的全国性市场体系的问题,但实际上正如在讨论城市化时不能把中国作为一个整体来看待一样,研究市场体系问题时,把中国作为一个整体来进行讨论也是不能获得全面认识的。要更加完整地认识全国市场整合的问题,在关注跨区域贸易和市场整合的同时,也须注意到不同区域内部市场在整合程度及其演变趋势等方面仍存在很大的差异性和多样性,全国性市场的整合和区域性市场的分割在一定时期内可能是同时并存的现象,这是我们观察清代中期市场整合演变时须加以注意的另一面事实。

---

① [美]施坚雅:《中国历史的结构》,载施坚雅:《中国封建社会晚期城市研究》,王旭译,长春:吉林教育出版社,1989年,第24页。

第五章 清代粮价的空间格局及其演化研究(1738~1820年)

一、空间维度下的价格研究

价格是反映市场上商品的生产、流通、消费等经济活动的重要指标,是传递市场供需状况变动的灵敏信号,在调节市场供需关系上具有重要作用。价格具有时间属性,现时的价格受到过去价格趋势的作用,同样现时的价格也会对将来的预期价格产生影响,因此对价格进行时间序列的分析是价格研究的重要内容,而物价史研究更成为经济史研究的重点方向。同时,价格也具有空间属性,贸易驱动力来自产品地区分工产生的供需不平衡,而在交易中所表现出来的直接原因则是价格的地区差异。商品的地区差价减去交易成本后的利润是促成商品在不同空间范围内流通的直接动力,价格的形成不仅仅来自时间趋势的作用,也是"空间溢出效应"影响的结果。在理论上,价格是由商品的供需关系所决定的,实际上也是商品供需关系的信息在空间上传导的过程中所形成的一种信号。一个区域的价格变化会带动另一个区域的价格发生变化,也就出现了价格的空间溢出效应。价格的空间溢出效应越强,说明价格在区域间相互影响、相互作用的关系也越强。因此,本章从空间溢出效应的角度对清代粮价在空间上的相互作用关系及其强弱变化进行探讨,希望能为清代粮价和粮食市场研究提供一些新的思考。

近些年来,随着地理信息系统(Geographic Information System,GIS)理论和技术研究的推进,在空间分析方法的研究上取得了巨大进展,尤其是近年来其应用领域逐渐扩大到地理学以外的其他人文社会科学研究中,空间分析方法的应用为其他学科的研究注入了空间的思维模式,学术界出现了"社会科学的空间化"的趋势[1]。"空间化"趋势所关注的一个重要主题,即认为研

---

[1] Luc Anselin, "The Future of Spatial Analysis in the Social Sciences", *Geographic Information Sciences*, 1999(2): 67-76. Michael F. Goodchild, Luc Anselin, Richard P. Appelbaum, et al. "Toward Spatially Integrated Social Science", *International Regional Science Review*, 2000(2): 139-159. 林珲、张捷、杨萍等:《空间综合人文学与社会科学研究进展》,《地球信息科学》,2006年第2期,第30—37页。王法辉:《社会科学和公共政策的空间化和GIS的应用》,《地理学报》,2011年第8期,第1089—1100页。

究对象不仅受到其自身内在因素的影响,也受到同类事物在地理空间上的相互作用的影响,并且这种影响与空间距离的远近成反比关系,此即托布勒(Tobler)提出的地理学第一定律①。近几十年来,空间相互作用成为地理学研究的重要主题,在此基础上发展出相关的分析方法在理论和实践工具上均有重大的进展,并逐渐在环境学、经济学等学科领域得到应用②。在这个过程中,GIS以其空间分析的独特优势在其中扮演了重要角色,空间溢出效应(spatial spoilover effect)、空间依赖性(spatial dependence)、空间异质性(spatial heterogeneity)等问题日益受到学界的关注。

清代粮价数据以其罕见的系统性为研究者所重视,这套可以精确到府级行政区的月度价格数据,是时间、空间覆盖范围均非常完整的历史数据。因此,清代粮价数据具有时空数据的属性,满足空间分析方法对数据时空序列完整性的客观要求,可以利用空间分析方法对清代粮价数据中包含的空间特性进行多方位的数据挖掘。一方面,可以发挥空间分析的作用,将其研究领域扩展到历史学的范围,促进学科交叉;另一方面,空间分析方法的应用,也能给传统历史学研究带来新的视角,对一些老问题进行新的解读。

二、清代粮价研究的空间视角

清代中国的商品经济和国内贸易非常发达,其中粮食贸易在贸易总额中占有重要地位③。邓亦兵曾对清代前中期中国粮食贸易的数量和运销路线作过系统而详细的研究④。有多位学者亦曾从粮价数据入手,运用数理方法

---

① Tobler 首次提出地理学第一定律(the first law of geography)时内容为:"Everything is related to everything else, but near things are more related than distant things",见 Waldo R. Tobler, "A computer movie simulating urban growth in the Detroit region", *Economic geography*, 1970: 234 - 240. 后来被称为 Tobler 第一定律(Tobler's first law, TFL),见 Harvey J. Miller, "Tobler's first law and spatial analysis", *Annals of the Association of American Geographers*, 2004 (2): 284 - 289.

② Luc Anselin, "Thirty years of spatial econometrics", *Papers in Regional Science*, 2010 (1): 3 - 25. [英] 罗伯特·海宁:《空间数据分析理论与实践》,李建松、秦昆译,武汉:武汉大学出版社,2009年,第 11—30 页。

③ 吴承明:《论清代前期我国国内市场》,《历史研究》,1983 年第 1 期,第 96—106 页。

④ 邓亦兵:《清代前期的粮食运销和市场》,《历史研究》,1995 年第 4 期,第 151—161 页;《清代前期内陆粮食运输量及变化趋势——关于清代粮食运输研究之二》,《中国经济史研究》,1994 年第 3 期,第 82—94 页;《清代前期沿海粮食运销及运量变化趋势——关于粮食运销研究之三》,《中国社会经济史研究》,1994 年第 2 期,第 47—58 页;《清代前期周边地区的粮食运销——关于粮食运销研究之四》,《史学月刊》,1995 年第 1 期,第 42—46 页。

研究清代的市场整合问题①。当然，从现有的研究清代中国市场整合问题的文献来看，部分研究也关注到了价格在空间上的差异和相互联系的问题，从价格变动在空间上的同步性来定义市场整合②。然而，从其研究方法来看，多数研究采用了相关分析③、回归分析④、协整分析⑤等方法，这些方法仍然是属于传统的结构模型方法和时间序列数据分析方法，未将价格在空间层面的溢出效应和相互作用问题作为分析的视角进行深入剖析，也没有将空间分析方法应用于清代粮价与市场的研究中。

唯一的例外是凯勒和薛华的研究，他们首次采用空间计量经济学的分析方法对清代粮价数据进行了研究，探讨了空间依赖性对地区粮价的形成和地区间贸易扩张模式的影响⑥。他们的研究利用了全局性空间自相关分析（global spatial autocorrelation analysis）、局域性空间自相关分析（local spatial autocorrelation analysis）、空间回归分析（spatial regression analysis）等在地理信息科学中常用的空间分析方法。其研究结果认为，地理因素决定了不同区域内贸易展开的可能范围的大小，主要受制于水路运输的可能性，分布在长江流域的市场其整合性最好；但是长距离贸易整合性好的市场，在短途贸易中整合性却不一定好，这些差异来自市场的地理位置及其最有效的贸易路线的差异，同时空间因素影响了贸易网络扩张的方向。

这一研究充分显示了空间分析方法在研究区域间贸易中的优势，更为清晰地展示了区间贸易模式的演变图景，在研究方法上具有极大的创新

---

① 如 Thomas G. Rawski, Lillian M. Li. *Chinese history in economic perspective*. Berkeley: University of California Press, 1992. 陈春声：《市场机制与社会变迁——18世纪广东米价分析》，北京：中国人民大学出版社，2010年。[美] 马立博：《虎、米、丝、泥：帝制晚期华南的环境与经济》，王玉茹、关永强译，南京：江苏人民出版社，2011年。[美] 李中清：《中国西南边疆的社会经济：1250—1850》，林文勋、秦树才译，北京：人民出版社，2012年。
② 吴承明：《利用粮价变动研究清代的市场整合》，《中国经济史研究》，1996年第2期，第90—96页。
③ 王业键、黄莹珏：《清中叶东南沿海的粮食作物分布、粮食供需及粮价分析》，《中央研究院历史语言研究所集刊》，70卷2期，第35页。陈春声：《清代中叶岭南区域市场的整合——米价动态的数理分析》，《中国经济史研究》，1993年第2期，第99—106页。
④ Lillian M. Li, "Integration and Disintegration in North China's Grain Markets, 1738-1911", *The Journal of Economic History*, 2000 (03): 665-699.
⑤ Carol H. Shiue, Wolfgang Keller, "Markets in China and Europe on the Eve of the Industrial Revolution", *The American Economic Review*, 2007 (4): 1189-1216. 颜色、刘丛：《18世纪中国南方市场整合程度的比较——利用清代粮价数据的研究》，《经济研究》，2011年第12期，第124—137页。冯颖杰：《"裁厘改统"与民国时期市场整合——基于上海、芜湖、天津三地粮价的探讨》，《经济学（季刊）》，2012年第1期，第83—114页。
⑥ Keller, W. and C. H. Shiue, "The origin of spatial interaction", *Journal of Econometrics*, 2007. 140(1): 304-332.

性,为本研究提供了重要的参考作用。然而,随着近年来学术界对清代粮价问题的持续关注和研究的投入,清代粮价问题的研究条件较之前已经大为改善,在数据和研究方法上均有新的进展的条件下,可以进行更为深入的研究。以此观之,凯勒和薛华的研究仍有值得完善之处,有待进一步的研究。

首先,在粮价数据使用方面可以改进。近年来,学术界在清代粮价数据的收集和整理方面较过去有了重大的进展,现在学界可利用的粮价数据的规模和完整性,较之前人均有巨大的超越。与此同时,学界对粮价数据产生的制度背景的认识也逐步走向深入,如对于如何利用粮价数据,以及在利用粮价数据时应注意的数据质量问题等,均较之前有了更为科学的认识[①]。凯勒和薛华的研究利用的是二月和八月两个单独月份的粮价数据来代表全年的价格,且未注意到每月粮价高价和低价的含义,因而导致其所利用的粮价数据可能并不能代表一府的平均水平,而且忽视了粮价的季节性变化,会给研究结果造成一定的偏差。因此,有必要对之前的研究在利用数据中的问题进行纠正,在对数据进行更为准确利用的前提条件下重新进行研究,才能得到更为科学的结论。

其次,在研究的时空范围方面可以改进。一方面,凯勒和薛华的研究,所涉空间范围主要包括南方大米区的 10 个省的 121 个府,这是限于当时的研究条件,他们收集的粮价数据未能完整地覆盖北方小麦产区的主要省份,因此未能对具有巨大地理差异的中国南北方市场进行比较研究,而此前的研究均指出地理因素在粮食市场中的重要性。此外对南方大米市场的研究范围也未能包括在粮食生产和贸易中具有重要地位的四川地区,缺少四川地区的粮食市场分析将影响到对全局性粮食市场的评估。另一方面,他们的研究在时间上的覆盖范围是 1742～1795 年,未能将研究时段延展到 19 世纪,而 18 世纪末至 19 世纪初被认为是中国经济出现剧烈变动的年代,因而对这一时期粮食市场变迁进行更长时段的研究就显得尤为重要。同时,1796～1820 年的粮价数据质量满足研究的要求,因此本书将把研究时段延展到 1820 年。总之,对更大的空间范围和更长时段的研究,将有利于我们更加全面地认识清代粮食市场时空变迁的动态过程。

最后,在研究方法上可以改进。GIS 空间分析方法在理论上的发展及相应的空间分析工具的开发为进行粮价的空间研究提供了保证。清代粮

[①] 王玉茹、罗畅:《清代粮价数据质量研究——以长江流域为中心》,《清史研究》,2013 年第 1 期,第 53—69 页。

价问题这一研究论题,在研究方法上一直都在不断地推陈出新。正是不断地借鉴和吸收其他学科的最新方法,使得这一研究问题虽然时间久远,却依然能够不停地涌现出新的研究成果。可以说,在粮价研究中每一次新的研究方法的引入,都会出现一批新的研究成果,新方法的引入极大地促进了粮价研究的进步。空间分析方法及相应的分析工具呈现出多样性,包括空间几何分析、空间统计分析等,因此本研究将采用更为多样的空间分析方法,对粮价空间属性进行多方位的探索,完善我们对粮价空间变化趋势的认识。

三、数据处理与研究方法

本书的研究数据来自清代粮价数据,时间跨度为 1738~1820 年,空间范围包括南方大米产区的 11 个省和北方小麦产区的 4 个省[①]。粮价数据的选取南方以大米价格为主,北方以小麦价格为主。清代粮价数据以府级行政区为单位分列,时间精确到月份,每月数据又分为高价和低价,分别代表该府内粮价最高和最低的县级单位的价格,因此采用高价和低价的平均值代表府的价格。同时考虑粮价的季节波动性较强,不能以某一个月份或某几个月份的价格来代表全年的价格,本书将采用年平均价格作为分析的数据,以此反映全年粮价的整体水平。

本书采用基于 GIS 的空间分析方法进行研究,为此采用 ArcGIS 9.3 软件对粮价数据进行管理和处理,建立了"粮价地理信息系统"(Grain Price Geographic Information System,GPGIS)。在对无空间属性的粮价数据进行空间分析前,首先,将粮价数据空间化,即将粮价数据作为属性数据(attribute data)与地理数据(geographic data)建立一一对应的联系,通过连接方式附属于地理数据的属性表,使得价格数据具备空间属性,这样使得价格数据置于地理空间坐标系中,完成粮价数据的空间化。其次,将两类数据整合后共同置于 GIS 环境中对数据进行存储、管理、处理,使其满足进行空间分析的数据要求。本书采用的地理数据来自 CHGIS 的 1820 年政区数据[②],在此基础上根据不同时期的府级政区设置略作调整,使其符合当时的政区设置以及粮价数据的完整性。

本书主要采用多种 GIS 空间分析方法进行粮价数据的研究。首先,是

[①] 南方十一个省份为广东、广西、贵州、四川、湖北、湖南、江西、安徽、江苏、浙江、福建,北方四省为河南、山东、山西、陕西,直隶因数据缺失严重未列入研究范围。

[②] 复旦大学历史地理研究中心:中国历史地理信息系统(CHGIS),http://yugong.fudan.edu.cn/views/chgis_download.php#1820list。

GIS 的地图分析功能。GIS 具有最基本的制图功能,以可视化的形式直接将事物的空间特性通过地图展示出来。通过空间数据和属性数据的连接,可以将地理要素及其属性数据的空间特征直观地以地图的方式展示出来,相对而言,专题地图以其直观的形式在展示事物的空间特性上要明显优于一般的统计图表。

其次,在地图分析的基础上,GIS 还具有进行空间几何分析的功能,可以利用坐标系统存储的空间位置信息对地理单元进行距离量算,以及将地理数据的属性数据作为加权值计算相应的空间分布模式和集中趋势。常用的空间几何分析方法包括空间分布的重心、中心以及标准差椭圆等,可以直观地展示地理要素的空间分布模式和集中趋势,并对其分布模式的变迁过程作出动态的分析。

最后,GIS 还具有最重要的分析功能,即空间统计分析的功能。空间统计分析方法与传统的经典统计学分析方法的区别在于,经典统计学只关注到事物的时间属性,无法关注其空间属性,而空间统计分析方法则认为地理要素的属性数据不仅具有时间上的相关性,还具有空间上的自相关性。经典统计学的基本假设是数据相互独立,而现实中事物总是相互关联的,其在空间上存在自相关性,即数据本身受到其周围数据的影响,且距离越近影响越大。空间事物的这些特性导致经典统计学对其进行分析的假设往往不成立,从而常常会对分析结果产生干扰,因此必须在分析中关注数据存在的空间依赖性、空间自相关性和空间相互作用等地理属性。

清代中国的粮食生产和消费结构具有很强的地域性,发达的粮食运销网络使得粮食的生产和消费地区呈现出明显的空间集聚性。相应地,粮食价格也具有很强的空间溢出效应和空间相互作用,粮价数据会表现出显著的空间依赖性和空间自相关性。因此,在粮价数据的分析上,空间统计学方法相较于基于时间序列原理的传统分析方法而言,应更具有优势。具体而言,本书将采用目前在空间统计学中应用最为广泛、最为成熟的探索性空间分析(Exploratory spatial Data Analysis,简称 ESDA)方法进行研究。探索性空间分析方法包括两种,分别是全局空间自相关分析和局部空间自相关分析。下面分别介绍空间几何分析方法、空间自相关分析方法的原理以及与之相关的空间权重矩阵的定义方法。

(一)地理分布的几何分析方法

平均中心(mean center)是将研究区域中所有地理要素的 x 坐标和 y 坐标以属性数据进行加权后的平均值。平均中心的计算原理比较简单,但却可以非常直观地表示带有属性数据的地理要素分布的集中趋势,也可用于比较要素在不同时期的集中趋势以判断空间分布的变化过程,是一种常用的空间分布变化趋势的表现方法。

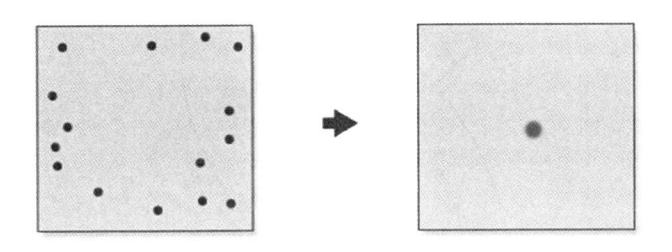

图 5-1 平均中心原理

图片来源:http://resources.arcgis.com/zh-cn/help/main/10.1/index.html#/na/005p0000001s000000/。

标准差椭圆(standard deviational ellipse,SDE)是在标准距离圆的基础上提出来的新方法,是用来分析空间分布趋势的一种新方法,包括中心趋势、离散趋势和方向趋势。标准距离圆可以用来表示空间分布的离散趋势,但这种方法是把地理要素看作均质分布的现象,然而地理现象往往是呈非均质分布的,显然这种方法的前提假设是违背地理现象分布特征的。因而,针对地理现象的非均质分布特征,标准差椭圆在标准距离圆的基础上做出改进。

具体而言,标准差椭圆包括椭圆中心、长轴、短轴和偏向角几个要素参数。标准差椭圆以地理要素空间分布的平均中心为椭圆中心,分别计算在 x 轴和 y 轴方向上的标准差,分别定义为标准差椭圆的长轴和短轴,通过对标准差椭圆的判读,可以判断地理要素的空间分布是否具有特定的方向性。长轴表示地理要素在主趋势方向上的离散程度,短轴表示地理要素在次趋势方向上的离散程度,偏向角表示地理要素空间分布的主要趋势方向。

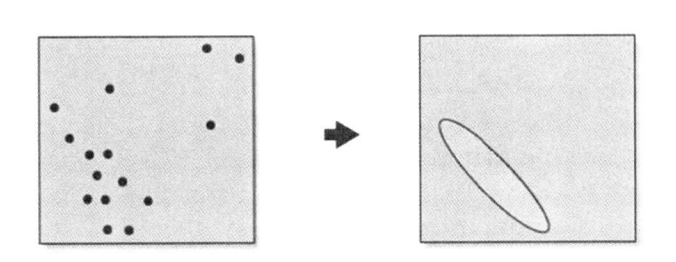

图 5-2 标准差椭圆原理

图片来源:http://resources.arcgis.com/zh-cn/help/main/10.1/index.html#/na/005p00000016000000/。

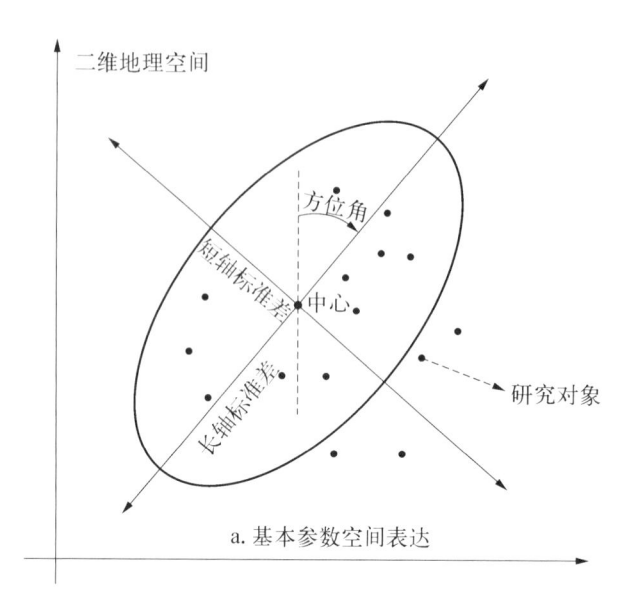

[图：标准差椭圆的参数，含二维地理空间、方位角、短轴标准差、长轴标准差、中心、研究对象等标注，a. 基本参数空间表达]

图 5-3　标准差椭圆的参数

图片来源：赵璐、赵作权：《基于特征椭圆的中国经济空间分异研究》，《地理科学》，2014 年第 8 期，第 979—986 页。

（二）空间权重矩阵

空间自相关分析的前提是定义空间接近性，空间接近性是对空间关系中"距离"的一种测度，用于测度一个地理单元受到周围地理单元影响的程度。一般用空间权重矩阵 W_{ij} 来表示地理单元之间的空间接近性。目前对空间接近性的定义有两种，一为基于距离的空间接近性，二为基于边界的空间接近性。

基于距离的空间接近性，即以地理单元和周围地理单元之间的实际空间距离的大小作为标准来定义空间接近性。一般使用距离的某种形式来定义具体的权重，如以距离的倒数为权重，或以距离平方的倒数为权重，或以距离阈值定义权重（在某阈值范围内定义为 1，阈值以外定义为 0），也可以定义一个距离的函数为权重。分别如下表示：

- $W_{ij} = \dfrac{1}{d}$，以距离的倒数为权重；

- $W_{ij} = \dfrac{1}{d^2}$，以距离平方的倒数为权重；

- $W_{ij} = \begin{cases} 1, \text{在阈值范围内} \\ 0, \text{在阈值范围外} \end{cases}$，以距离阈值定义权重；

- $W_{ij} = f(d)$，以距离的函数为权重。

基于边界的空间接近性，即以地理单元之间有共同边界定义为邻接，反之则定义为没有接近性。如果两个地理单元存在共同边界,则定义权重为1,反之则为0。基于空间邻接关系定义权重有两种形式,分别为基于多边形的Rook邻接(rook continuity)和Queen邻接(queen continuity)两种,简称R邻接和Q邻接。R邻接也称边邻接,指两个多边形有一段共同边界;Q邻接也称广义邻接,指两个多边形有共同边或共同点。

$$W_{ij} = \begin{cases} 1, \text{邻接} \\ 0, \text{不邻接} \end{cases}$$

（三）全局性空间自相关分析

全局性空间自相关分析可以描述不同区域之间在整体上的空间分布模式,探测地理要素属性值分布的空间自相关性和集聚性,空间自相关性越高表示集聚性越高。一般采用Moran's I 指数来表示全局性空间自相关性,其计算方法如下:

$$\text{Moran's I} = \frac{\sum_{i=1}^{n}\sum_{j=1}^{n}W_{ij}(X_i-\overline{X})(X_j-\overline{X})}{S^2\sum_{i=1}^{n}\sum_{j=1}^{n}W_{ij}}$$

其中,$S^2 = \frac{1}{n}\sum_{i}^{n}(X_i-\overline{X})^2$;$\overline{X} = \frac{1}{n}\sum_{i}^{n}X_i$;其中$n$为空间单元的数量,$X_i$和$X_j$分别表示属性$X$在地理单元$i$、$j$中的数值,$W_{ij}$表示空间权重矩阵。Moran指数的取值范围为-1到1之间,负数代表呈现相异性属性的空间集聚现象,即数值高的地理单元和数值低的地理单元集聚在一起(高—低集聚),越接近-1表示相异性自相关性越明显;正数代表相似性属性的空间集聚现象,即数值高(低)的地理单元和数值高(低)的地理单元集聚在一起(高—高,低—低集聚),越接近1表示空间自相关性越强;接近0则表示不存在明显的空间自相关性,属性值呈现随机分布的特征。

对于全局空间自相关系数可以用标准化统计量z来检验去显著性水平,并用相应的正态分布函数来检验。其公式如下:

$$z = \frac{I - E(I)}{\sqrt{\text{var}(I)}}$$

其中,$E(I)$为I的期望值,

$$\text{var}(I) = \frac{n^2(n-1)S_1 - n(n-1)S_2 + 2(N-2)S_0^2}{(n+1)(n-1)S_0}$$

$$S_0 = \sum_{i}^{n}\sum_{j \neq i}^{n}W_{ij}$$

$$S_1 = \frac{\sum_{i}^{n} \sum_{j \neq i}^{n} (w_{ij} + w_{ij})^2}{2}$$

$$S_0 = \sum_{k}^{n} \left(\sum_{i}^{n} w_{ij} + \sum_{j}^{n} w_{ij} \right)^2$$

（四）局部性空间自相关分析

全局性空间自相关分析只能观察全部地理单元空间分布的整体集聚水平，难以识别出局部的空间关联模式的差异性，特别是地理单元的空间集聚特征及其区域内部差异性，因此还需要利用局部性空间自相关分析来探测是否存在局部地区的空间集聚现象，弥补全局性空间自相关分析的局限，更全面地认识地理现象的异质性及其空间分布特征。

局部性的空间关联模式可以分为四种类型：一为"高—高"型关联，即属性值高于均值的空间单元被属性值高于均值的领域所包围，也称为热点区；二为"低—低"型关联，即属性值低于均值的空间单元被属性值低于均值的领域所包围，也称为冷点区；三为"高—低"型关联，即属性值高于均值的空间单元被属性值低于均值的领域所包围；四为"低—高"型关联，即属性值低于均值的空间单元被属性值高于均值的领域所包围。"高—高"型和"低—低"型关联属于正的空间关联，"高—低"型和"低—高"型属于负的空间关联。热点区和冷点区的范围越大，正的空间关联越多，则全局性空间自相关性越强；反之，负的空间关联越多，全局性空间自相关性越弱。

本研究的冷热点分析工具使用 Getis-Ord G_i^* 统计量来检测局部区域的地理单元是否存在高值或低值的集聚现象，识别具有统计显著性的热点区（高值集聚）和冷点区（低值集聚）。局部性空间自相关分析的 Getis-Ord G_i^* 统计量，计算方法为：

$$G_i^* = \frac{\sum_{j=1}^{n} W_{i,j} X_j - \overline{X} \sum_{j=1}^{n} W_{i,j}}{S \sqrt{\frac{\left[n \sum_{j=1}^{n} W_{i,j}^2 - \left(\sum_{j=1}^{n} W_{i,j} \right)^2 \right]}{n-1}}}$$

G_i^* 统计量就是 z 得分。对于具有显著统计学意义的正的 z 得分，表明位置 i 周围的数值都是高值，且 z 得分越高，高值热点的聚类就越紧密，聚集区就是热点区域。对于统计学上的显著性负 z 得分，表明位置 i 周围的数值都是低值，且 z 得分越低，低值（冷点）的聚类就越紧密，聚集区就是冷点区域。

以上即本书将使用的空间统计方法的原理,空间数据处理、空间权重矩阵的生成和全局性及局部性空间自相关系数的计算,均可在 ArcGIS9.3 和 Geoda 软件中实现。

四、清代粮价的空间溢出效应及其演变

(一)地理分布的几何分析

1. 平均中心

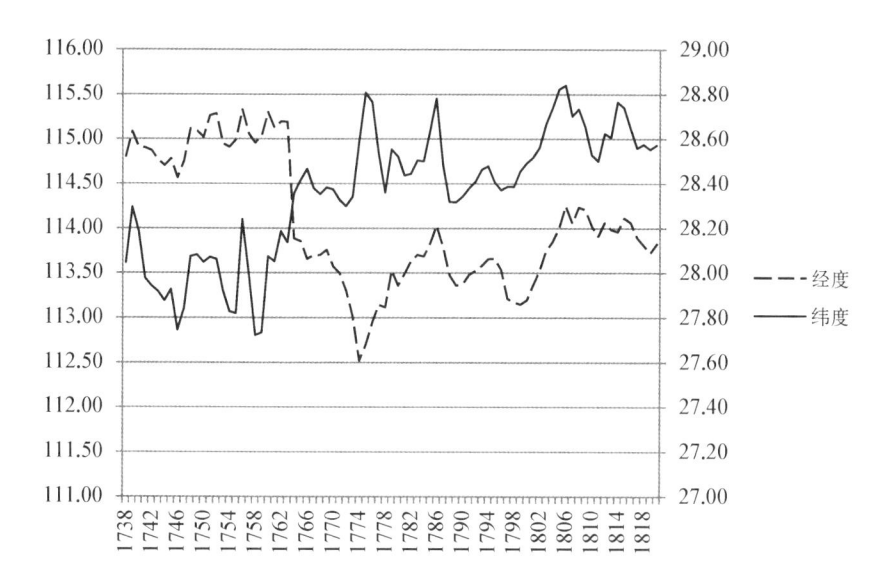

图 5-4　大米价格分布的平均中心点经纬度坐标

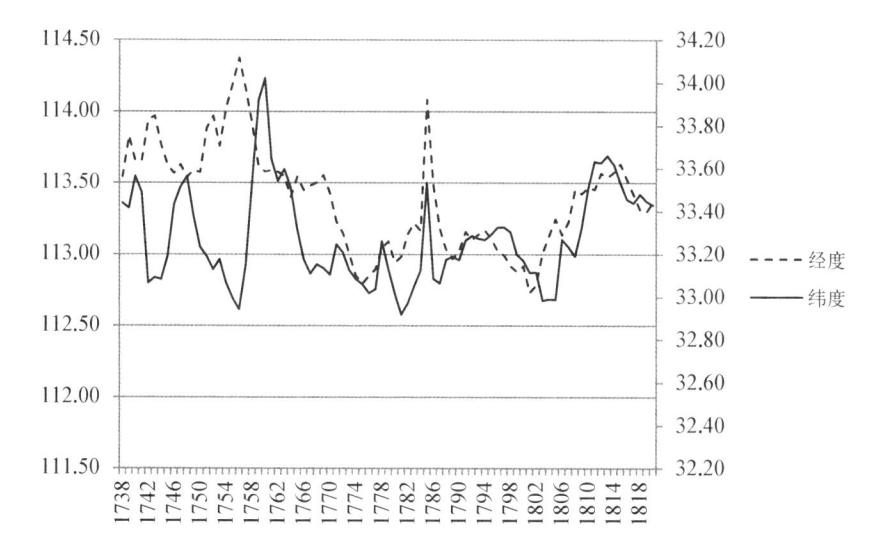

图 5-5　小麦价格分布的平均中心点经纬度坐标

由图 5-4、5-5 可知，大米市场和小麦市场价格分布中心点的具体位置基本与地理中心点接近。其中大米价格的分布中心点在江西西部和湖南东北部的两省邻界处，小麦价格的分布中心点在河南南部。但若比较价格中心点和地理中心点可发现，大米价格中心点较地理中心点向东有一定的偏离，小麦价格中心点较地理中心点有向北的偏离。因为价格中心点实际上是由地理中心点经过价格数据加权后的结果，价格中心点和地理中心点的偏离就说明价格分布存在地理偏向，即大米价格呈现东高西低，小麦价格呈现北高南低的空间分布格局。

再看价格空间分布的中心点的位置移动及变化趋势。大米价格分布的平均中心点的经纬度坐标变化趋势，在 1738～1820 年间前期经度坐标减小，纬度坐标增大，即说明大米价格分布的中心点的位置出现了向西北方向的转移趋势，这意味着大米价格东高西低的分布格局出现了减弱的趋势。小麦价分布的平均中心点的经纬度坐标变化趋势，前一时期是经度和纬度同时减小，即表示中心点发生了向西南方向的转移，后一时期是经度和纬度同时增大，表示中心点发生了向东北方向的转移。

2. 标准差椭圆

标准差椭圆的特征也反映了粮价空间分布的模式，以下分别从长轴、短轴和偏向角三个指标加以分析，同时将标准差椭圆的中心与地理上的几何中心作比较，以分辨粮价空间分布的基本格局。大米价格分布的中心点发生过向西北方向的移动，标准差椭圆长轴始终以 x 轴为主方向，以 y 轴为次方向，方位角呈东北—西南走向，方位角发生过一次较大的变化，向东南方向偏移，但仅发生偏移而未改变主方向。小麦价格分布的中心点发生了先向西南后向东北方向的移动，标准差椭圆长轴和短轴在 1770 年时发生了一次转换，随之方位角也发生了一次大的变换，椭圆主方向由西北—东南走向转变为东北—西南走向。从长、短轴之间的距离差来看，大米价格的长短轴之间的差距要远远高于小麦价格的长短轴差距，小麦价格分布的标准椭圆长短轴几乎非常接近。这说明大米价格空间分布呈现较强的方向性，在其主方向（主要是东—西向）上价格呈现较大的地区差异，而小麦价格空间分布的方向性差异不明显。

（二）全局性空间自相关分析

全局性空间自相关分析可以探测地理现象在空间分布模式上的整体情况，其分析结果可用来判断地理要素分布的非随机性，非随机性表示地理现象存在空间自相关性和空间集聚性。由于地理现象与空间尺度关系密切，在不同的空间尺度下，地理现象的分布格局会呈现不同的模式。因此，本书将

表 5-1　大米价格分布标准差椭圆参数

年代	中心 x 坐标	中心 y 坐标	x 轴标准差（米）	y 轴标准差（米）	方位角（度）
1740	884 172.87	3 125 359.91	374 245.31	701 265.05	56.92
1750	895 457.77	3 110 233.99	381 765.36	699 245.79	55.09
1760	922 636.22	3 114 040.01	372 167.89	694 670.29	54.23
1770	752 131.04	3 142 575.82	470 391.21	763 042.92	78.67
1780	730 921.90	3 158 435.44	484 536.45	769 325.03	81.74
1790	733 034.28	3 138 659.18	486 273.20	753 314.24	81.10
1800	715 114.04	3 154 870.63	467 286.43	731 513.82	81.16
1810	796 637.74	3 160 781.46	463 286.23	724 975.23	75.74
1820	776 200.14	3 165 137.06	466 962.14	728 534.30	75.82

表 5-2　小麦价格分布标准差椭圆参数

年代	中心 x 坐标	中心 y 坐标	x 轴标准差（米）	y 轴标准差（米）	方位角（度）
1740	746 365.73	3 718 494.75	597 493.49	541 252.94	162.43
1750	739 939.69	3 681 782.45	582 780.43	541 836.49	152.04
1760	738 254.61	3 769 122.87	595 329.20	490 484.06	157.86
1770	726 502.72	3 667 086.97	556 944.53	586 888.70	72.07
1780	681 679.66	3 656 386.71	553 097.27	615 121.71	75.24
1790	688 758.53	3 673 850.69	566 789.37	603 186.74	65.36
1800	678 998.24	3 673 383.70	547 127.86	600 004.12	69.02
1810	729 384.11	3 711 536.88	544 236.58	585 186.19	75.37
1820	720 127.11	3 702 876.39	546 351.14	595 202.29	73.97

设置多种不同的空间权重矩阵，基于距离的空间权重分别定义为 100 千米、200 千米、300 千米、400 千米、500 千米等不同尺度，可以比较空间自相关性

随空间尺度变化的变动趋势,探测距离对空间溢出效应的影响程度。

本书接下来将比较大米市场和小麦市场的空间自相关性,并分别对两种粮食市场空间自相关性随时间的变化趋势作出分析。其后,将对不同空间尺度下以不同空间权重矩阵计算的自相关性进行比较,这样可以根据价格的空间相互作用随距离的变化趋势,来探测价格发生空间相互作用的最强距离,以此来探测清代各地之间进行粮食贸易的最佳距离。

在 Geoda 软件中分别计算大米市场和小麦市场 1738~1820 年间逐年的空间自相关系数 Moran's I 指数(以 200 km 为空间权重矩阵的距离范围),计算结果显示 1738~1820 年间的 Moran's I 指数均通过了显著性检验,表明该时期内清代的粮价空间分布呈现显著的空间自相关特征。粮食价格出现了显著的空间集聚性,粮价高的地区趋向于和粮价高的地区集聚,粮价低的地区趋向于和粮价低的地区集聚。具体结果如图 5-6 所示:

图 5-6 大米和小麦价格空间自相关系数(1738~1820 年)

注:以 200 km 为权重距离范围。

第一,对大米市场和小麦市场的粮价空间分布模式进行比较。我们发现,两者的空间自相关系数在整个研究时段内,整体变动趋势基本保持一致。在大部分的时间内,两者并没有出现明显的差异性,尤其是前三十年(1738~1768 年)两者非常接近。其后的时期内,逐渐出现较大的差异性,大米市场和小麦市场交替出现高于对方的现象。

第二,比较粮价分布空间自相关性随时间的变化趋势。由图 5-6 可见,大米市场和小麦市场的价格空间自相关性在研究时段内,整体趋势是逐渐下降的,在乾隆朝前期的三十年左右(1738~1768 年),空间自相关性保持在较高水平上,空间自相关系数基本保持在 0.7~0.8 左右,偶尔出现一两个年份极低的情况,这一时期的空间自相关系数比较平稳,年际波动性不大;随后,在乾隆朝后期的 30 年,即 18 世纪后期直至 19 世纪初年,粮价的空间自相关系数急剧下降到很低的水平,大多数年份的空间自相关系数降到 0.4~0.6 之间,较前一时期有了大幅的降低,且在这一时期空间自相关系数显得极不稳定,波动性加剧,出现了几次剧烈的年际变化;进入 19 世纪后这一趋势得到改善,空间自相关系数逐渐回升到较高水平上来,再次与 18 世纪前半期的水平相当。

根据学界对清代粮食贸易的研究,我们发现粮食价格的空间自相关性和粮食贸易活跃程度呈现一定的相关性。伴随粮食贸易活动的萎缩,粮食价格的空间相互作用也在减弱。范毅军运用国内关税数量的变化研究明至清中期的国内贸易的变化趋势,对沿运河、沿长江、沿海三组榷关的税收进行比较,发现国内贸易量在乾隆中期达到顶峰,从乾隆后期开始沿运河、沿长江的贸易逐渐衰退,在嘉庆时期则出现全面衰退[1]。邓亦兵研究了清代前中期内陆地区的粮食贸易及粮食运销量的变化趋势,表明沿长江、沿运河的粮食运输量在乾隆以前是上升的,在乾隆以后则出现下降趋势[2]。廖声丰的研究也显示乾嘉之际沿运河各关税收数量开始下降,南北之间的粮食运销出现了衰退,并且从自然灾害、运道不畅及南北粮价差异的角度对这一现象进行了解释[3]。长江沿线和运河沿线的粮食运输到苏州浒墅关集中,浒墅关的税收中粮食税约占一半左右,范毅军和廖声丰的研究均表明浒墅关的税收在乾隆后期即开始下滑,嘉庆年间的税收数量更是大大低于乾隆时期[4]。苏州是当时全国最重要的粮食集散中心,其粮食贸易量的下降具有重要的标志性意义,反映了长江流域以及运河沿线粮食贸易的萎缩趋势。可见,粮价的空间分布格局与地区间的粮食贸易之间是相互影响的。随着贸易的发生,地区间的供求关系逐渐发生变化,最后粮价的地区差异也会随之降低。地区间粮食差价明显时,粮价的空间集聚性越强,地区间的粮食贸易越容易发生;反之,地区

---

[1] Fan I-chun, *Long-distance trade and market integration in the Ming-Ching Period 1400-1850*. Thesis (Ph.D), Stanford University, 1993, p.130.

[2] 邓亦兵:《清代前期内陆粮食运输量及变化趋势——关于清代粮食运输研究之二》,《中国经济史研究》,1994 年第 3 期,第 82—94 页。

[3] 廖声丰:《浅论清代前期运河地区的商品流通——以运河榷关税收考察为中心》,《中国经济史研究》,2014 年第 1 期,第 40—51 页。

[4] Fan I-chun, *Long-distance trade and market integration in the Ming-Ching Period 1400-1850*. Thesis (Ph.D), Stanford University, 1993, p.133. 廖声丰:《清代常关与区域经济研究》,北京:人民出版社,2010 年,附表十一,第 356—362 页。

间差价较小时,粮价的空间集聚性不明显,贩运粮食的利润太少,粮食运销活动则会减少,贸易量随之降低。因此,粮价的空间自相关性强弱在一定程度上也可以反映粮食贸易活动的兴衰。

第三,对不同空间尺度下的空间自相关性进行比较,探索区域间粮食贸易对距离的敏感度。为此,本研究分别选取 100 千米~500 千米不等的距离来定义不同的空间权重矩阵,比较各种距离权重下空间自相关系数的变动规律。

图 5-7 不同空间尺度下大米市场的空间自相关系数

图 5-8 不同空间尺度下小麦市场的空间自相关系数

从图5-7、5-8两图中我们发现以下几点特征。

第一，在不同的距离权重下，空间自相关系数呈现一定的规律性。在多个距离权重矩阵计算结果中，以200千米权重下的空间自相关系数最高，其后空间自相关系数随空间权重的距离增大而呈现递减的趋势，即空间权重的距离越大，空间自相关系数越小。这一结果就说明，以200千米为距离计算的空间权重得到的价格空间自相关系数最大，表示200千米可能是当时进行粮食贸易最为活跃的距离，在这个距离范围内各地的粮食价格的空间溢出效应最显著，价格在空间上的相互作用最强，也说明在这一距离下进行粮食贸易活动的程度最高。而大米市场和小麦市场均以200千米距离下的空间自相关系数为最高，也说明大米市场和小麦市场在贸易的空间范围上并没有表现出很大的差异性。

需要指出的是，粮价空间自相关系数并不以100千米，而是以200千米为空间权重距离为最大，应该是由本研究选取的粮价数据特性决定的。因为本研究分析清代粮价数据的基本地理单元是以府级政区进行的，一般来说大部分府级政区的中心点之间的距离都在200千米左右，这就导致以100千米为空间权重距离计算的结果只能包括少部分幅员较小、间距较短的府，大部分的府都未纳入计算范围，所得空间自相关系数偏小。而在200千米以上的空间权重距离下，空间距离越大，粮价的空间自相关系数越小，粮价的空间自相关性随着距离的增加而减弱，即粮价的空间相互作用符合距离衰减规律。这就说明价格信号的传导确实在清代粮食贸易中发挥了作用，并且这种价格信号的传导机制在距离越短时发挥的效率越高，可以说清代粮食的长途贸易也是建立在大量的短距离贸易的基础上的，并且依靠一套具有连续性的价格传导机制在发挥调节作用。

第二，在不同距离下计算的空间权重得到的空间自相关系数的差异性，大米市场比小麦市场随距离的波动性要小。这一特点在图中曲线形态上的表现即是，大米市场的100千米～500千米曲线要比小麦市场的曲线排列更加紧密，曲线之间的间隙要小很多。这就表明大米市场空间自相关系数随距离变化的幅度比小麦市场要小，说明距离变化对小麦市场的空间自相关性的影响要大于大米市场。

小麦市场对贸易距离的敏感程度要高于大米市场，随着距离的增加，小麦市场的空间自相关性比大米市场下降得更快。为了更好地说明这一问题，这里可以通过对某些年份（选取1750年和1780年）设定不同距离的空间权重，然后比较各个权重下的空间自相关系数随距离的变率来观察。如图5-9所示，100千米～1000千米内不同权重矩阵下的Moran's I的值与距离的关系（横轴为距离，纵轴为Moran's I值）。由图中曲线的斜率可以看出，大米价格的 Moran's I 值随距离增加而下降的斜率比小麦市场要小。这一现象可以从大米和小麦产销区域的运输效率差异程度来解释。大米的主要产区和运销区域都在南方，小麦的产区和运销区主要分布在北方，南方的水运系统较北方发达，运输效率更高。因而在相同的投入条件下，南方市场中大米能到达更远的距离进行贸易，价格在空间上的相互作用可以达到更远距离，因此大米价格的空间自相关系数对距离的弹性要低于小麦价格。

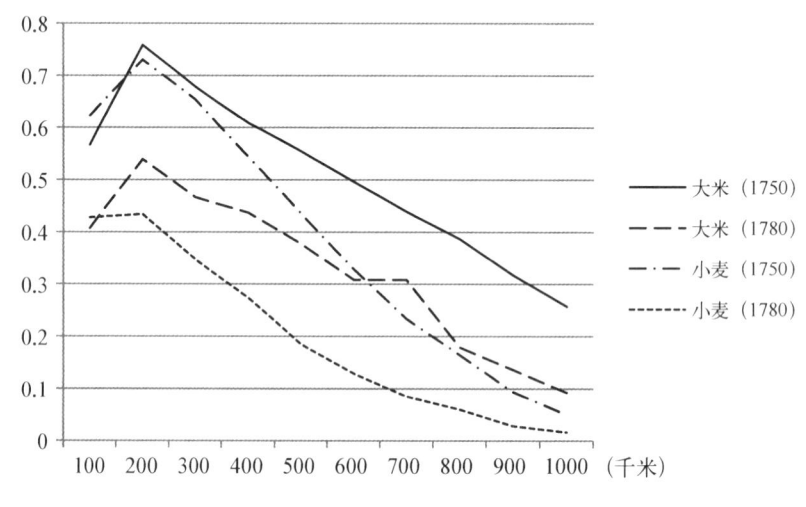

图 5-9　不同距离权重下的空间自相关系数

（三）局部性空间自相关分析

全局性空间自相关分析仅能对所有府的粮价空间自相关性做出宏观判断，不能很好地揭示粮价在局部区域的集聚性特征，因此还需要采用局部性空间自相关分析方法对以上数据做进一步分析。局部性空间集聚地图可以直观地展示各种空间冷点、热点的分布情况，用于探索粮价的空间关联模式及其分布区域，并清晰呈现出地理单元空间相互作用类型的区域特征。以下选取全局性空间自相关分析中 Moran's I 指数最高值、普通值及最低值的代表性年份，以粮价分布图和集聚地图分析其局部性空间自相关模式，以此来识别各种空间关联模式的冷热点区域的分布特征。大米市场选取的年份为 1806 年、1778 年、1797 年，其 Moran's I 由高到低分别为 0.728 0、0.317 9、0.144 7，小麦市场选取的年份为 1759 年、1781 年、1803 年，Moran's I 由高到低分别为 0.742 7、0.217 6、0.159 8[①]。

---

① 以上 6 个年份的粮价空间分布图和粮价冷热点分布图，详见余开亮：《清代粮价的空间溢出效应及其演变研究(1738—1820)》，《中国经济史研究》，2017 年第 5 期，第 24、26 页。

1. 大米市场

米价分布图,反映的是米价分布的基本空间格局;米价冷热点分布图,反映的是米价空间自相关性的局部性特征。1806年是粮价空间自相关性最强的年份,该年全局性空间自相关系数处于0.7280的高水平上。局部性空间相关性显著的地理单元数量较多,热点和冷点区域规模均较大。就具体区域而言,粮价分布"高—高"型空间关联的热点区域主要出现在长江下游地区,"低—低"型空间关联的冷点区域主要出现在长江上游、长江中游和西南地区,无论是热点区域还是冷点区域,均呈现大范围的连续性分布态势。这一粮价空间分布格局是与清代的粮食产销格局保持一致的。在清代,长江下游和东南沿海两大区域是粮食短缺的地区,粮价普遍较高,所以会出现"高—高"型空间分布的热点区域,成为高粮价集聚区。而"低—低"型的冷点区域分布于粮食的主产区,粮食剩余量大,在粮食贸易中处于供给地区,因此形成大规模连片的低粮价集聚区。大米的产销地区几乎未出现严重的旱涝灾害,粮价呈现正常年份的分布形格局,高粮价集聚区以长江下游为主,低粮价集聚区以长江上游及西南地区为主,且粮价具有明显的地区梯度差异,自西向东依次递增,具有很强的空间集聚性。

一般情况下,东高西低的格局是粮价空间分布的常态,然而区域性的自然灾害或社会动荡不时会将这种常态打破,出现西部的局部地区粮价高于东部地区的现象。在这种情况下,粮价的空间关联模式也将出现异常,相应地全局性空间自相关系数会降低,而局部性空间自相关的冷热点区域范围随之缩小,原有的粮价空间分布模式也会发生变化。

1778年属于粮价空间自相关性偏弱的年份,该年的全局性空间自相关系数为0.3179。局部性空间相关性显著的地理单元数量较少,冷点和热点区域的规模缩小。就具体的局部性区域而言,粮价的热点分布区域不再集中,长江上游、长江下游及华南的局部地区均有出现,呈散状分布且冷热点的规模均不大;冷点区域主要集中于湖南及贵州地区,规模也有所减小。据《中国近五百年旱涝分布图集》,[①]1778年的旱涝等级分布图显示长江上游、中游地区出现了大范围旱情,四川地区部分受灾府州的粮价明显高于周围府州,甚至达到高于长江下游和东南沿海地区的程度。总体而言,粮价空间分布不同于往年东高西低的格局。东部地区出现"高—高"型空间关联、西部地区出现"低—低"型空间关联的区域减小,且热点分布不集中,出现较多"高—低"

---

① 中央气象局气象科学研究院主编:《中国近五百年旱涝分布图集》,北京:地图出版社,1981年。

型和"低—高"型的空间关联,因而粮价分布的空间集聚性减弱。与此相应,该年的全局性空间自相关系数也降到较低水平上。

1797年是粮价空间自相关性最弱的年份,该年全局性空间自相关系数处于0.1447的低水平上。局部性空间相关性显著的地理单元数量最少,热点和冷点区域规模均较小。具体而言,"高—高"型热点区域不再分布于长江下游地区,而是转移到东南沿海的福建等地;"低—低"型冷点区域则集中在西南的贵州和广西范围内。据《中国近五百年旱涝分布图集》,1797年的旱涝等级分布图显示长江中游和西南的贵州等地区出现局部的偏旱区域,从粮价空间分布图可见,多地出现局部地区的粮价高于周围地区,四川西部、湖南西部和湖北中部等地的部分府州粮价都远远高出周围地区,粮价空间分布呈现碎片化格局,粮价的空间自相关性受到影响。从旱涝分布图来看,虽然该年的旱灾并不严重,受灾范围也不大,但这一时期发生的白莲教战争是造成粮价空间自相关性减弱的主要原因。

2. 小麦市场

由麦价分布图和麦价冷热点分布图,小麦市场的价格在空间自相关性强的年份,全局性空间自相关系数较大,大部分的地理单元都具有显著的空间相关性,且"高—高"型和"低—低"型集聚的地理单元占大多数,热点和冷点集中分布非常明显。由于长江流域粮食剩余较多,沿江的粮食运输非常活跃,加上沿运河运往北方的漕粮,小麦价格的空间分布呈现由南向北逐渐增高的趋势,形成北高南低、东高西低的基本格局,空间集聚性非常显著。北部和东部易于形成"高—高"型的热点集聚区,西部和南部易于形成"低—低"型的冷点集聚区。而当这一粮食产销格局被各种因素扰乱时,小麦价格的空间分布容易呈现破碎化的格局,价格高的区域随机性地出现在各个区域中,表现为较低的空间集聚性,冷点热点分布的区域表现不显著,且较多地出现"高—低"型和"低—高"型的空间关联,全局性空间自相关系数较小。

1759年,小麦价格空间自相关系数高达0.7427,空间自相关性处于较高水平,小麦价格的空间分布格局是北高南低、东高西低,呈现显著的空间地带性分布。冷热点区域大范围地出现,且区域性特征明显,北部为"高—高"型空间关联的热点区域,南部为"低—低"型空间关联的冷点区域,"高—高"型和"低—低"型集聚的地理单元占所有地理单元的比例很高,具有明显的空间集聚性,因而空间自相关系数较高。

1781年,小麦价格分布的空间自相关系数只有0.2176。根据《中国近五百年旱涝分布图集》,长江中游江西部分地区出现旱灾,山东、安徽和四川的部分地区出现涝灾,导致这些地区粮价高于周围,同时山西一直以来是高粮价地区,因此1781年小麦价格的空间分布图中出现了多处高粮价的突出地区,没有出现规律性的分布模式。北部的山西地区仍是"高—高"型集聚区,"低—低"型集聚区出现在湖北和湖南的部分地区。总体而言,空间自相关性不显著的地理单元占较高比例,"高—高"型和"低—低"型两种集聚类型的地理单元占所有地理单元的比例不高,"高—低"型和"低—高"型两类地理单元夹杂分布于其间。因此,1781年小麦价格分布的空间自相关系数的减弱,可以说是自然灾害导致的结果。

1803年,小麦价格空间自相关系数仅为0.1598,空间自相关性处于低水平。其格局没有表现出明显的空间地带性分布,而是呈现杂乱无章的碎片化分布,高粮价区域在多处零星分布,不具有规模性。从冷热点分布来说,局部性空间集聚的区域出现在北部,为"高—高"型空间关联;西部、南部的少数地区为"低—低"型空间关联。但总体而言,"高—高"型和"低—低"型集聚的地理单元占所有地理单元的比例不高,很大一部分的地理单元不具有显著的空间相关性,因此1803年小麦价格的空间集聚性很弱。据《中国近五百年旱涝分布图集》,该年并未出现明显的自然灾害,白莲教战乱恐怕是造成小麦价格空间自相关性严重减弱的原因。

五、本章小结

本章采用GIS空间分析方法对清代1738~1820年的大米和小麦市场的价格空间分布模式的演变及粮价空间溢出效应的演变进行了多角度的研究。我们发现清代粮价分布存在地理偏向,其空间分布的基本格局为:大米价格分布东高西低,小麦价格分布北高南低。这是由地区间的贸易分工所形成的粮食产销区域结构基本决定的,亦是由地理条件、种植结构、人口分布等因素共同作用形成的。

在全局性空间自相关分析中,我们发现大米价格和小麦价格的空间自相关性的总体趋势是先下降后回升。从乾隆朝中后期直至19世纪初年,粮价的空间自相关系数急剧下降到较低水平,且存在极不稳定的剧烈波动,这一时期的粮食贸易也开始萎缩,故粮食贸易萎缩也会在粮食价格的空间自相关性减弱上表现出来。距离变化对空间自相关性的影响具有规律性,空间自相关系数随空间权重距离的增大而呈现先增后减的趋势。但不同粮食品种的价格对距离的敏感度却不同,小麦价格空间自相关系数随距离变化的幅度比大米市场要大,说明小麦市场的空间相互作用对距离变化的敏感度要大于大米市场,小麦价格更易于受距离的影响。

本章还对清代粮价进行了局部性空间自相关分析,我们发现在空间自相关较强的年份,大米和小麦价格的空间分布均表现为常态化格局:大米价格东高西低,长江下游和东南沿海地区形成"高—高"型集聚的热点区域,长江上游、中游和西南地区形成"低—低"型集聚的冷点区域;小麦价格的空间自相关性强的年份,呈现北高南低、东高西低的特征,北部和东部易于形成"高—高"型集聚的热点区域,西部和南部易于形成"低—低"型集聚的冷点区域。区域性的自然灾害及社会动荡会打破粮价空间分布模式的常态,使全局性空间自相关系数降低,而且从其影响强度来看,社会动乱对粮价空间分布格局的影响要比自然灾害更为直接而深远。

清代粮食产销结构的地域性特征明显,各地区发挥自身的比较优势进行农业生产。长江下游、东南沿海及华南地区传统手工业及商业贸易发达,经济作物种植比例高,且发达的工商业城镇聚集了大量人口,导致这些地区成为巨大的粮食消费市场,长期缺粮的局面需要大量外粮的常年输入。而长江中上游地区的农业以粮食作物为主,人地关系不紧张,有大量的剩余粮食可供输出,这一粮食供需格局使长江流域产生了发达的粮食贸易网络。维持这种基于比较优势的地区间劳动分工和区域贸易,充足的粮食供给和顺畅的粮食贸易是经济增长的必要保证。粮食产销格局地域性结构的外在表现是粮食价格的空间分布模式,因而研究粮价空间分布模式及价格空间相互作用关系的演变对于理解区域分工和贸易也具有重要意义。从这个意义上来说,本研究从空间分析的角度对清代粮价进行分析,希望对于进一步深入认识清代粮食市场及粮食贸易的演变趋势有所帮助。

第六章 清代长江中下游地区分工模式的演变(1738～1820年)

一、"斯密型增长"及其极限

近年来发生在中国经济史研究领域的"加州学派"的"大分流"论和以黄宗智为代表的"内卷化"论之间的学术争论,是关于如何认识和评价明清时期中国经济发展道路的重大问题。两派学者争论的一个主要分歧点在于对明清经济发展水平的评价问题,即究竟是"内卷化"论者所持的"没有发展的增长"观点,还是"加州学派"所持的"有发展的增长"观点[①]。二者的分歧还在于明清时期中国经济增长的动力问题,"内卷化"论认为动力来自人口压力推动的商品化和市场化,"加州学派"认为明清时期中国经济的增长是基于比较优势的劳动分工、专业化生产和市场交换推动,即所谓的"斯密型动力"[②]。

然而,以上争论的双方对于明清时期的经济规模有所增长这一事实的认识是基本一致的。其一,无论是"加州学派"还是"内卷化"论都打破了此前学界对"明清停滞论"的传统认识,指出了明清时期经济规模有增长的历史事实,认为明清时期中国经济经历了广泛的商业化和市场化,由此带来市场规模的扩张和经济规模的增长,即明清经济增长和商品化经济的发展

[①] "内卷化"论见黄宗智:《华北的小农经济与社会变迁》,北京:中华书局,1986年;黄宗智:《长江三角洲小农家庭与乡村发展》,北京:中华书局,1992年。"大分流"论见彭慕兰:《大分流:欧洲、中国及现代世界经济的发展》,史建云译,南京:江苏人民出版社,2003年。此后双方论辩的系列文章见黄宗智:《发展还是内卷?十八世纪英国与中国——评彭慕兰〈大分流:欧洲、中国及现代世界经济的发展〉》,《历史研究》,2002年第4期,第149—176页;彭慕兰:《世界经济史中的近世江南:比较与综合观察——回应黄宗智先生》,《历史研究》,2003年第4期,第3—48页;黄宗智:《再论18世纪的英国与中国——答彭慕兰之反驳》,《中国经济史研究》,2004年第2期,第14—22页。

[②] 黄宗智将这种由高密度人口对土地的压力导致的"内卷化"和由市场需求推动的商品化相结合的现象称为"内卷型商品化",见黄宗智:《小农经济理论与"内卷化"及"去内卷化"》,《开放时代》,2020年第4期,第126—139页。

是同步的，在这一点上双方持有共同的观点。其二，这种与商业化和市场化现象伴随出现的经济增长模式，还不足以促使明清中国突破传统经济的瓶颈而走向近代经济成长，其演进的前路是中国依然无法摆脱传统经济增长的道路，是近代中国全面落后于西方的历史事实，这一点也是双方的一致认识。

为了更为清晰地认识中国传统时期和近代以来的经济发展道路，费维恺（Albert Feuerwerker）曾将前近代和近代时期的经济增长模式区分为三种类型："粗放型增长"（Extensive Growth）、"斯密型增长"（Smithian Growth）和"库兹涅茨型增长"（Kuznets Growth）。"粗放型增长"是一种前近代经济增长模式，"斯密型增长"和"库兹涅茨型增长"则是近代经济增长的两种模式，其中"斯密型增长"是在工业革命实现大规模生产之前的增长模式，"库兹涅茨型增长"是工业革命发生后经济实现快速且稳定增长的发展模式。具体为：（1）"粗放型增长"是一种前近代经济增长模式，经济总量随着人口数量同比例增长，而技术水平、劳动生产率和边际报酬保持不变甚至递减的增长模式；（2）"斯密型增长"是通过市场发挥比较优势，在劳动分工和专业化推动下实现经济总量的增长，但技术水平并没有得到实质性的突破，劳动生产率有所提高但受限于生产可能性边界的约束，其经济增长受限于市场规模和分工水平，边际报酬在一定阶段内有所提高，但达到一定水平后将保持不变，甚至有可能受制于人口压力和资源束缚而出现下降；（3）"库兹涅茨型增长"则是由技术突破和组织变革带来的近代经济增长模式，技术水平的提高突破了传统经济的生产可能性边界，劳动生产率有质的提高，边际报酬也有极大的增长，且能够保持长期稳定的经济增长[1]。

王国斌认为明清时期中国经济的增长模式是基于比较优势的市场交易、劳动分工和专业化生产带来的"斯密型增长"，商品化和市场化是驱动明清经济发展的重要推动力，这种模式与西欧近代早期（Early Modern）的经济增长具有同样的动力机制[2]。"斯密型增长"的核心动力机制是由劳动分工和专业化生产带来生产率的提高，地区劳动分工促进市场交换在广度和深度两方面发展，地区间的贸易和市场规模随之得到扩张，市场的扩张过程将持续至达到生产可能性边界而停止，而劳动分工受市场规模大小的限制，过程中经济增长与市场规模扩大是相辅相成的。

---

[1] Feuerwerker, A., "Presidential Address: Questions About China's Early Modern Economic History that I Wish I Could Answer", *The Journal of Asian Studies*, 1992, 51(4): 757-769.
[2] [美]王国斌：《转变的中国：历史变迁与欧洲经验的局限》，李伯重、连玲玲译，南京：江苏人民出版社，2008年，第6—29页。

第六章 清代长江中下游地区分工模式的演变(1738~1820年)

"斯密型增长"概念的引入,在一定程度上为"大分流"论和"内卷化"论之间在部分观点上的分歧提供了新的思考路径。在这一概念下,彭慕兰等学者认为"内卷化"是"斯密型增长"发展过程的后期才出现的一个特定阶段,即经济增长在达到生产可能性边界水平时进入的停滞阶段①。在"斯密型增长"的前期阶段,分工和专业化带来生产率的提高,市场交易和贸易规模在增长,人口和资源的束缚仍然较为宽松,市场规模仍然处于扩张的阶段,甚至边际劳动报酬水平还处在递增阶段;而进入后期的"内卷化"阶段后,人口和资源束缚变得紧张,边际劳动报酬出现下降,劳动分工和专业化对生产率的提升作用越来越小,市场规模开始停止扩张甚至出现萎缩。

"斯密型增长"概念的提出将"大分流"论和"内卷化"论者的部分观点纳入一个解释框架内,但随之而来我们仍需要回答的一个问题是:"斯密型增长"在何时达到其增长的极限?

关于这个问题,"大分流"论认为直到19世纪初期中西方经济才开始分道扬镳,18世纪的中国和工业革命前的欧洲的经济增长模式都是由基于"斯密的市场交换逻辑"的市场化动力推动的②;而黄宗智则认为中国经济在明清时期早已陷入"内卷化",生活水平长期停留于糊口水平,可以说中国在更早的时期即已走在了和西方不同的发展道路上。目前学界已从劳动生产率、人均收入水平、消费和生活水平、人口模式和经济发展动力等方面对此问题展开比较研究③。这些研究深入而具体,且多是集中于微观层面的实证分析,一些新的发现使国内外学界对这一重要问题的认识日渐深入,但围绕这一重要问题领域的争论却仍未止息。其中,对于"斯密型增长"中的重要问题——市场扩张现象的发展过程,仍未有实证研究加以系统探讨。

基于专业化、劳动分工和市场扩张的"斯密型"经济增长模式在何时达到其极限的问题,可以具体分解为两个问题:第一,"斯密型增长"的经济达到极限在经济史上有什么样的表现?第二,该如何定量地测度并判断达到极限的临界点?因此本章试图从市场发展的角度入手,以市场扩张作为"斯密型增长"的指征,把对"斯密型增长"的分析具体化为对市场扩张现象的分析,"斯密型增长"的极限即市场扩张的极限,通过分析市场扩张现象的阶段性过程,对"斯

---

① 参见关永强、张东刚:《"斯密型增长"——基于近代中国乡村工业的再评析》,《历史研究》,2017年第2期,第153—167页。
② [美]王国斌:《转变的中国:历史变迁与欧洲经验的局限》,李伯重、连玲玲译,南京:江苏人民出版社,2008年,第23页。
③ 除了前述彭慕兰和黄宗智的系列论辩文章外,马德斌的系列研究也对这些方面进行了比较研究,参见马德斌:《中国经济史的大分流与现代化:一种跨国比较视野》,徐毅、袁为鹏、乔士容译,杭州:浙江大学出版社,2020年。

密型增长"的动态发展过程以及何时达到其极限的问题作一个初步的探索。

本章将以长江中下游区域为研究范围,对"斯密型增长"问题进行分析。长江中下游地区是清代中国最重要的经济区域,也是"斯密型增长"特征表现最为典型的经济区域。以江南地区为核心的长江下游地区丝业、棉业发达,主要输出棉织品、丝织品等手工业制品,长江中游的两湖、江西地区则发展粮食种植业,向长江下游地区输出大量的剩余粮食。基于如上地区间的经济交流,18世纪时长江中下游的两大区域之间已经形成了典型的专业化生产格局和地区分工模式,长江下游地区输出劳动密集型的手工业商品,中游地区输出以粮食、木材等农产品原料为主的商品,两个区域发挥各自的比较优势,促成大量的地区间大宗商品交换和物资流动,成为明清时期最重要的国内远程贸易区域。远程贸易的发展带来市场规模的扩大和经济的增长,这是形成地区分工模式的前提。这一地区分工模式下,粮价的空间格局呈现梯度分布模式,在市场机制作用下从粮食输出地向输入地依次递增,从粮价空间分布格局的演变可以窥探地区分工模式和区域间经济关系的演变。因此,本章将以长江中下游地区的市场发展为分析对象,研究市场扩张和地区分工模式的演变,对这一典型区域的经济发展历程进行研究,将有助于我们对"斯密型增长"问题的深入认识。

二、清代的市场整合与地区分工

市场的扩张过程是市场机制发挥作用的范围的扩展过程,即市场整合范围的扩展过程,市场整合程度越高,市场效率就越高,市场能扩展的范围就越大。因此学界多从市场整合的角度来研究市场扩张问题。

对明清时期中国市场发展状况的研究,较早有吴承明对明清时期中国国内市场规模扩大的现象、程度及其性质进行的分析,揭示了明清时期中国国内市场规模明显扩大的历程,包括商运路线的增辟、新商业城镇的兴起、大宗商品长距离运销贸易的繁盛、商人组织和大商人资本的兴起等具体现象。重点讨论了粮、棉、丝、盐等主要贸易商品的种类和贸易路线的变化,指出明代以大运河为主要通道的南北向贸易转变为清代以长江沿线为主要通道的东西向贸易,并认为在鸦片战争以前中国市场结构的基本模式是"以粮食为基础、以布(以及盐)为主要对象的小生产者之间交换的市场模式"[1]。许檀将中国市场网络分为流通枢纽城市、中等商业城镇、农村集市三个层级,对明清时期城乡市场网络体系的形成和发展作了梳理,认为清代中叶时"在全国范围内已经形成一个涵盖广阔、运作自如的城、乡市场网络体系",市场机制在

---

[1] 吴承明:《中国的现代化:市场与社会》,北京:生活·读书·新知三联书店,2001年。

促进传统经济向市场经济的转化中发挥了主要的作用[1]。龙登高认为经过 11 世纪至 19 世纪的发展,中国传统时代的全国性统一市场已趋于形成[2]。李伯重提出在清代中期已经形成了一个整合良好的全国市场,并重新估计了 19 世纪初期全国市场中长途贸易的规模,进一步分析了全国市场的空间结构[3]。以上研究多以描述性史料为基础资料,以定性研究为主,定量研究主要集中在对主要贸易商品的流通量进行了估计。

对明清时期市场整合问题的研究,近年来亦出现定量化的趋势,多数研究以粮价数据为分析基础,从区域对比的角度进行横向比较分析。如薛华和凯勒对中西方市场整合程度进行的比较研究,发现 18 世纪时中国和西欧在市场整合程度上的差别并不明显,西欧最发达的英格兰地区才比中国的长三角地区市场整合程度要高,市场整合程度的提高和经济增长是同时发生的,因而认为市场表现是工业革命发生的必要而非充分条件[4]。颜色和刘丛的研究采用回归分析和协整分析方法,发现清代南方粮食市场的整合程度要高于北方,并对南北方粮食市场整合程度差异的原因进行了分析,认为南北方在河流分布上的差异影响了粮食市场的整合程度,相较于北方地区,南方地区的河流网络更为密集,在运输成本上具有优势,便于大宗商品的长距离运销,促进了市场整合[5]。

具体到清代长江流域的粮食市场的研究,因粮食在清代国内市场中是最重要的长途贸易商品,尤其以长江流域在粮食贸易中地位最为重要,学界对清代长江流域粮食市场的贸易量、流通格局、粮价变化和市场整合等问题都有较为充分的研究。早期有全汉昇和克劳斯对长江流域和东南沿海地区的米价差价进行的统计,从数量上分析了区域间存在的大规模的长距离粮食贸易,认为存在跨越区域的市场整合[6]。濮德培和王国斌对 18 世纪湖南省内的粮食市场进行定性和定量相结合的研究,通过对府内和府间粮食价格变动

---

[1] 许檀:《明清时期城乡市场网络体系的形成及意义》,《中国社会科学》,2000 年第 3 期,第 191—202 页。
[2] 龙登高:《中国传统市场的整合:11—19 世纪的历程》,《中国经济史研究》,1997 年第 2 期,第 13—20 页。
[3] 李伯重:《中国全国市场的形成,1500—1840 年》,《清华大学学报(哲学社会科学版)》,1999 年第 4 期,第 48—54 页;李伯重:《十九世纪初期中国全国市场:规模与空间结构》,《浙江学刊》,2010 年第 4 期,第 5—14 页。
[4] Shiue, C. H. and Keller, W., "Markets in China and Europe on the Eve of the Industrial Revolution", *The American Economic Review*, 2007, 97(4): 1189 - 1216.
[5] 颜色、刘丛:《18 世纪中国南方市场整合程度的比较——利用清代粮价数据的研究》,《经济研究》,2011 年第 12 期,第 124—137 页。
[6] Han-sheng, Chuan and Richard A. Kraus. *Mid-Ch'ing Rice Markets and Trade: An Essay in Price History*, Cambridge: Harvard University Press, 1975.

的分析,探讨了湖南省内不同区域的市场整合的差异性①。赵伟洪结合历史文献梳理和定量分析方法,研究了长江中游湘、鄂、赣三省粮食市场的跨区域流通空间格局,对长江中游地区江西和湖南两省的米粮市场的运销线路和区域市场整合情况进行了研究,探讨了长江中游地区粮食运销流通网络的空间格局与区域市场整合的关系②。

另一个与市场整合问题紧密相关的问题是,"斯密型增长"还涉及由专业化生产和地区分工所引起的地区间经济关系问题。清代长江中游和下游地区发挥各自的比较优势进行专业化生产,以长江、运河为主干的水路运输网络为运道,在地区分工基础上有大量的商品互相流通,使地区间形成了一种优势互补型的经济关系。明清时期的江南地区与其他区域间的贸易交流和经济联系非常显著,学界对这一经济史上的现象亦多有揭示。李伯重对长江下游的江南地区与外地经济联系进行的研究,主要从地区间商品流通的角度对江南地区和外地经济联系的加强及其对江南经济的影响进行了分析,认为江南地区利用地区分工体系,因地制宜调整产业结构,因此获得了经济发展的积极影响,但其他区域经济发展也对江南地区形成挑战,使原有分工体系变化而形成竞争关系,造成消极影响③。张海英以江南地区为中心,研究明清时期江南地区与全国其他区域的经济交流,认为江南在同各区域的经济交流中,互相开拓市场,共同促进了各地的商品经济活跃,体现了江南区域市场与全国市场密切的互动关系,江南地区在全国经济发展中具有积极影响,也面临其他区域的竞争和挑战④。张家炎从移民运动、地区开发和物质交流的角度对江汉平原与外地经济关系进行了分析,认为地处长江中游核心区域的江汉平原与周边区域乃至整个长江流域都具有非常紧密的关系,需要从更加宏观的区域视角去认识江汉平原区域内的经济、社会和环境变迁⑤。

---

① Roy Bin Wong, Peter C. Perdue, "Grain Markets and Food Supplies in Eighteenth-Century Hunan", In Thomas G. Rawski, Lillian M. Li, eds. *Chinese History in Economic Perspective*. Berkeley: University of California Press, 1992. pp.126-144.
② 赵伟洪:《清乾隆朝湖南省米谷流通与市场整合》,《中国经济史研究》,2015 年第 1 期,第 38—49 页;赵伟洪:《乾隆时期江西省米谷流通与市场整合》,《中国社会经济史研究》,2016 年第 4 期,第 52—64 页;赵伟洪:《乾隆时期长江中游米谷市场的空间格局》,《中国经济史研究》,2017 年第 4 期,第 37—55 页。
③ 李伯重:《明清江南与外地经济联系的加强及其对江南经济发展的影响》,《中国经济史研究》,1986 年第 2 期,第 117—134 页。
④ 张海英:《明清江南地区与其他区域的经济交流及影响》,《社会科学》,2003 年第 10 期,第 94—103 页;叶军、张海英:《清代江南与两湖地区的经济联系》,《江汉论坛》,2002 年第 1 期,第 13—17 页。
⑤ 张家炎:《移民运动、环境变迁与物质交流——清代及民国时期江汉平原与外地的关系》,《中国经济史研究》,2011 年第 1 期,第 57—66 页。

上述文献对清代中国的市场整合和地区分工模式的研究在研究视角、研究资料与研究方法方面均有推进,尤其是对于市场整合的中西方比较、地区分工模式的形成及其影响等问题已具有较为全面的认识。为进一步对此领域的问题有更深入的理解,本章将尝试在研究视角和方法等方面做出如下新的探索。

第一,既往研究对市场整合问题的分析,大多数采用相关系数、回归分析或协整分析法,这些方法在处理相关的数据时,仅将整个18~19世纪视为一个完整时段加以整体考察,忽视了其演变过程的阶段性特征,缺乏对其演变过程进行动态的分析和比较。如下文将看到的,清代的市场表现在18世纪前期、后期以及19世纪前期,有非常大的差异性,需要对不同时段的市场表现加以区分。为了对市场整合程度进行定量测度并进行跨时段的比较分析,在方法上将采用相对价格法进行研究。

第二,现有研究对地区分工模式和地区间经济关系的分析,主要从区域间的生产结构、商品流通和贸易模式等角度进行描述性的分析,较少从市场运行机制的核心要素——价格变动的角度进行分析。从价格变动的角度进行分析,一方面可以深入地探究推动地区间经济关系和分工模式变化的内在机制,另一方面可以从定量研究的角度对地区间经济关系和分工模式的演变进行实证检验。因此,本章将从地区间价格结构的角度对地区分工模式演变的机制进行探讨。

第三,既往研究在进行区域分析时,往往将研究区域以南方、北方作为一个整体来进行分析,或单纯研究长江中游、长江下游甚至更小的区域内部的市场整合和市场发展状况,很少从区域间的联动性和区域间的相互作用角度进行分析,尤其对于地区分工模式的研究,必须对区域间的价格互动和分工关系进行分析[1]。为此,本章将从价格的空间分布模式角度来揭示区域间的分工模式演变。

"斯密型增长"的动力来源于市场机制的推动,其中市场机制又以价格机制为核心在发挥重要的作用。本章将以价格变动为观察视角,从市场发

---

[1] 值得注意的是彭慕兰在其论著中多次提出要从"地区间互动"的角度对清代江南地区的经济发展道路进行分析的观点,但可惜并未对此进一步展开更加深入系统的实证分析。如彭慕兰指出应该"把经济发展看作地区间互动的结果,而不是始终寻找某种对一个具体地区内生的成功来说是具体的致命缺陷或关键的东西",又如他在讨论江南和其腹地的关系时指出,随着长江中上游和华北等腹地"人口日益稠密,经历了农业报酬递减并发展起更多的自己的原始工业,贸易条件确实向着明显不利于原始工业生产者的方向转变"。见彭慕兰:《大分流:欧洲、中国及现代世界经济的发展》,史建云译,南京:江苏人民出版社,2003年,中文版序言,第2、271页。

展的角度对明清时期市场扩张和地区分工模式演变问题进行分析。本章将以长江中下游区域为中心,通过分析价格变动在空间上的联动性和相互作用,探讨如下问题:第一,如果说"内卷化"是"斯密型增长"发展到一定阶段的表现,在斯密动力发挥作用的前期是市场扩张阶段,那么市场扩张达到极限的转折点发生在什么时候?可以采用什么指标来反映这一转折点的发生?第二,如何通过价格的变动来探究市场扩张过程的内在机制?第三,地区间相对价格变动与市场整合程度的变化对地区分工模式有何影响?

三、清代长江中下游区域的市场整合与地区分工

(一)市场整合:基于相对价格法的分析

市场整合代表市场的发育水平,良好的市场整合状况能够促进经济的分工水平和专业化水平,扩大市场规模,提高市场配置资源的效率,最终带来经济增长。因此,经济增长和市场规模的扩张,一般都伴随着市场整合的出现,市场整合的水平成为考察经济增长的一个重要方面。因价格数据较容易获取,价格分析法已经为学界普遍接受用来研究市场整合问题,利用价格数据构建评价指标来定量测度市场整合程度[1]。而本章需要探究清代长江中下游地区市场整合的动态变化过程及其阶段性特征,故采用学界较为常用的相对价格法来构建市场整合的测度指标。对本章的研究目标而言,相对价格法的优势在于:第一,更加突出了价格作为市场运行机制核心的思想;第二,相对价格法放宽了市场整合的限定条件;第三,可以刻画市场整合程度的动态变化过程,对市场整合程度进行跨时段、跨区域的比较研究。

图6-1是相对价格法测度清代长江中下游地区市场整合程度的分析结果[2]。从图6-1的市场分割指数可见长江中游和下游的市场整合程度的变迁过程,表现为以下特点:

第一,从1738~1820年的总体趋势来看,长江下游区域在大部分时间内,其市场分割指数都在1.0以下,且在整个时段内波动幅度不大,可以认为其市场整合程度长期稳定在较高的水平上。长江中游的市场整合程度在18世纪基本和下游地区保持在同一水平,但进入19世纪后两个区域开

---

[1] 桂琦寒、陈敏、陆铭等:《中国国内商品市场趋于分割还是整合:基于相对价格法的分析》,《世界经济》,2006年第2期,第20—30页。
[2] 关于利用相对价格法研究清代市场整合的数据处理和具体计算步骤,详见第四章第四节,此不赘述。

图 6-1　长江中游和下游地区的市场分割指数（1738～1820 年）

始走向不同的市场发展趋势，1800～1820 年间长江中游地区的整合程度持续下降到较低的水平。

第二，两个区域在 1738～1780 年间市场整合程度较好，处在整合程度较高的平稳阶段。1780～1796 年间，两个区域均出现一个持续的整合程度下降的趋势。1796～1820 年间，长江中游和下游市场整合程度出现分化趋势，中游地区分割程度继续升高，下游地区则整合程度越来越高，恢复到之前的整合程度水平上。长江中游 1780 年开始出现一个市场整合程度持续下降的长期过程；长江下游 1780～1796 年出现市场整合程度持续下降的趋势，而后 1796～1820 年出现一个持续升高的过程。

若从市场扩张的角度则可以认为，长江中下游整个区域在 1738～1780 年间市场呈现持续扩张的趋势；在 1780～1796 年间市场扩张趋势出现逆转，整体市场开始萎缩；此后的 1796～1820 年间，两地区呈现不同发展趋势，下游地区的市场开始恢复，维持原来的扩张趋势，中游地区的市场扩张则出现停滞甚至萎缩的趋势[1]。

---

[1] 这一结果与顾燕峰、龚启圣的研究结论一致，他们采用 Band-TAR 方法对长江中下游地区的市场整合程度进行测度，发现 1736 年至 1780 年代长江中下游地区市场处在不断的整合过程中，1780 年代后市场整合程度持续下降，直到太平天国运动爆发后长江中下游地区的市场整合程度才再次回升，并且认为清代中国的市场整合程度的下降主要是由于粮食输出地区的人口过快增长导致的。详见 Y. Gu and J. K. Kung, "Malthus Goes to China: The Effect of 'Positive Checks' on Grain Market Development, 1736-1910", *The Journal of Economic History*, 2021, pp.1-36.

（二）价格的空间自相关性：基于空间统计的分析

在清代，长江下游是需要输入外地粮食的缺粮地区，粮价普遍较高，从粮价的空间分布图来看，会出现高粮价集聚区，形成"高—高"型空间分布的热点区域。而"低—低"型的冷点区域分布于粮食主产区长江中游地区，粮食剩余量大，在粮食贸易中处于供给地位，因此形成大规模连片的低粮价集聚区。米粮产销的地区格局在未受到严重的旱涝自然灾害或社会战乱的干扰时，粮价呈现正常年份的分布格局，即高粮价集聚区以长江下游为主，低粮价集聚区以长江中游为主，且粮价具有明显的地区梯度差异，自西向东依次递增，具有很强的空间集聚性。

长江中游和下游地区的粮价空间分布模式，反映的是两大区域间的经济结构和地区分工模式。如前所述，作为粮食供给地和输出地的长江中游地区是低粮价区域，作为粮食需求区和输入地的长江下游地区是高粮价区域，是长江中下游经济结构长期发展的结果，以这一粮食供需关系为基础形成的地区间分工模式与西低东高的粮价空间分布格局是一体两面的。地区间分工模式越显著，则粮价的空间聚集性越显著，在统计上则粮价的空间自相关系数越高。反之，空间自相关系数越低，粮价的空间聚集性越不显著，地区间的分工模式也越弱。

当然，还需要区分粮价空间分布格局的短期变化和长期变迁。区域性的自然灾害或社会动荡会将这种价格空间分布的常态打破，出现西部的局部地区粮价高于东部地区的现象。在这种情况下，粮价的空间关联模式也将出现异常，相应地全局性空间自相关系数会降低，而局部性空间自相关的冷热点区域范围随之缩小，原有的粮价空间分布模式也会发生变化。

但是这种短期外部冲击对经济的影响具有其复杂性，需要结合历史事实进行具体分析。有些外部冲击的影响是短暂的，如历时较短的自然灾害或社会动乱，这类外部冲击波及空间范围有限，其影响较为轻微，经济很快能恢复到冲击前的状态。可以说这类外部冲击对经济结构的影响有限，粮价空间分布格局的变化也是短暂的。有些外部冲击对经济的影响则是长期而深远的，历时长久且波及范围广大的自然灾害或社会动乱，可能会对区域经济造成极大的破坏，这类外部冲击对地区间分工模式和经济结构将造成难以逆转的影响，粮价空间分布格局的改变将是长期而持久的。因此，本章将通过探索粮价空间分布格局的短期变化和长期变迁过程，对长江中游和下游地区分工模式的变迁进行分析。

本章采用全局性空间自相关分析，可以描述不同区域之间在整体上的空间分布模式,探测地理要素属性值分布的空间自相关性和集聚性,空间自相关性越高表示集聚程度越高,采用 Moran's I 指数来表示全局性空间自相关性[①]。

全局性空间自相关分析可以探测地理现象在空间分布模式上的整体情况,其分析结果可用来判断地理要素分布的集聚程度,表示地理现象是否存在空间自相关性和空间溢出效应的强弱。由于地理现象与空间尺度关系密切,在不同的空间尺度下,地理现象的分布格局会呈现不同的模式。因此,将设置多种不同的空间权重矩阵,基于距离的空间权重分别定义为 150 千米、200 千米、300 千米、400 千米等不同尺度,可以比较空间自相关性随空间尺度的变动趋势,探测距离对空间溢出效应的影响程度。图 6-2 为不同空间距离权重下的长江中下游地区粮价空间自相关系数,可见空间自相关系数随空间权重矩阵的距离增加而呈递减趋势。

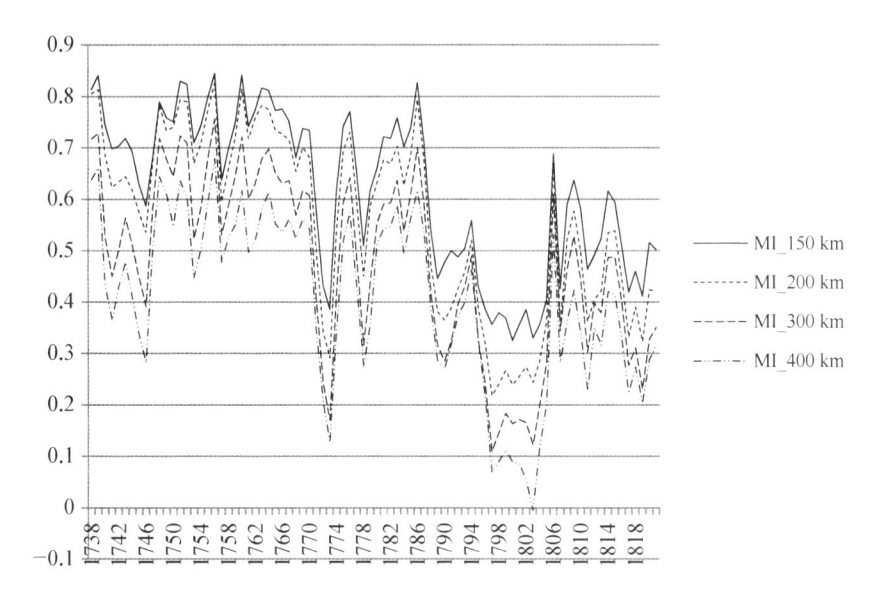

图 6-2　不同空间距离权重下的长江中下游地区
粮价空间自相关系数(1738～1820 年)

图 6-3 为 1738～1820 年长江中下游地区粮价空间自相关系数结果(以 200 千米为空间权重矩阵的距离),同时将上文测度市场整合程度的市场分割指数的曲线也放在图中一起进行对比。通过空间自相关系数和市场分割指数的对比分析,从中可见长江中下游地区粮价的空间自相关系数的演变经

---

① 关于该方法的具体介绍及其在清代粮价研究中的应用,详见第五章第三节。

图 6-3　长江中下游地区粮价空间自相关系数与
市场分割指数对比(1738~1820 年)

历了三次下降的过程:

前两次下降可视为个别极端年份的短期下降。第一次下降为乾隆朝前期的小幅下降,在乾隆十年、十一年(1745~1746 年)两年均降至小于 0.6 的水平,但很快即回升至原有水平。第二次下降发生在乾隆朝中期,乾隆三十六年至三十九年(1771~1774 年),空间自相关性出现短期内降低,小于 0.5 的水平(原因可能为小金川之战,军粮调集导致川、楚地区粮食供给紧张,粮价因之抬升,导致长江中游价格偏高,战争结束后系数即有所回升)持续时间稍长,至 1775 年后即很快恢复到原有水平;其后的乾隆四十三年(1778)也是一个特殊年份,这一年长江中游两湖地区遭受大范围的严重旱灾,致使中游地区粮价升高,输往长江下游地区的粮食贸易量也大为减少,与长江下游的价格差减小[①],空间自相关系数也降到 0.5 以下。

第三次下降则为一次长期下降过程,始于乾隆五十三年(1788)直至 1820 年,并长时间持续在小于 0.5 的低位水平,此后没有恢复到原有水平上。此一时期粮价的空间自相关性长期处于低位水平,说明粮价的空间分布格局出现了一种短期内不可逆转的变动趋势,应是长江中、下游的粮食供需格局

---

① 中央气象局气象科学研究院主编:《中国近五百年旱涝分布图集》,北京:地图出版社,1981 年;赵伟洪:《清乾隆时期长江中游米谷流通与市场整合》,天津:南开大学,博士学位论文, 2015 年,第 119 页。

第六章　清代长江中下游地区分工模式的演变(1738～1820年)

甚至区域经济关系出现了重要的结构性变化所致。

(三)贸易条件与地区分工模式：基于地区比价的分析

一般而言,清代的粮食贸易以商人运销为主,沿长江的粮食贸易的开展有赖于商人贩运所得利润足够覆盖其贩运成本,则粮食产地和销售地的价格必须有一定程度的差价,达到一定的套利空间,才能保证粮食商人的利润,使得贸易得以持续。因而,粮食产地和销售地之间的价格差实际上代表了商人套利空间的大小,即两地间的差价所反映的贸易条件,差价越大套利空间越大,贸易量会增加,市场规模得以维持并扩大。因此,清代粮食产地和销售地的长江中游及下游粮价差可以成为观察粮食市场套利空间的指标。图6-4为1738～1820年间长江下游地区的苏州粮价与长江中游三地粮价的比值变化情况。

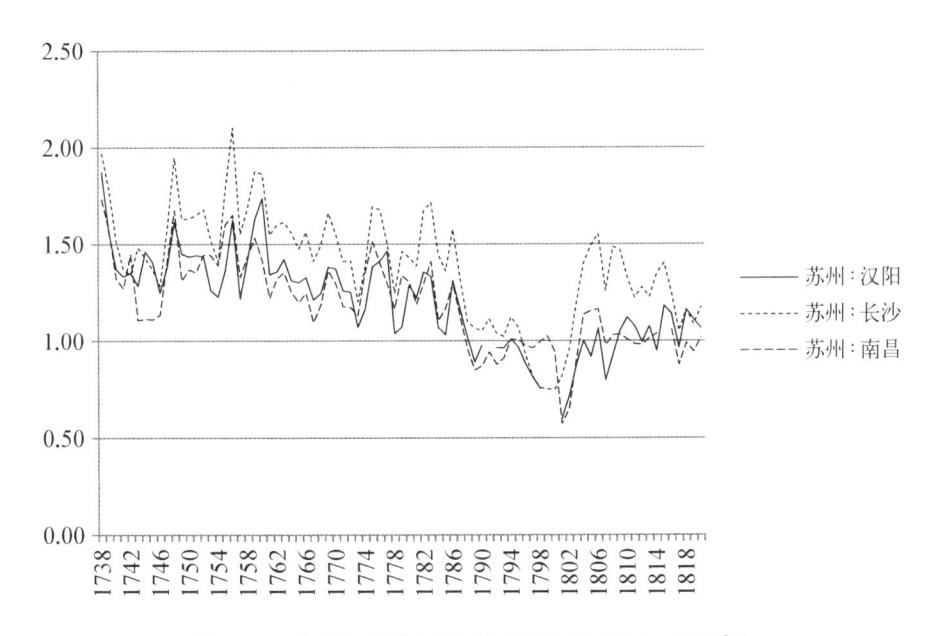

图6-4　苏州与长江中游三地粮价比值(1738～1820年)

从图6-4可见,长江下游粮食贸易中心的苏州府与长江中游产米区的汉阳府(汉口为长江中游重要粮食集散地)、长沙府、南昌府粮食价格的比值在1738～1820年间总体呈下降趋势,最大时可达到2倍有余,最小时则在1倍以下。这一趋势大约自1785年开始急剧下降,甚至在1789～1808年间多数年份出现苏州米价低于汉阳、长沙和南昌米价的情况。可见,长江下游和中游地区粮价比的减小,代表着两个地区间粮食贸易的套利空间在缩小,必然会对粮食贸易造成影响。而粮食贸易的萎缩,则意味着18世纪两大区域间所形成的典型的地区分工模式也出现减弱的趋势①。当然,关于地区分工模式变化方面的更直接的证据,仍有待日后发掘更多的资料加以验证②。

四、本章小结

本章基于清代粮价数据,从市场整合程度、价格的空间相互作用、地区价格差三个维度对长江中下游地区1738~1820年的市场扩张过程及地区分工模式的演变进行了初步的分析,以此探讨清代"斯密型增长"的经济发展模式所达到的极限问题。综合以上三方面的分析,本章得到以下初步发现:

首先,长江中下游地区的市场扩张过程,大约从18世纪80年代中期开始,长江中下游地区在市场整合程度下降,粮价空间自相关性减弱,下游与中游地区粮价比下降(地区间套利空间缩小,地区间贸易条件变差),这三方面的实证结果均出现基本趋同的趋势,此后有一段长达20~30年的低迷期,直至19世纪10年代才有所恢复。

其次,价格的结构性变动和价格空间分布模式的变迁,反映了市场整合和地区分工模式的变迁过程,显示了传统经济的"斯密型增长"有一个阶段性的发展过程,经历上升阶段达到其极限后会进入衰落阶段。

最后,根据本章的分析结果,"斯密型增长"的临界点出现在18世纪80年代,中国自18世纪中期开始的市场扩张过程在此时出现转折,这一历史时点比以往经济史学界认为清中期经历"道光萧条"出现的时间更早③。

---

① 关于清代长江流域粮食贸易变迁的研究,可参见邓亦兵关于清代中期粮食贸易格局的研究(邓亦兵:《清代前期内陆粮食运输量及变化趋势——关于清代粮食运输研究之二》,《中国经济史研究》,1994年第3期,第82—94页),以及范毅军、廖声丰、倪玉平等人对税关关税和粮食贸易的研究(Fan I-chun. *Long-distance Trade and Market Integration in the Ming-Ching Period 1400 -1850*. Thesis (Ph.D), Stanford University, 1993, p.130. 廖声丰:《浅论清代前期运河地区的商品流通——以运河榷关税收考察为中心》,《中国经济史研究》,2014年第1期,第40—51页。倪玉平:《清朝嘉道时期的关税收入——以"道光萧条"为中心的考察》,《学术月刊》,2010年第6期,第134—146页),最近的研究有赵伟洪:《清代中期九江关的时船料银及粮食流通》,《河北师范大学学报(哲学社会科学版)》,2019年第6期,第71—78页。

② 彭慕兰也提出1750—1840年间江南地区的贸易环境不断恶化的观点,因为华北、长江中上游等与江南地区发生商品交换的贸易区域,经历了迅速的人口增加和自身棉布产量的巨大增加,从而使这些地区减少了粮食和木材的输出,也减少了对江南纺织品的需求,而与江南地区进行贸易的区域"何时开始生产更多的棉布并输出更少的谷物是很重要的"。详见彭慕兰:《世界经济史中的近世江南:比较与综合观察——回应黄宗智先生》,《历史研究》,2003年第4期,第38、41页。

③ 关于清代市场周期的论述,参见吴承明:《中国的现代化:市场与社会》,北京:生活·读书·新知三联书店,2001年,第238—288页。

以上发现，也引发我们对历史上传统经济周期问题的思考。前工业化时代的经济发展周期性现象，在不同的区域之间（如长江中游和下游）具有不同的表现，在不同的经济部门之间（如生产领域和流通领域）具有复杂的多样性。萧条现象可能只在生产领域和流通领域中的一个领域出现，也可能同时在两个领域出现；在时间上也可以有先后顺序，如流通领域萧条早于生产领域萧条，也可能生产领域萧条早于流通领域萧条。以上仅是本书从市场发展的角度进行的探索，或许可以为我们更加全面地认识历史上的经济周期现象提供一点思考，更深入的认识将有待更系统的研究。

结　　语

　　本书是建立在定性研究和定量分析相结合的基础上完成的,这两种不同路径的方法是历史学作为实证科学的主要研究方法,尤其是对于本研究所考察的清代粮价和市场问题,必然要结合定性分析和定量分析两种方法。

　　本书的第一章和第二章主要是制度史的分析,注重对新史料的运用,利用了清代地方档案中的粮价报告史料,对粮价报告制度的具体运作方式作了详细的研究。第一章以循化厅为案例研究,对清代粮价报告制度在基层地方政权中的实施过程和执行细节情况进行了分析。鉴于粮价报告制度在整个清朝范围内的统一推行,各地的执行情况具有一定的相似性和一致性,利用循化厅档案的这一案例研究对我们认识整个清代的地方粮价报告制度具有一定的学术意义。第二章则利用甘肃、江苏、云南等地的粮价细册档案,与粮价奏折中的粮价数据进行比对,从制度史的角度进一步厘清了清代粮价数据的确切含义。第三章是对本书定量研究核心资料——清代粮价数据的综合评估,是所有计量分析的基础。本书对数据进行了分时间、分地区的详细评估,在此基础上明确了使用数据时需要规避的风险,强调了研究中应尽量使用可信度最高的数据进行分析的重要性。第四章和第五章是对粮价数据的定量分析,结合了计量经济学和地理信息系统的分析方法。从这两章的计量研究结果来看,清代经济从18世纪后期开始确实出现了市场整合程度下降、地区间经济相互联系的强度减弱的现象,这与描述性的定性研究结论是相符的,两种研究方法的结论可以相互印证。第六章基于清代粮价数据,综合前面两章的研究视角和分析方法,以清代最为重要的长江中下游经济区为典型区域,从市场整合程度、价格的空间相互作用、地区价格差三个维度对长江中下游地区1738~1820年的市场发展过程、贸易条件和地区分工模式的演变进行了初步的分析,通过分析市场扩张现象的阶段性过程,对"斯密型增长"的动态发展过程以及何时达到其极限等问题作出初步的探索。

　　总体而言,本书主要在史料利用和研究方法两方面努力开拓,希望能够进一步推进对清代市场问题的研究。

首先，在新史料的开发上，本书着重发掘了清代地方档案中粮价报告的相关档案资料，以大量的第一手资料展示了清代粮价报告制度在基层的推行和实施情况，这对于清代粮价报告制度研究是一项重要推进，将这一研究领域深入推进到了粮价报告制度的实际具体操作层面。此外，本书还对粮价细册制度这一学界关注不多的重要领域进行了系统的研究，从地方档案中发掘了多地的粮价细册资料，并将其和粮价单进行比对，再现了粮价数据由下而上层层上报过程中的诸多面向，对于深化对粮价数据真实含义的理解有所助益。在此基础上，对粮价数据可靠性进行了更为全面和准确的评估，为后续的定量研究奠定了扎实的数据背景基础知识。这些对粮价报告制度的研究都是建立在新的档案史料基础上的实证研究，充分显示了新史料的发掘对于更为深入地研究清代粮价问题的重要价值。

其次，在研究方法方面，本书采用的两项分析方法具有一定的学术意义。第一，本书首次采用了相对价格法对清代的市场整合问题进行了新的研究。为了对市场整合程度进行跨时间、跨地区的比较，本书在全面总结市场整合研究方法的基础上，在诸多方法中选用了相对价格法，对市场整合程度进行测度，构建了一套测度市场整合程度的指标，以之作为比较的科学依据。第二，本书还采用GIS空间分析方法对清代粮价数据进行了分析，在分析的时间、空间的范围和尺度两方面均较前人研究更为全面系统，从粮价数据中发掘了清代市场的空间结构及其变迁过程。本书在研究方法上的尝试，证明研究方法的改进对于推进研究的重要作用，新的方法可以对旧有的研究问题有更为精确的认识，也可以为旧有的研究提供新的视角，赋予旧有的研究资料以新的学术意义。

此外，本书的研究结论还引发我们对一些旧有问题的进一步思考，也引出了这一研究领域尚未解决的问题，或许都将是未来研究的方向。

本书通过粮食价格数据构建区域市场整合程度的可测度指标，得出区域市场整合程度的区域差异性，与施坚雅研究的区域城市化水平的区域差异性相比较后发现，两者的格局具有相当程度的一致性。区域市场整合程度的分析和施坚雅对19世纪中后期中国区域城市化水平的研究得到的一致结果是：岭南、东南沿海和长江下游三个地区的市场整合程度和城市化程度高于全国平均水平，其次是长江中游和西北地区处于中等水平，最后是长江上游、云贵和华北地区，处于全国最低水平[①]。这一研究发现显示了区域市场整合

---

① 施坚雅：《19世纪中国的区域城市化》，载施坚雅：《中国封建社会晚期城市研究》，王旭译，长春：吉林教育出版社，1989年，第72页。

程度和城市化水平两者具有一定的正向相关关系,也就是说市场整合程度高的区域相应地城市化水平也高。这种一致性或许不只是一种巧合,因为本研究和施坚雅的研究采用两种完全不同的方法对两套不同性质的数据分别进行了研究,得到的却是一致的结果。施坚雅采用了城市人口数字代表的城市化水平,本研究采用了粮价数据分析得到的市场整合程度的水平,就其性质来说这两套数据可以说是完全独立的两套数据,而最终却得到了相似的结论。这一方面可以认为是本研究从经验层面上检验了施坚雅的研究结论,说明施坚雅理论在解释清代中国区域城市化现象上有其合理性。但另一方面也引发我们对区域市场整合与城市化水平之间的关系进行重新思考,二者之间是如何产生联系的,市场整合对区域城市化水平的影响是怎样的,城市在区域市场整合中发挥了什么样的作用,这些都是值得进一步研究的问题。

其次,本研究通过GIS空间分析方法研究粮食价格空间集聚的变迁,其关键意义在于揭示价格分布的空间集聚对于清代经济的意义。清代经济发展到中期时,出现了繁荣的国内粮食贸易,粮食流通促进了地区间产业分工的加强,而产业分工的细化对于劳动生产率的提高和跨地区的资源配置有着重要的意义,这对于区域经济的发展和区域城市化水平的提高都有着决定性作用,可以说粮食的区际调剂和粮食贸易的发展是清代经济维持发展的关键因素。而粮食价格发挥着调节区间粮食产销和粮食贸易流向的重要作用,粮食价格在空间上的集聚现象即代表粮食产销的格局和粮食贸易的基本方向,价格在空间上的相互作用强度代表着经济的活力和市场机制发挥作用的影响力。通过对粮价的空间分析,我们可以看到清代乾隆中期粮价的空间相互作用程度达到一个高峰,之后又出现迅速下降的局面,这一现象也表明此时清代经济出现了衰退的迹象。

最后,笔者还希望简略地讨论一下本书的现实意义,这对于我们思考当下中国现实仍具有一定的学术价值。本书研究的落脚点是经济发展中的市场整合和市场空间结构问题,这个问题对于经济发展的重要性,从近代以来世界各个国家和地区的经济成长经验中可以得到证实。而当下,中国经济的现实局面仍然面临着如何提高市场整合程度、建立全国统一大市场的问题。改革开放以来的中国经济强调发挥市场机制的作用,逐步改革计划经济时代被束缚的市场机制的活力。然而,中国的经济改革推行的是自上而下、行政主导的模式,地方政府在发展经济上形成了互相竞争的局面,由此而导致地方保护主义盛行,市场分割的现象依然存在,这将阻碍中国经济的进一步高质量发展。如何建立一个市场在资源配置中发挥主要作用的经济体制,打破地方保护主义的障碍,形成统一的商品市场和生产要素市场,仍是未来中国经济面临的主要问题之一。尤其是由资本、土地和劳动力等组成的生产要素市场的统一,更是未来中国经济增长的重要动力。对于这一问题的解决,从经济史的角度对历史上的中国经济和市场问题的诸多方面进行研究,或许有助于提供一定的参考。

参考文献

一、档案类
（一）循化厅档案
《为报二月下半月时估价事》，光绪六年二月十五日，循化厅档案，档号07-3386-6。
《为报三月上半月时估价事》，光绪六年三月初一日，循化厅档案，档号07-3386-7。
《为报四月下半月时估价事》，光绪六年四月十六日，循化厅档案，档号07-3386-8。
《为报五月上半月时估价事》，光绪六年五月，循化厅档案，档号07-3386-11。
《为报五月下半月时估价事》，光绪六年五月十七日，循化厅档案，档号07-3386-12。
《为报七月上半月米粮时估价事》，光绪六年七月初二日，循化厅档案，档号07-3386-13。
《为报七月下半月米粮时估价事》，光绪六年八月，循化厅档案，档号07-3386-14。
《为报八月下半月米粮时估价事》，光绪六年八月十七日，循化厅档案，档号07-3386-16。
《为报米粮时估价事》，光绪九年十一月，循化厅档案，档号07-3380-18。
《为报米粮时估价事》，光绪九年十一月廿二日，循化厅档案，档号07-3380-19。
《为报米粮时估价事》，光绪九年十二月十日，循化厅档案，档号07-3380-20。
《为报米粮时估价事》，光绪九年十二月十七日，循化厅档案，档号07-3380-21。
《为报二月二十一日至二十九日米粮时估价事》，光绪十年三月初一日，循化厅档案，档号07-3381-5。
《为报三月十一日至二十日米粮时估价事》，光绪十年三月，循化厅档案，档号07-3381-6。
《为报三月二十一日至二十九日米粮时估价事》，光绪十年三月，循化厅档案，档号07-3381-7。
《为报四月初一至初十米粮时估价事》，光绪十年四月，循化厅档案，档号07-3381-8。
《为报四月十一日至二十日米粮时估价事》，光绪十年四月二十六日，循化厅档案，档号07-3381-9。
《为报四月二十一日至三十日米粮时估价事》，光绪十年五月，循化厅档案，档号07-3381-10。
《为报五月初一至初十日米粮时估价事》，光绪十年闰五月，循化厅档案，档号07-

3381-17。

《为报五月二十一日至二十九日米粮时估加事》,光绪十年闰五月初一日,循化厅档案,档号 07-3381-16。

《为报闰五月十一日至二十日米粮时估价事》,光绪十年闰五月,循化厅档案,档号 07-3382-18。

《为报六月十一日至二十日米粮时估价事》,光绪十年六月,循化厅档案,档号 07-3383-20。

《为报六月米粮时估价事》,光绪十年七月,循化厅档案,档号 07-3380-3。

《为报七月二十一日至二十九日米粮时估价事》,光绪十年七月二十九日,循化厅档案,档号 07-3381-19。

《为报八月十一日至二十日米粮时估价事》,光绪十年八月二十一日,循化厅档案,档号 07-3381-1。

《为报九月二十一日至三十日米粮时估价事》,光绪十年九月三十日,循化厅档案,档号 07-3381-2。

《为报十月初一至初十米粮时估价事》,光绪十年十月,循化厅档案,档号 07-3381-3。

《为报十一月十一日至二十日米粮时估价事》,光绪十年十一月二十日,循化厅档案,档号 07-3381-4。

《为报十一月二十一日至三十日米粮时估价事》,光绪十年十二月,循化厅档案,档号 07-3381-7。

《为报十二月十一日至二十日米粮时估价事》,光绪十年十二月二十二日,循化厅档案,档号 07-3382-8。

《为报十二月二十一日至三十日米粮时估价事》,光绪十年十二月三十日,循化厅档案,档号 07-3382-9。

《为报正月初一至初十米粮时估价事》,光绪十一年正月十八日,循化厅档案,档号 07-3382-11。

《为报正月二十一日至三十日米粮时估价事》,光绪十一年二月初二日,循化厅档案,档号 07-3382-12。

《为报二月初一日至初十日米粮时估价事》,光绪十一年二月十一日,循化厅档案,档号 07-3382-13。

《为报二月十一日至二十日米粮时估价事》,光绪十一年二月二十一日,循化厅档案,档号 07-3382-14。

《为报二月二十一日至二十九日米粮时估价事》,光绪十一年三月初一日,循化厅档案,档号 07-3383-6。

《为报三月初一至初十米粮时估价事》,光绪十一年三月十三日,循化厅档案,档号 07-3383-3。

《为报三月十一日至二十日米粮时估价事》,光绪十一年三月,循化厅档案,档号 07-3383-7。

《为报三月二十一日至二十九日米粮时估价事》,光绪十一年四月初二日,循化厅档案,档号 07-3383-8。

《为报四月二十一日至三十日米粮时估价事》,光绪十一年五月初三日,循化厅档案,档号 07-3383-9。

《为报五月十一日至二十日米粮时估价事》,光绪十一年五月,循化厅档案,档号 07-3383-10。

《为报六月二十一日至二十九日米粮时估价事》,光绪十一年七月初二日,循化厅档案,档号 07-3383-13。

《为报八月初一至初十米粮时估价事》,光绪十一年八月十二日,循化厅档案,档号 07-3383-12。

《为禀报米粮时估价银事》,光绪十二年十一月,循化厅档案,档号 07-1651-9。

《为报正月十一至二十日米粮时估价事》,光绪十三年正月二十二日,循化厅档案,档号 07-3376-16。

《为报二月粮价时估价事》,光绪十三年三月初三日,循化厅档案,档号 07-3377-3。

《为报自四月初一至初十日米粮时估情形事》,光绪十九年四月十二日,循化厅档案,档号 07-3409-4。

《为报光绪二十年正月初一至初十米粮时估情形事》,光绪二十年正月初十日,循化厅档案,档号 07-3409-13。

循化厅:《为查各属雨雪粮价事呈西宁府》,同治十三年二月二十九日,循化厅档案,档号 06-98-1。

西宁府邓:《为报米粮银钱时价事致循化厅》,光绪元年八月二十一日,循化厅档案,档号 07-3384-6。

保安城乡约王正全等:《为公举安其俊以当斗行恳发执照事》,光绪六年十二月十八日,循化厅档案,档号 07-3315-9。

西宁府徐:《为按旬通报米粮时估价事致循化分府沈》,光绪六年四月初十日,循化厅档案,档号 07-3386-9。

西宁府定:《为查明粮价事致循化分府张》,光绪八年四月二十四日,循化厅档案,档号 07-3367-12。

西宁府孔:《为催陕甘二省月报粮价事致循化分府的关》,光绪九年四月十一日,循化厅档案,档号 07-3369-2。

甘肃布政使:《为催报米粮时估雨水清折事》,光绪十三年四月初八日,循化厅档案,档号 07-3377-6。

西宁府倭:《为按旬造报米粮银价时估阴晴日期事致循化分府长》,光绪十六年闰二月二十一日,循化厅档案,档号 07-3372-13。

西宁府燕:《为据实开报雨水粮价毋疏漏事致循化分府黄》,光绪二十四年八月十三日,循化厅档案,档号 07-3404-19。

西宁府张:《为限期具报雨泽粮价事致循化分府付》,光绪二十八年八月初二日,循化厅档案,档号 07-3395-24。

(二) 其他档案

《光绪二十六年三月份米粮时估价值清册》,甘肃省档案馆 1 号全宗《清朝甘肃地方政府档案》,档号 1-1-76。

陕甘总督恩麟:《呈甘肃各属同治三年十二月份粮价清单》,同治四年五月初二日,中国第一历史档案馆藏,《录副奏折》,档号 03-4962-166。

陕甘总督杨岳斌:《奏报甘肃各属上年十一月份雨雪粮价情形事》,同治五年正月二十八日,中国第一历史档案馆藏,《录副奏折》,档号 03-4962-467。

陕甘总督杨岳斌:《奏报甘肃各属上年十二月份雨雪粮价情形事》,同治五年九月二十七日,中国第一历史档案馆藏,《录副奏折》,档号 03-4963-079。

陕甘总督杨岳斌:《奏为甘省各属粮价雨水等情未能按月奏报事》,同治五年十一月初五日,中国第一历史档案馆藏,《录副奏折》,档号 03-4973-019。

陕甘总督左宗棠:《奏报本年正月份甘肃雪泽粮价情形事》,同治十三年三月十八日,中国第一历史档案馆藏,《朱批奏折》,档号 04-01-24-0157-094。

陕甘总督左宗棠:《奏报本年二月份甘肃雨雪粮价情形事》,同治十三年五月十一日,中国第一历史档案馆藏,《朱批奏折》,档号 04-01-24-0157-091。

山东巡抚杨景素:《奏呈四月份粮价清单》,乾隆四十一年五月初七日,中国第一历史档案馆藏,《朱批奏折》,档号 13-07-1319。

广东巡抚王安国:《奏为奉旨训旨复陈粮价奏报迟缓事》,乾隆七年八月二十九日,中国第一历史档案馆藏,《朱批奏折》,档号 04-01-12-0030-012。

闵鹗元:《奏为遵旨办理查明粮价长落情形并报五月份粮价事》,中国第一历史档案馆藏,《朱批奏折》,档号 04-01-25-0255-004。

二、已出版史料及资料集

台北故宫博物院编:《宫中档乾隆朝奏折》,台北:故宫博物院,1982 年。

张伟仁编:《明清档案》,台北:"中央研究院"历史语言研究所,1987 年。

中国第一历史档案馆编:《光绪朝朱批奏折》,北京:中华书局,1995 年。

中国第一历史档案馆编:《乾隆朝上谕档》,北京:档案出版社,1998 年。

中国第一历史档案馆编:《嘉庆道光两朝上谕档》,桂林:广西师范大学出版社,2000 年。

《清实录》,北京:中华书局影印本,2008 年。

同治《钦定户部则例》,海口:海南出版社影印本,2000 年。

光绪《清会典事例》,北京:中华书局影印本,1991 年。

《左宗棠全集·札件》,长沙:岳麓书社,2009 年。

(清) 龚景瀚:乾隆《循化志》,西宁:青海人民出版社,1981 年。

国家图书馆分馆编:《清代边疆史料抄稿本汇编》,北京:线装书局,2003 年。

西华师范大学,南充市档案局(馆)编:《清代南部县衙档案目录》,北京:中华书局,2009 年。

中国社会科学院经济研究所编:《清代道光至宣统间粮价表》,桂林:广西师范大学出版社,2009 年。

中央气象局气象科学研究院主编:《中国近五百年旱涝分布图集》,北京:地图出版社,1981 年。

三、研究论文

陈春声:《清代中叶岭南区域市场的整合——米价动态的数理分析》,《中国经济史研究》,1993 年第 2 期,第 99—106 页。

陈红霞、李国平:《1985—2007 年京津冀区域市场一体化水平测度与过程分析》,《地理研究》,2009 年第 6 期,第 1476—1483 页。

陈金陵:《清朝的粮价奏报与其盛衰》,《中国社会经济史研究》,1985 年第 3 期,第 63—68 页。

陈敏、桂琦寒、陆铭等:《中国经济增长如何持续发挥规模效应?——经济开放与国内商品市场分割的实证研究》,《经济学(季刊)》,2008 年第 1 期,第 125—150 页。

邓亦兵:《清代前期内陆粮食运输量及变化趋势——关于清代粮食运输研究之二》,《中国经济史研究》,1994 年第 3 期,第 82—94 页。

邓亦兵:《清代前期沿海粮食运销及运量变化趋势——关于粮食运销研究之三》,《中国社会经济史研究》,1994 年第 2 期,第 47—58 页。

邓亦兵:《清代前期周边地区的粮食运销——关于粮食运销研究之四》,《史学月刊》,1995 年第 1 期,第 42—46 页。

邓亦兵:《清代前期的粮食运销和市场》,《历史研究》,1995 年第 4 期,第 151—161 页。

邓亦兵:《清代前期商品流通的运道》,《历史档案》,2000 年第 1 期,第 99—105 页。

邓亦兵:《清代前期全国商贸网络形成》,《浙江学刊》,2010 年第 4 期,第 15—25 页。

邓永飞:《清代中后期湖南的环境恶化与水稻生产》,《中国社会经济史研究》,2013 年第 4 期,第 38—48 页。

邓玉娜:《清代中后期河南省粮价变化的历史地理学解释》,《陕西师范大学学报(哲学社会科学版)》,2012 年第 6 期,第 103—111 页。

冯颖杰:《"裁厘改统"与民国时期市场整合——基于上海、芜湖、天津三地粮价的探讨》,《经济学(季刊)》,2012 年第 1 期,第 83—114 页。

董万鹏:《银川斗行与粮食加工作坊》,《宁夏文史资料》第 20 辑《宁夏老字号》,银川:宁夏人民出版社,1997 年。

龚胜生:《18 世纪两湖粮价时空特征研究》,《中国农史》,1995 年第 1 期,第 48—59 页。

龚胜生:《从米价长期变化看清代两湖农业经济的发展》,《中国经济史研究》,1996 年第 2 期,第 82—89 页。

关永强、张东刚:《"斯密型增长"——基于近代中国乡村工业的再评析》,《历史研究》,2017 年第 2 期,第 153—167,193 页。

桂琦寒、陈敏等:《中国国内商品市场趋于分割还是整合:基于相对价格法的分析》,《世界经济》,2006年第2期,第20—30页。

郭松义:《清代粮食市场和商品粮数量的估测》,《中国史研究》,1994年第4期,第40—49页。

韩胜飞:《市场整合研究方法与传达的信息》,《经济学(季刊)》,2007年第4期,第1359—1372页。

郝平、周亚:《"丁戊奇荒"时期的山西粮价》,《史林》,2008年第5期,第81—89页。

何红中:《从〈马首农言·粮价物价〉看清代中后期山西寿阳地区粮价物价变动及其商品化》,《南京农业大学学报(社会科学版)》,2008年第3期,第107—111页。

何石军、蔡杨、高明:《清代前期的交通成本与粮食市场整合的再估计——基于第二次金川之役自然实验的量化考察》,《经济科学》,2020年第4期,第125—136页。

胡鹏、李军:《两套清代粮价数据资料综合使用之可行性论证与方法探讨——基于文献学和统计学方法的分析》,《中国社会经济史研究》,2016年第2期,第36—44页。

胡鹏、李军:《农历抑或公历? 数据形式对数理分析结果的影响——以清代中后期直隶小麦市场整合分析为例》,《中国经济史研究》,2016年第4期,第107—114页。

胡鹏、李军:《自然灾害影响市场整合的政府路径——基于1776—1840年华北小麦市场的实证分析》,《中国经济史研究》,2019年第3期,第84—96页。

胡鹏、李军:《19世纪京津冀地区的交通网络与粮食贸易线路——基于理论层面的量化和统计分析》,《中国历史地理论丛》,2019年第4期,第116—127页。

胡铁球《"歇家牙行"经营模式的形成与演变》,《历史研究》,2007年第3期,第88—106页。

黄敬斌:《清代中叶江南粮食供需与粮食贸易的再考察》,《清华大学学报(哲学社会科学版)》,2009年第3期,第39—47页。

黄玉玺、胡鹏、李军:《粮价波动对清代地方公职人员生活水平的影响——以1771—1911年北京地区为例》,《中国社会经济史研究》,2018年第1期,第27—37页。

黄宗智:《发展还是内卷? 十八世纪英国与中国——评彭慕兰〈大分流:欧洲,中国及现代世界经济的发展〉》,《历史研究》,2002年第4期,第149—176页。

黄宗智:《再论18世纪的英国与中国——答彭慕兰之反驳》,《中国经济史研究》,2004年第2期,第14—22页。

黄宗智:《小农经济理论与"内卷化"及"去内卷化"》,《开放时代》,2020年第4期,第126—139页。

李伯重:《明清江南与外地经济联系的加强及其对江南经济发展的影响》,《中国经济史研究》,1986年第2期,第117—134页。

李伯重:《中国全国市场的形成,1500—1840年》,《清华大学学报(哲学社会科学版)》,1999年第4期,第48—54页。

李伯重:《1823—1829年华亭—娄县地区的物价》,《清华大学学报(哲学社会科学版)》,2007年第1期,第46—61页。

李伯重:《十九世纪初期中国全国市场:规模与空间结构》,《浙江学刊》,2010年第4期,第5—14页。

李嘉楠、代谦、庄嘉霖：《开放、市场整合与经济空间变迁：基于近代中国开埠的证据》，《世界经济》，2019年第9期，第27—51页。

李军、李志芳、石涛：《自然灾害与区域粮食价格——以清代山西为例》，《中国农村观察》，2008年第2期，第40—51页。

林珲、张捷、杨萍等：《空间综合人文学与社会科学研究进展》，《地球信息科学》，2006年第2期，第30—37页。

廖声丰：《浅论清代前期运河地区的商品流通——以运河榷关税收考察为中心》，《中国经济史研究》，2014年第1期，第40—51页。

刘锦增：《战争、灾荒、仓储与粮价：乾隆年间甘肃粮价的波动机制分析》，《青海民族研究》，2019年第4期，第130—140页。

龙登高：《中国传统市场的整合：11—19世纪的历程》，《中国经济史研究》，1997年第2期，第13—20页。

陆长玮：《清代中后期江南市场整合的动态变化及其解释——基于多变量DCC-GARCH模型的分析》，《上海经济研究》，2021年第4期，第114—128页。

陆铭、陈钊：《分割市场的经济增长——为什么经济开放可能加剧地方保护？》，《经济研究》，2009年第3期，第42—52页。

卢锋、彭凯翔：《我国长期米价研究(1644—2000)》，《经济学(季刊)》，2005年第1期，第427—460页。

罗畅：《两套清代粮价数据资料的比较与使用》，《近代史研究》，2012年第5期，第142—156页。

罗畅、李启航、方意：《清乾隆至宣统年间的经济周期——以开封、太原粮价数据为中心》，《经济学(季刊)》，2016年第2期，第453—478页。

罗畅、杨建庭、马建华：《清乾隆朝中期(1754—1777)长江流域粮价波动研究》，《中国社会经济史研究》，2018年第2期，第49—56页。

罗畅、杨建庭、马建华：《清乾隆朝晚期(1778—1795)长江流域粮价波动研究》，《贵州社会科学》，2018年第12期，第163—168页。

罗畅、杨建庭：《清乾隆朝初期(1736—1753)长江流域粮价波动研究》，《重庆大学学报(社会科学版)》，2020年第1期，第236—247页。

吕长全、王玉茹：《清代粮价奏报流程及其数据性质再探讨》，《近代史研究》，2017年第1期，第129—138页。

吕长全：《灾害、收成与麦价：以乾隆时期的山东省为中心》，《中国社会经济史研究》，2021年第1期，第47—57页。

马国英、陈永福、李军：《晚清山西粮食价格波动、市场成因及政府行为(1875—1908)》，《中国经济史研究》，2012年第3期，第81—94页。

马国英：《1736—1911年间山西粮价变动趋势研究——以货币为中心的考察》，《中国经济史研究》，2015年第3期，第117—125页。

马国英:《1736—1911年间山西粮价变动情况及影响因素研究》,《首都师范大学学报(社会科学版)》,2016年第3期,第11—23页。

穆崟臣:《清代收成奏报制度考略》,《北京大学学报(哲学社会科学版)》,2014年第5期,第115—121页。

穆崟臣:《清代雨雪折奏制度考略》,《社会科学战线》,2011年第11期,第103—110页。

倪玉平:《清朝嘉道时期的关税收入——以"道光萧条"为中心的考察》,《学术月刊》,2010年第6期,第134—146页。

彭慕兰:《世界经济史中的近世江南:比较与综合观察——回应黄宗智先生》,《历史研究》,2003年第4期,第3—48页。

彭凯翔:《评Sui-wai Cheung, The Price of Rice: Market Integration in Eighteenth-Century China》,《新史学》,2010年第21卷第1期,第175—182页。

任吉东:《近代太原地区的粮价动向与粮食市场——以〈退想斋日记〉为中心》,《中国农史》,2003年第4期,第62—69页。

阮建青、李垚:《自然灾害与市场演进——基于18世纪清代粮食市场的研究》,《浙江大学学报(人文社会科学版)》,2018年第1期,第183—198页。

田炯权:《清末民国时期湖北的米谷市场和商品流通》,《中国经济史研究》,2006年第4期,第68—76页。

田炯权:《清末民国时期湖南的米谷市场和商品流通》,《清史研究》,2006年第1期,第17—28页。

王道瑞:《清代粮价奏报制度的确立及其作用》,《历史档案》,1987年第4期,第80—86页。

王法辉:《社会科学和公共政策的空间化和GIS的应用》,《地理学报》,2011年第8期,第1089—1100页。

王砚峰:《清代道光至宣统间粮价资料概述——以中国社科院经济所图书馆馆藏为中心》,《中国经济史研究》,2007年第2期,第102—108页。

王业键、黄莹珏:《清代中国气候变迁、自然灾害与粮价的初步考察》,《中国经济史研究》,1999年第1期,第5—20页。

王业键、黄莹珏:《清中叶东南沿海的粮食作物分布、粮食供需及粮价分析》,《中央研究院历史语言研究所集刊》,1999年第70卷第2期,第363—397页。

王业键:《十八世纪福建的粮食供需与粮价分析》,《中国社会经济史研究》,1987年第2期,第69—85页。

王玉茹:《中国近代物价总水平变动趋势研究》,《中国经济史研究》,1996年第2期,第52—65页。

王玉茹、罗畅:《清代粮价数据质量研究——以长江流域为中心》,《清史研究》,2013年第1期,第53—69页。

王玉茹、吕长全:《乾隆时期山东省内粮食市场整合探析》,《中国经济史研究》,2017年第4期,第29—36页。

文彦君等:《18~19世纪之交华北平原的气候变化与粮价异常》,《中国科学:地球科学》,2020年第1期,第122—133页。

吴超、霍红霞:《道光至光绪朝归化城土默特地区的粮价探究——以归化城土默特粮价细册为中心》,《社会科学论坛》,2018年第1期,第59—71页。

吴承明:《利用粮价变动研究清代的市场整合》,《中国经济史研究》,1996年第2期,第90—96页。

吴承明:《论清代前期我国国内市场》,《历史研究》,1983年第1期,第96—106页。

谢放:《清前期四川粮食产量及外运量的估计问题》,《四川大学学报(哲学社会科学版)》,1999年第6期,第84—90页。

谢美娥:《余米运省济民居,兼及西浙与东吴——十八世纪台米流通以及台湾周边地区粮食市场整合的再观察》,"明清时期江南市场经济的空间、制度与网络国际研讨会"会议论文,台北,2009年10月。

谢美娥:《自然灾害、生产收成与清代台湾米价的变动(1738—1850)》,《中国经济史研究》,2010年第4期,第110—127页。

许檀:《明清时期城乡市场网络体系的形成及意义》,《中国社会科学》,2000年第3期,第191—202页。

许檀:《明清时期山东的粮食流通》,《历史档案》,1995年第1期,第81—88页。

颜色、刘丛:《18世纪中国南北方市场整合程度的比较——利用清代粮价数据的研究》,《经济研究》,2011年第12期,第124—137页。

叶军、张海英:《清代江南与两湖地区的经济联系》,《江汉论坛》,2002年第1期,第13—17页。

张海英:《清代江南地区的粮食市场及其商品粮流向》,《历史教学问题》,1999年第6期,第11—15页。

张海英:《明清江南地区与其他区域的经济交流及影响》,《社会科学》,2003年第10期,第94—103页。

张家炎:《移民运动、环境变迁与物质交流——清代及民国时期江汉平原与外地的关系》,《中国经济史研究》,2011年第1期,第57—66页。

张连银:《自然灾害、仓储与清代甘肃的粮价(1796—1911)》,《兰州学刊》,2014年第8期,第54—58页。

张瑞威:《十八世纪江南与华北之间的长程大米贸易》,《新史学》,2010年第21卷第1期,第25页。

张岩:《清代汉口的粮食贸易》,《江汉论坛》,1993年第4期,第43—48页。

张昊:《再议国内区域市场是趋于分割还是整合——对测度方法的探讨与改进》,《财贸经济》,2014年第11期,第101—110页。

张昊:《地区间生产分工与市场统一度测算:"价格法"再探讨》,《世界经济》,2020年第4期,第52—74页。

赵伟洪:《清乾隆朝湖南省米谷流通与市场整合》,《中国经济史研究》,2015年第1期,第

38—49页。

赵伟洪:《乾隆时期江西省米谷流通与市场整合》,《中国社会经济史研究》,2016年第4期,第52—64页。

赵伟洪:《乾隆时期长江中游米谷市场的空间格局》,《中国经济史研究》,2017年第4期,第37—55页。

赵伟洪:《乾隆时期长江中游地区"丰年米贵"问题探析》,《云南社会科学》,2018年第1期,第167—173页。

赵伟洪:《清代中期九江关的时船料银及粮食流通》,《河北师范大学学报(哲学社会科学版)》,2019年第6期,第71—78页。

钟永宁:《十八世纪的湘米输出与清政府的粮食调控政策》,《中国社会经济史研究》,1993年第4期,第63—69页。

钟永宁:《试论十八世纪湘米输出的可行性问题》,《中国社会经济史研究》,1990年第3期,第65—71页。

周章跃、万广华:《论市场整合研究方法——兼评喻闻、黄季焜〈从大米市场整合程度看我国粮食市场改革〉一文》,《经济研究》,1999年第3期,第75—81页。

朱琳:《回顾与思考:清代粮价问题研究综述》,《农业考古》,2013年第4期,第191—201页。

朱琳:《数理统计方法在清代粮价研究中的应用与发展》,《中国经济史研究》,2015年第1期,第50—59页。

A. Feuerwerker, "Presidential Address: Questions About China's Early Modern Economic History that I Wish I Could Answer", *The Journal of Asian Studies*, 1992, 51(4): 757-769.

B. Harriss, "There is method in my madness: or is it vice versa? Measuring agricultural market performance", *Food Research Institute Studies*, 1979 (2): 197-218.

Barbara Sands, Ramon H. Myers, "The spatial approach to Chinese history: a test", *The Journal of Asian Studies*, 1986, 45(04): 721-743.

Barry K. Goodwin, "Multivariate Cointegration Tests and the Law of One Price in International Wheat Markets", *Review of Agricultural Economics*, 1992 (1): 117-124.

Bob Baulch, "Transfer Costs, Spatial Arbitrage, and Testing for Food Market Integration", *American Journal of Agricultural Economics*, 1997 (2): 477-487.

Carol H. Shiue, "Transport Costs and the Geography of Arbitrage in Eighteenth-Century China", *The American Economic Review*, 2002 (5): 1406-1419.

Carol H. Shiue, Wolfgang Keller, "Markets in China and Europe on the Eve of the Industrial Revolution", *The American Economic Review*, 2007 (4): 1189-1216.

Christopher B. Barrett, Jau Rong Li, "Distinguishing between Equilibrium and Integration in Spatial Price Analysis", *American Journal of Agricultural Economics*, 2002 (2): 292-307.

David C. Parsley, Shang-Jin Wei, "Convergence to the Law of One Price Without Trade Barriers or Currency Fluctuations", *The Quarterly Journal of Economics*, 1996 (4): 1211-1236.

G. William Skinner, "Presidential Address: The Structure of Chinese History", *The Journal of Asian Studies*, 1985, 44(02): 271-292.

Gu Y., Kung J. K., "Malthus Goes to China: The Effect of 'Positive Checks' on Grain Market Development, 1736-1910", *The Journal of Economic History*, 2021, 81(4): 1-36.

Harvey J. Miller, "Tobler's first law and spatial analysis", *Annals of the Association of American Geographers*, 2004 (2): 284-289.

Jianan Li, Daniel M. Bernhofen, Markus Eberhardt, et al. Market integration and disintegration in Qing Dynasty China: evidence from time-series and panel time-series methods. Working Paper Draft, ETSG No.060, 2013.

K. Mcnew, "Spatial market integration: Definition, theory, and evidence", *Agricultural and Resource Economics Review*, 1996: 1-11.

Kevin Mcnew, Paul L. Fackler, "Testing market equilibrium: is cointegration informative?", *Journal of Agricultural and Resource Economics*, 1997 (02): 191-207.

Lillian M. Li, "Integration and Disintegration in North China's Grain Markets, 1738-1911", *The Journal of Economic History*, 2000 (03): 665-699.

Luc Anselin, "The Future of Spatial Analysis in the Social Sciences", *Geographic Information Sciences*, 1999 (2): 67-76.

Luc Anselin, "Thirty years of spatial econometrics", *Papers in Regional Science*, 2010 (1): 3-25.

Martin Ravallion, "Testing Market Integration", *American Journal of Agricultural Economics*, 1986 (1): 102-109.

Michael F. Goodchild, Luc Anselin, Richard P. Appelbaum, et al. "Toward Spatially Integrated Social Science", *International Regional Science Review*, 2000 (2): 139-159.

Paul L. Fackler, Barry K. Goodwin, "Spatial price analysis", *Handbook of Agricultural Economics*, Elsevier, 2001: 971-1024.

Paul L. Fackler, Hüseyin Tastan, "Estimating the Degree of Market Integration", *American Journal of Agricultural Economics*, 2008 (1): 69-85.

Robert B. Marks, "Rice prices, food supply, and market structure in eighteenth-century South China", *Late Imperial China*, 1991 (2): 64-116.

Robert F. Engle, C. W. J. Granger, "Co-Integration and Error Correction: Representation, Estimation, and Testing", *Econometrica*, 1987 (2): 251-276.

Roy Bin Wong, Peter C. Perdue, "Grain Markets and Food Supplies in Eighteenth-Century Hunan", In Thomas G. Rawski, Lillian M. Li, eds. *Chinese history in economic* perspective. Berkeley: University of California Press, 1992.

Waldo R. Tobler, "A computer movie simulating urban growth in the Detroit region", *Economic geography*, 1970: 234-240.

Wolfgang Keller, Carol H. Shiue, "The origin of spatial interaction", *Journal of Econometrics*, 2007 (1): 304-332.

Yeh-chien Wang, "Secular Trends of Rice Prices in the Yangzi Delta, 1638-1935", In Thomas G. Rawski, Lillian M. Li. *Chinese history in economic perspective*. Berkeley: University of California Press, 1992.

四、研究著作

陈春声:《市场机制与社会变迁——18世纪广东米价分析》,北京:中国人民大学出版社,2010年。

陈春声:《市场机制与社会变迁——18世纪广东米价分析》,广州:中山大学出版社,1992年。

蒋建平:《清代前期米谷贸易研究》,北京:北京大学出版社,1992年。

柳诒徵:《柳诒徵史学论文续集》,上海:上海古籍出版社,1991年。

陆铭、陈钊:《中国区域经济发展中的市场整合与工业集聚》,上海:上海人民出版社,2006年。

马德斌:《中国经济史的大分流与现代化:一种跨国比较视野》,徐毅、袁为鹏、乔士容译,杭州:浙江大学出版社,2020年。

穆崟臣:《制度、粮价与决策:清代山东"雨雪粮价"研究》,长春:吉林大学出版社,2012年。

彭凯翔:《清代以来的粮价:历史学的解释与再解释》,上海:上海人民出版社,2006年。

彭信威:《中国货币史》,上海:上海人民出版社,1958年。

王业键:《清代经济史论文集(一)》,台北:稻乡出版社,2003年。

王业键:《清代经济史论文集(二)》,台北:稻乡出版社,2003年。

王业键:《清代经济史论文集(三)》,台北:稻乡出版社,2003年。

吴承明:《中国的现代化:市场与社会》,北京:生活·读书·新知三联书店,2001年。

谢美娥:《清代台湾米价研究》,台北:稻乡出版社,2008年。

许涤新、吴承明主编:《中国资本主义发展史》(第一卷),《中国资本主义的萌芽》,北京:人民出版社,2003年第二版。

严中平等编:《中国近代经济史统计资料选辑》,北京:科学出版社,1955年。

叶显恩主编:《清代区域社会经济研究》,北京:中华书局,1992年。

朱琳:《清代淮河流域的粮价、市场与地方社会》,北京:经济科学出版社,2016年。

[美]德怀特·帕金斯:《中国农业的发展1368—1968》,宋海文等译,上海:上海译文出版社,1984年。

[美]黄宗智:《华北的小农经济与社会变迁》,北京:中华书局,1986年。

[美]黄宗智:《长江三角洲小农家庭与乡村发展》,北京:中华书局,1992年。

［美］李丹：《理解农民中国：社会科学哲学的案例研究》，张天虹等译，南京：江苏人民出版社，2008年。

［美］李中清：《中国西南边疆的社会经济：1250—1850》，林文勋、秦树才译，北京：人民出版社，2012年。

［美］罗威廉：《汉口：一个中国城市的商业和社会(1796—1889)》，江溶、鲁西奇译，北京：中国人民大学出版社，2005年。

［美］马立博：《虎、米、丝、泥：帝制晚期华南的环境与经济》，王玉茹、关永强译，南京：江苏人民出版社，2011年。

［美］彭慕兰：《大分流：欧洲、中国及现代世界经济的发展》，史建云译，南京：江苏人民出版社，2003年。

［美］施坚雅主编：《中华帝国晚期的城市》，叶光庭等译，北京：中华书局，2000年。

［美］施坚雅：《中国农村的市场和社会结构》，史建云、徐秀丽译，北京：中国社会科学出版社，1998年。

［美］施坚雅：《中国封建社会晚期城市研究》，王旭译，长春：吉林教育出版社，1989年。

［美］王国斌：《转变的中国：历史变迁与欧洲经验的局限》，李伯重、连玲玲译，南京：江苏人民出版社，2008年。

［日］岸本美绪：《清代中国的物价与经济波动》，刘迪瑞译，北京：社会科学文献出版社，2010年。

［英］罗伯特·海宁：《空间数据分析理论与实践》，李建松、秦昆译，武汉：武汉大学出版社，2009年。

［英］约翰·希克斯：《经济史理论》，厉以平译，北京：商务印书馆，1999年。

Han-sheng Chuan and Richard A. Kraus, *Mid-Ch'ing Rice Markets and Trade: An Essay in Price History*, Cambridge: East Asian Research Center, Harvard University; distributed by Harvard University Press, 1975.

Lillian M. Li, *Fighting Famine in North China: State, Market, and Environmental Decline, 1690s–1990s*, Stanford: Stanford University Press, 2007.

Thomas G. Rawski, Lillian M. Li, *Chinese history in economic perspective*. Berkeley: University of California Press, 1992.

Endymion P. Wilkinson, *Studies in Chinese Price History*, New York: Garland Pub., 1980.

Fan I-chun, *Long-distance trade and market integration in the Ming-Ching Period 1400–1850*. Thesis (Ph.D), Stanford University, 1993.

五、网络资源

复旦大学历史地理研究中心：中国历史地理信息系统(CHGIS)，http://yugong.fudan.edu.cn/views/chgis_download.php#1820list。

甘肃省档案馆：http://www.cngsda.net/art/2012/11/14/art_19_608.html。

王业键编："清代粮价资料库"，http://mhdb.mh.sinica.edu.tw/foodprice/。

附录1：清代粮价细册资料
（江苏、云南、甘肃）

附表1-1　光绪八年(1882)苏州布政使司所属中米价格　　单位：两/石

	1月	2月	3月	4月	5月	6月	7月	8月	9月	10月	11月	12月
苏州府												
长洲、元和、吴县	1.50	1.50	1.60	1.60	1.70	1.70	2.00	1.95	1.80	1.70	1.70	1.60
吴江、震泽	1.40	1.40	1.40	1.40	1.40	1.50	2.00	1.90	1.90	1.90	1.90	1.80
常熟、昭文	1.45	1.45	1.45	1.45	1.45	1.45	1.70	1.70	1.70	1.70	1.65	1.65
昆山、新阳	1.45	1.45	1.45	1.45	1.45	1.58	2.8[1]	2.8[1]	1.95	1.95	1.80	1.80
《粮价表》低价	1.40	1.40	1.40	1.40	1.40	1.45	1.70	1.70	1.70	1.70	1.65	1.60
《粮价表》高价	1.50	1.50	1.60	1.60	1.70	1.70	2.08	2.08	1.95	1.95	1.90	1.80
松江府												
华亭、娄县	1.80	1.80	1.80	1.80	1.80	1.90	2.15	2.15	2.15	2.15	2.15	2.15
奉贤												
金山	1.55	1.55	1.55	1.55	1.55	1.55	1.75	1.75	1.75	1.75	1.75	1.75
上海县	2.15	2.15	2.15	2.15	2.15	2.20	2.50	2.40	2.40	2.40	2.40	2.40
南汇县	1.58	1.66	1.72	1.72	1.72	1.82	2.18	2.18	2.18	2.18	2.11	2.11
青浦县	1.60	1.60	1.60	1.60	1.60	1.75	1.95	1.95	1.95	1.95	1.95	1.95
川沙厅	1.60	1.60	1.60	1.60	1.60	1.70	1.70	1.70	1.70	1.70	1.70	1.70

续表

	1月	2月	3月	4月	5月	6月	7月	8月	9月	10月	11月	12月
《粮价表》低价	1.55	1.55	1.55	1.55	1.55	1.55	1.70	1.70	1.70	1.70	1.70	1.70
《粮价表》高价	2.15	2.15	2.15	2.15	2.15	2.20	2.50	2.40	2.40	2.40	2.40	2.40
常州府												
武进、阳湖	1.32	1.32	1.32	1.46	1.46	1.45	1.93	1.80	1.46	1.56	1.52	1.45
无锡、金匮												
江阴	1.35	1.35	1.35	1.35	1.35	1.45	1.65	1.75	1.65	1.65	1.55	1.55
宜兴、荆溪	1.45	1.45	1.45	1.45	1.45	1.55	1.75	1.65	1.65	1.65	1.65	1.65
靖江	1.85	1.85	1.85	1.85	1.85	1.85	1.90	1.90	1.90	1.90	1.90	1.90
《粮价表》低价	1.32	1.32	1.32	1.35	1.35	1.45	1.65	1.65	1.46	1.56	1.52	1.45
《粮价表》高价	1.85	1.85	1.85	1.85	1.85	1.85	1.93	1.90	1.90	1.90	1.90	1.90
镇江府												
丹徒	1.40	1.40	1.50	1.50	1.50	1.70	1.80	1.90	1.90	1.75	1.65	1.65
丹阳	1.48	1.48	1.48	1.48	1.48	1.48	1.48	1.48	1.48	1.48	1.48	1.48
金坛	1.34	1.34	1.38	1.41	1.41	1.45	1.48	1.48	1.59	1.59	1.59	1.61
溧阳	1.30	1.40	1.40	1.40	1.50	1.60	1.80	1.80	1.70	1.60	1.60	1.60
《粮价表》低价	1.30	1.34	1.38	1.40	1.41	1.45	1.48	1.48	1.48	1.48	1.48	1.48
《粮价表》高价	1.48	1.48	1.50	1.50	1.50	1.70	1.80	1.90	1.90	1.75	1.65	1.65
太仓州												
太仓、镇洋	1.82	1.82	1.82	1.80	1.75	1.75	2.40	2.38	2.38	2.25	2.20	2.20
嘉定县	2.10	2.10	2.10	2.10	2.20	2.20	2.70	2.60	2.60	2.60	2.60	2.60
宝山县	2.10	2.10	2.10	2.10	2.10	2.10	2.35	2.35	2.35	2.35	2.30	2.30

续表

	1月	2月	3月	4月	5月	6月	7月	8月	9月	10月	11月	12月
崇明县	2.00	2.15	2.15	2.15	2.15	2.15	2.15	2.15	2.15	2.15	2.15	2.15
《粮价表》低价	1.82	1.82	1.82	1.80	1.75	1.75	2.15	2.15	2.15	2.15	2.15	2.15
《粮价表》高价	2.15	2.15	2.15	2.15	2.20	2.20	2.70	2.60	2.60	2.60	2.60	2.60

资料来源：柳诒徵：《江苏各地千六百年间之米价》，第482—484页。《清代道光至宣统间粮价表·江苏》，桂林：广西师范大学出版社，2009年。

说明：1. 疑印刷错误，应为2.08。

附表1-2 光绪九年(1883)苏州布政使司所属中米价格　　单位：两/石

	1月	2月	3月	4月	5月	6月	7月	8月	9月	10月	11月	12月
苏州府												
长洲、元和、吴县	1.60	1.70	1.70	1.90	1.90	1.80	1.80	1.80	1.70	1.60	1.60	1.60
吴江、震泽	1.80	1.80	1.80	1.80	2.00	2.00	2.00	2.00	2.00	1.90	1.80	1.80
常熟、昭文	1.65	1.65	1.65	1.65	1.75	1.75	1.85	1.85	1.85	1.85	1.75	1.75
昆山、新阳	1.80	1.80	1.80	1.90	1.90	1.90	1.90	1.90	1.90	1.90	1.80	1.80
《粮价表》低价	1.60	1.65	1.65	1.65	1.75	1.75	1.80	1.80	1.70	1.60	1.60	1.60
《粮价表》高价	1.80	1.80	1.80	1.90	2.00	2.00	2.00	2.00	2.00	1.90	1.80	1.80
松江府												
华亭、娄县	2.15	2.15	2.15	2.25	2.35	2.25	2.25	2.25	2.25	2.25	1.90	1.90
奉贤	1.75	1.85	1.85	1.95	1.95	1.95	1.95	1.95	1.95	1.85	1.85	1.85
金山												
上海县	2.40	2.40	2.40	2.50	2.60	2.60	2.60	2.60	2.60	2.60	2.60	2.60
南汇县	2.11	2.11	2.11	2.23	2.23	2.26	2.16	2.16	2.16	2.16	2.20	2.02
青浦县	1.95	1.95	1.95	2.00	2.15	2.15	2.05	2.05	2.05	2.05	2.00	1.95

续表

	1月	2月	3月	4月	5月	6月	7月	8月	9月	10月	11月	12月
川沙厅	1.70	1.70	1.70	1.90	1.90	1.90	1.90	1.90	1.90	1.90	1.90	1.90
《粮价表》低价	1.70	1.70	1.70	1.90	1.90	1.90	1.90	1.90	1.90	1.85	1.85	1.85
《粮价表》高价	2.40	2.40	2.40	2.50	2.60	2.60	2.60	2.60	2.60	2.60	2.60	2.60
常州府												
武进、阳湖	1.52	1.55	1.58	1.72	1.95	1.88	1.88	1.67	1.45	1.35	1.30	1.37
无锡、金匮												
江阴	1.55	1.55	1.60	1.80	1.85	1.85	1.85	1.85	1.65	1.50	1.45	1.45
宜兴、荆溪	1.65	1.65	1.65	1.65	1.80	1.80	1.80	1.80	1.80	1.80	1.70	1.70
靖江	1.90	1.90	1.90	2.00	2.00	2.00	2.00	2.10	2.10	2.10	2.10	2.10
《粮价表》低价	1.52	1.55	1.58	1.65	1.80	1.80	1.68	1.45	1.45	1.35	1.30	1.37
《粮价表》高价	1.90	1.90	1.90	2.00	2.00	2.00	2.00	2.10	2.10	2.10	2.10	2.10
镇江府												
丹徒	1.65	1.65	1.65	1.75	1.75	1.75	1.65	1.65	1.65	1.65	1.65	1.65
丹阳	1.48	1.48	1.44	1.44	1.58	1.62	1.62	1.62	1.62	1.55	1.55	1.55
金坛	1.61	1.61	1.64	1.69	1.74	1.75	1.76	1.76	1.76	1.76	1.66	1.66
溧阳	1.50	1.50	1.60	1.60	1.80	1.85	1.70	1.60	1.50	1.40	1.20	1.20
《粮价表》低价	1.48	1.48	1.44	1.44	1.58	1.62	1.62	1.50	1.50	1.40	1.20	1.20
《粮价表》高价	1.65	1.65	1.65	1.75	1.80	1.85	1.76	1.76	1.76	1.76	1.66	1.66
太仓州												
太仓、镇洋	2.15	2.20	2.20	2.28	2.40	2.32	2.30	2.28	2.22	2.20	2.13	2.13
嘉定县	2.60	2.60	2.60	2.80	2.90	2.90	2.90	2.90	2.90	2.80	2.60	2.80

续表

	1月	2月	3月	4月	5月	6月	7月	8月	9月	10月	11月	12月
宝山县	2.30	2.20	2.20	2.25	2.30	2.30	2.30	2.30	2.30	2.30	2.20	2.20
崇明县	2.15	2.15	2.15	2.15	2.15	2.15	2.15	2.15	2.15	2.15	2.15	2.15
《粮价表》低价	2.15	2.15	2.15	2.15	2.15	2.15	2.15	2.15	2.15	2.15	2.13	2.13
《粮价表》高价	2.60	2.60	2.60	2.80	2.90	2.90	2.90	2.90	2.90	2.80	2.80	2.80

资料来源：同附表1-1。

附表1-3　光绪三十三年(1907)苏州布政使司所属中米价格

单位：两/石

	1月	2月	3月	4月	5月	6月	7月	8月	9月	10月	11月	12月
苏州府												
长洲、元和、吴县	4.30	4.80	4.65	4.40	4.50	4.75			4.10	4.10	4.55	4.55
吴江、震泽	3.40	3.40	3.40	3.40	3.40	3.60			3.40	3.40	3.40	3.60
常熟、昭文	3.95	4.40	4.40	4.30	4.70	4.90			4.50	4.50	4.50	4.50
昆山、新阳	3.30	3.80	3.80	3.70	3.80	4.20			3.80	3.80	3.80	3.80
《粮价表》低价	3.30	3.40	3.40	3.40	3.40	3.60	3.60	3.40	3.40	3.40	3.40	3.60
《粮价表》高价	4.30	4.80	4.65	4.40	4.70	4.90	4.90	4.50	4.50	4.50	4.55	4.55
松江府												
华亭、娄县	4.30	4.30	4.30	4.30	4.30	4.80			4.60	4.60	4.60	4.60
奉贤												
金山	3.90	4.10	4.30	4.30	4.40	4.40			4.20	4.20	4.20	4.20
上海县	4.00	4.00	4.40	4.40	4.40	4.40			4.40	4.40	4.40	4.40
南汇县	4.35	4.65	4.65	4.65	4.65	5.00			4.75	4.75	4.80	4.80
青浦县	3.70	4.20	4.20	3.20	4.50	4.50			3.70	3.70	3.90	3.90

续表

	1月	2月	3月	4月	5月	6月	7月	8月	9月	10月	11月	12月
川沙厅	4.00	4.50	4.30	4.30	4.30	5.40			4.50	4.20	4.90	4.90
《粮价表》低价	3.70	4.00	4.20	3.20	4.30	4.40	4.20	3.90	3.70	3.70	3.90	3.90
《粮价表》高价	4.35	4.65	4.65	4.65	4.65	5.40	4.90	4.75	4.75	4.75	4.90	4.90
常州府												
武进、阳湖	4.00	4.10	4.00	4.10	4.25	4.60			3.40	3.60	3.70	3.80
无锡、金匮												
江阴	3.50	3.70	3.70	3.70	4.10	4.50			3.90	3.90	4.00	3.80
宜兴、荆溪	3.49	3.90	3.90	3.90	3.90	4.10			4.00	4.00	4.00	4.00
靖江	4.70	4.80	4.90	4.90	4.90	4.90			4.30	4.30	4.50	4.50
《粮价表》低价	3.49	3.70	3.70	3.70	3.90	4.10	4.00	4.00	3.40	3.60	3.70	3.80
《粮价表》高价	4.70	4.80	4.90	4.90	4.90	4.90	4.90	4.60	4.30	4.30	4.50	
镇江府												
丹徒	3.24	3.24	3.24	3.24	3.24	3.14			4.36	4.36	4.76	4.76
丹阳	3.67	4.37	4.37	4.32	4.32	4.62			3.67	3.67	3.87	3.87
金坛	3.95	4.35	3.90	3.90	4.10	4.40			3.00	3.10	3.50	3.70
溧阳	3.50	3.60	3.60	3.60	3.60	3.80			3.70	3.70	3.70	3.60
《粮价表》低价	1.48	1.48	1.44	1.44	1.58	1.62	1.62	1.50	1.50	1.40	1.20	1.20
《粮价表》高价	1.65	1.65	1.65	1.75	1.80	1.85	1.76	1.76	1.76	1.76	1.66	1.66
太仓州												
太仓、镇洋	4.25	4.55	4.40	4.45	4.45	4.60			4.40	4.40	4.40	4.35

续表

	1月	2月	3月	4月	5月	6月	7月	8月	9月	10月	11月	12月
嘉定县	4.50	4.90	4.70	4.60	4.60	5.20			4.80	4.40	4.50	4.70
宝山县	4.30	4.50	4.50	4.50	4.50	4.50			4.30	4.40	4.50	4.50
崇明县	3.50	3.80	4.00	4.00	4.00	4.00			4.00	4.00	4.00	4.00
《粮价表》低价	3.50	3.50	4.00	4.00	4.00	4.00	4.00	4.00	4.00	4.00	4.00	4.00
《粮价表》高价	4.50	4.90	4.70	4.60	4.60	5.20	4.80	4.80	4.80	4.40	4.50	4.70

资料来源：同附表1-1。

附表1-4 宣统三年(1911)二月云南所属各府厅州县粮价

单位：两/石

府别	县别	上米	中米	下米	小麦	大麦
云南府	昆明县	4.08	3.61	3.27	2.92	2.10
	安宁州	4.00	3.90	3.85	2.20	2.00
	禄丰县	2.05	1.90	1.90	1.50	1.00
	晋宁州	3.60	3.30	3.14	2.50	1.50
	呈贡县	3.30	3.20	3.10	2.40	2.00
	昆阳州	3.55	3.22	3.11	2.22	1.56
	易门县	3.00	2.90	2.80	4.00	1.60
	嵩明州	3.18	2.93	2.67	2.55	1.15
	宜良县	3.64	3.55	3.47	2.60	1.50
	罗次县	2.30	2.10	2.00	1.00	1.00
	富民县	4.00	2.66	3.50	2.16	1.66
	《粮价表》高价	4.08	3.90	3.85	4.00	2.10
	《粮价表》低价	2.05	1.90	1.90	1.20	1.00

续表

府别	县别	上米	中米	下米	小麦	大麦
曲靖府	南宁县	1.62	1.49	1.35	1.35	1.11
	沾益州	2.01	1.94	1.87	1.58	1.29
	宣威州	2.37	2.18	2.00	1.37	0.75
	马龙州	3.50	3.20	3.00	2.60	2.60
	陆凉州	2.62	2.43	2.37	1.75	1.25
	罗平州	1.85	1.70	1.55	1.60	0.80
	寻甸州	3.00	2.90	2.75	1.50	1.00
	平彝县			2.56	2.16	1.80
	《粮价表》高价	3.50	3.20	3.00	2.60	2.60
	《粮价表》低价	1.62	1.49	1.35	1.35	0.75
临安府	建水县	4.70	4.60	4.10	2.90	1.99
	石屏州	6.50	6.40	6.28	5.80	3.80
	阿迷州	4.50	4.20	4.00	4.70	1.20
	宁州	3.25	2.33	1.31	2.50	1.25
	通海县	5.85	5.70	5.10	4.50	3.80
	河西县	3.50	3.50	2.82	1.44	1.44
	嶍峨县	5.00	4.75	4.50	3.00	2.50
	蒙自县	4.80	4.50	4.25	3.55	1.00
	《粮价表》高价	6.50	6.40	6.28	5.80	3.80
	《粮价表》低价	3.25	2.33	2.31	2.50	1.00
徵江府	河阳县	4.00	3.80	3.60	3.30	2.60
	路南州	3.90	3.80	3.70	2.70	1.20
	新兴州	4.80	4.30	4.30	3.90	2.80

续表

府别	县别	上米	中米	下米	小麦	大麦
徽江府	江川县	4.00	3.60	3.20	2.80	2.00
	《粮价表》高价	4.80	4.30	4.30	2.70	1.20
	《粮价表》低价	3.90	3.60	3.20	3.90	2.80
广南府	宝宁县	2.00	1.90	1.80	1.20	0.70
开化府	文山县	4.00	3.50	3.30	4.50	2.50
	安平厅	3.90	3.70	3.70	4.00	1.90
普洱府	宁洱县	2.90	2.40	1.90		
	思茅厅	2.20	2.10	1.80		2.40
	威远厅	2.10	2.40	1.90	1.90	1.20
	他郎厅	2.80	2.70	2.60		
	《粮价表》高价	2.90	2.70	2.60	1.90	2.40
	《粮价表》低价	2.10	2.10	1.80	1.90	1.20
东川府	会泽县	3.50	3.40	3.30	2.50	2.00
	巧家厅	2.10	2.00	2.00		
	全府平均数	2.80	2.70	2.65	2.50	2.00
昭通府	恩安县	2.50	1.93	1.72	1.51	0.72
	大关厅	1.36	1.22	1.13	1.54	1.35
	鲁甸厅	2.53	2.24	1.98	2.30	0.81
	永善县	2.00	1.90		0.80	1.20
	《粮价表》高价	2.53	2.24	1.98	2.30	1.35
	《粮价表》低价	1.36	1.22	1.13	1.51	0.72
大理府	太和县	1.20	1.10	1.00	0.60	0.60
	赵州	1.25	1.13	1.00	0.82	0.86

续表

府别	县别	上米	中米	下米	小麦	大麦
大理府	云南县	1.34	0.95	0.90	0.64	0.64
	邓川州	1.65	1.60	1.55	1.30	0.70
	浪穹县	1.85	1.74	1.69	0.72	0.46
	宾川州	1.60	1.50	1.40	1.45	0.50
	云龙州	1.77	1.76	1.74	1.44	0.65
	《粮价表》高价	1.85	1.76	1.74	1.45	0.86
	《粮价表》低价	1.20	0.95	0.90	0.60	0.46
丽江府	丽江县	1.40	1.30	1.20	0.65	0.55
	中甸厅	2.40	2.10	1.00	0.85	0.50
	维西厅		3.00	2.80	1.50	1.00
	鹤庆州		1.40	1.30	0.80	0.60
	剑川州	1.30	1.10	1.00	1.00	0.90
	《粮价表》高价	2.40	3.00	2.80	1.50	1.00
	《粮价表》低价	1.30	1.10	1.00	0.65	0.50
永昌府	保山县	1.50	1.40	1.20	1.40	0.95
	永平县	1.20	1.15	1.10	1.15	0.52
	腾越厅	2.90	2.00	1.80		
	龙陵厅	2.60	2.40	2.30	0.90	1.00
	《粮价表》高价	2.60	2.40	2.30	1.40	1.00
	《粮价表》低价	1.20	1.15	1.15	1.15	0.52
顺宁府	顺宁县	1.65	1.55	1.44	1.30	1.20
	缅宁厅	2.70	2.50	2.20	2.70	2.60
	云州	2.00	1.90	1.70	0.60	0.60

续表

府别	县别	上米	中米	下米	小麦	大麦
顺宁府	《粮价表》高价	2.70	2.50	2.20	2.70	2.60
	《粮价表》低价	1.65	1.55	1.44	0.60	0.60
楚雄府	楚雄县	2.10	2.00	1.80	1.00	0.60
	镇南州	1.72	1.48	1.22	0.96	0.48
	南安州	2.20	1.90	1.60	1.40	0.80
	鄂嘉州判	2.50	2.30	2.10	2.60	2.80
	广通县	1.34	2.26	2.10	0.97	0.87
	定远县	2.00	1.50	1.00	1.00	0.80
	姚州	1.60	1.50	1.40	0.90	0.80
	大姚县	0.95	0.91	0.88	0.75	0.59
	《粮价表》高价	2.50	2.30	2.10	2.60	2.80
	《粮价表》低价	0.95	0.91	0.88	0.75	0.48
蒙化直隶厅	蒙化直隶厅	1.10	1.00	0.90	0.90	0.60
永北直隶厅	永北直隶厅	2.30	2.25	2.20	1.20	0.95
	华坪县	2.76	2.52	1.84	1.46	1.25
景东直隶厅	景东直隶厅	3.50	3.30	3.10	3.50	3.20
镇沅直隶厅	镇沅直隶厅	2.30	2.25	2.20	2.00	1.90
广西直隶州	广西直隶州	3.80	3.60	3.30	2.40	0.90
	师宗县	2.19	2.70	1.96	1.61	0.69
	丘北县	3.40	2.20	3.00	2.60	2.40
	弥勒县	3.90	2.70	3.50	2.50	0.90
	《粮价表》高价	3.90	3.60	3.50	2.60	2.40
	《粮价表》低价	2.19	2.20	1.96	1.61	0.69

续表

府别	县别	上米	中米	下米	小麦	大麦
元江直隶州	元江直隶州		4.70	4.50		
	新平县		2.40	2.30	1.90	
武定直隶州	武定直隶州	1.95	1.85	1.80	1.30	0.85
	元谋县	2.40	2.20	1.60	1.40	1.00
	禄劝县	2.70	2.50	2.30	2.10	1.40
	《粮价表》高价	1.95	1.85	1.60	1.30	0.85
	《粮价表》低价	2.70	2.50	2.30	2.10	1.40

资料来源：《滇省府厅州县宣统三年二月份粮价表》，《清代道光至宣统间粮价表·云南》。

附表1-5 光绪二十六年(1900)三月甘肃所属各府厅州县粮价

单位：两/京石

府别	县别	粟米	小麦	豌豆	青稞
兰州府	皋兰县	4.383	3.436	3.554	2.843
	河州	2.674	2.292	2.292	1.667
	狄道州	2.712	2.146	2.146	1.808
	渭源县	1.162	1.803	1.614	1.424
	金县	2.688	2.150	2.050	1.658
	靖远县	1.833	1.571	1.571	
	红水县丞	2.100	2.100	2.100	1.680
	《粮价表》低价	1.162	1.571	1.571	1.424
	《粮价表》高价	4.383	3.436	3.554	2.843
巩昌府	陇西县	2.176	1.915	1.915	
	宁远县	2.291	1.736	1.736	
	伏羌县	2.466	1.677	1.702	

续表

府别	县 别	粟 米	小 麦	豌 豆	青 稞
巩昌府	安定县	2.100	1.890	1.890	
	会宁县		1.649	1.649	
	通渭县		1.651	1.534	
	西和县	1.105	0.925	0.976	
	岷县	2.155	2.002	2.002	1.778
	洮州厅		1.925	1.575	
	陇西县丞	1.774	1.183	1.014	0.507
	《粮价表》低价	1.105	0.925	0.977	0.507
	《粮价表》高价	2.466	2.002	2.002	1.778
泾州直隶州	灵台县	0.571	0.554	0.516	
	镇原县	0.804	0.833	0.784	
	崇信县	0.812	0.812	0.796	
	泾州	1.858	1.791	1.622	
	《粮价表》低价	0.571	0.554	0.516	
	《粮价表》高价	1.858	1.791	1.622	
固原直隶州	平远县		1.426	1.426	
	海城县	2.034	2.034	2.034	
	固原州		1.673	1.782	
	硝河城州判		1.400	1.400	
	打拉池县丞	2.731	2.337	2.512	
	《粮价表》低价	1.426	1.400	1.400	
	《粮价表》高价	2.731	2.337	2.512	
平凉府	静宁州	2.170	1.820	1.610	
	平凉县		1.712	1.866	

续表

府别	县别	粟米	小麦	豌豆	青稞
平凉府	华亭县	2.220	1.758	1.619	
	隆德县		1.799	1.638	
	《粮价表》低价	2.170	1.512	1.610	
	《粮价表》高价	2.247	1.820	1.866	
庆阳府	宁州	0.756	1.386	1.260	
	安化县	2.209	2.181	2.240	
	合水县	2.240	2.205	2.352	
	环县	1.174	1.687	1.674	
	正宁县	1.560	1.519	1.320	
	董志原县丞	1.217	1.336	1.588	
	《粮价表》低价	1.174	1.336	1.260	
	《粮价表》高价	2.240	2.205	2.352	
西宁府	巴燕戎格	5.568	2.272	2.143	1.968
	贵德厅		1.750		1.575
	循化厅		2.100	1.890	1.680
	丹噶尔厅		1.764		1.050
	西宁县	1.928	1.680	1.505	1.103
	大通县		2.013	1.575	1.465
	碾伯县	2.800	2.072	1.960	1.680
	《粮价表》低价	1.928	1.680	1.505	1.050
	《粮价表》高价	5.568	2.272	2.143	1.968
凉州府	庄浪厅		1.512	1.697	
	武威县	2.310	1.721	2.232	1.575

续表

府别	县别	粟米	小麦	豌豆	青稞
凉州府	镇番县	1.470	1.470	1.596	0.735
	永昌县	1.176	0.798		
	平番县	3.159	2.567	2.172	1.579
	古浪县	1.134	1.386	1.302	0.798
	《粮价表》低价	1.134	0.798	1.302	0.735
	《粮价表》高价	3.159	2.567	2.232	1.579
甘州府	抚彝厅	1.029	0.735	0.991	0.605
	张掖县	1.706	1.029	1.541	0.823
	山丹县	1.398	0.865	0.860	0.647
	东乐县丞	0.749	0.714	1.190	0.440
	《粮价表》低价	0.749	0.714	0.860	0.440
	《粮价表》高价	1.706	1.029	1.541	0.823
秦州直隶州	三岔州判	3.401	3.401	3.401	
	秦安县		1.159	1.448	
	清水县	2.030	1.645	1.575	
	礼县	1.598	0.907	0.907	
	两当县	2.841	2.521	1.964	
	徽县	4.383	2.848	2.586	
	秦州	2.302	1.962	1.648	
	《粮价表》低价	1.119	0.907	0.907	
	《粮价表》高价	4.383	3.401	3.401	
阶州直隶州	文县	4.893	4.078	3.806	
	成县	3.991	2.887	2.673	
	阶州	4.243	3.085		

续表

府别	县别	粟米	小麦	豌豆	青稞
阶州直隶州	西固州同	3.791	3.500	3.208	
	《粮价表》低价	3.791	2.887	2.673	
	《粮价表》高价	4.893	4.077	3.806	
宁夏府	宁灵厅	0.672	0.867	0.567	
	灵州	0.887	1.133	0.700	
	宁夏县	0.310	1.873	0.728	
	平罗县	0.725	0.826	0.662	
	中卫县	0.735	0.945	0.840	
	花马池州同	1.960	2.100	1.890	
	《粮价表》低价	0.692	0.826	0.567	
	《粮价表》高价	1.960	2.100	1.890	
肃州直隶州	高台县	1.134	0.840	0.950	0.546
	肃州	1.544	1.638	1.470	1.218
	肃州州同	1.344	1.260	1.092	0.882
	《粮价表》低价	1.134	0.840	0.950	0.546
	《粮价表》高价	1.554	1.638	1.470	1.218
安西直隶州	玉门县	2.310	1.890	1.890	1.890
	敦煌县	0.920	1.280	1.200	1.032
	安西州	1.880	1.600	2.160	1.520
	《粮价表》低价	0.920	1.280	1.200	1.032
	《粮价表》高价	2.310	1.890	2.160	1.890

资料来源：《光绪二十六年三月分米粮时估价值清册》，甘肃省档案馆1号全宗《清朝甘肃地方政府档案》，档号1-1-76；中国社会科学院经济研究所编：《清代道光至宣统间粮价表》，桂林：广西师范大学出版社，2009年。

附录2：清代粮价数据可靠性统计

附表2-1 大米价格数据可靠性 Wc　　　　　单位：%

省别	府别	1738～1765年	1766～1795年	1796～1820年	1821～1850年	1851～1874年	1875～1911年	1738～1911年
安徽	安庆府	71.53	64.24	83.55	61.70	51.58	34.94	59.63
	池州府	71.86	63.91	71.43	57.09	45.26	34.22	56.54
	滁　州	77.29	65.89	69.26	28.01	75.79	20.72	50.86
	凤阳府	77.97	55.96	64.94	35.82	41.05	33.25	51.05
	广德州	68.47	65.89	58.44	58.87	53.68	33.98	55.19
	和　州	83.05	64.90	70.56	52.48	26.32	38.80	57.90
	徽州府	80.00	69.54	48.48	25.53	52.63	50.60	54.94
	六安州	63.73	45.70	60.61	26.95	38.95	13.98	39.32
	庐州府	77.63	68.87	89.61	70.21	81.05	59.76	72.04
	宁国府	81.36	62.58	76.62	56.03	47.37	41.20	60.49
	泗　州	76.95	63.58	68.40	30.14	57.89	41.93	55.00
	太平府	89.15	61.26	60.61	64.18	86.32	39.28	62.59
	颖州府	83.73	58.28	72.73	39.36	22.11	32.05	52.84
福建	福州府	60.68	67.75	39.59	26.67	31.48	30.89	42.96
	福宁府	78.64	60.91	41.63	32.98	16.30	36.46	45.21
	建宁府	90.40	62.87	41.63	34.39	55.93	57.97	58.36
	龙岩州	78.64	63.19	69.39	41.75	47.41	41.52	56.38

续表

省别	府别	1738~1765年	1766~1795年	1796~1820年	1821~1850年	1851~1874年	1875~1911年	1738~1911年
福建	泉州府	73.68	71.99	66.94	46.67	22.22	60.00	57.70
	邵武府	69.04	66.45	56.73	48.07	61.85	29.62	54.08
	汀州府	66.56	73.29	59.18	34.04	53.33	49.37	55.95
	兴化府	85.76	77.20	12.24	50.18	47.41	58.23	57.26
	延平府	69.35	60.59	43.27	37.19	39.63	34.43	47.40
	永春州	61.30	69.38	31.43	36.49	42.96	38.48	47.12
	漳州府	71.83	63.19	75.51	40.70	37.41	40.25	54.08
	台湾府	84.83	74.27	72.24	76.49	87.41		83.73
广东	潮州府	84.14	88.93	82.63	74.11	72.96	54.19	74.74
	高州府	82.41	83.22	73.62	68.44	74.91	53.94	71.65
	广州府	71.61	80.27	88.19	75.18	69.37	71.60	75.44
	惠州府	77.35	72.82	88.19	82.27	68.27	52.59	71.86
	嘉应州	83.39	58.05	84.39	64.54	67.16	46.42	65.61
	雷州府	73.86	63.76	67.09	63.48	73.80	50.37	64.37
	连州	71.99	72.48	75.95	66.67	66.05	51.60	66.28
	廉州府	71.75	62.08	70.46	59.57	71.96	52.10	63.69
	罗定州	79.48	70.13	86.50	69.50	83.03	56.05	72.56
	南雄州	71.20	59.73	76.37	54.61	73.06	59.01	64.93
	琼州府	80.39	69.46	63.29	59.93	63.47	55.31	64.92
	韶州府	85.44	84.90	88.19	72.70	71.22	68.40	77.75
	肇庆府	81.11	76.51	86.50	77.30	66.05	59.26	73.28
广西	桂林府	59.70	70.19	77.35	60.92	73.53	68.93	68.02
	柳州府	61.52	69.88	61.97	93.66	63.97	63.83	68.82

续表

省别	府别	1738~1765年	1766~1795年	1796~1820年	1821~1850年	1851~1874年	1875~1911年	1738~1911年
广西	南宁府	61.82	69.57	54.70	92.25	63.97	61.17	67.10
广西	平乐府	59.39	75.16	55.13	98.59	74.26	69.66	72.06
广西	庆远府	52.12	67.39	55.13	78.52	63.97	56.80	61.97
广西	泗城府	56.36	67.08	45.30	51.06	58.82	48.06	54.53
广西	思恩府	60.91	73.29	58.55	82.75	69.12	54.13	65.80
广西	太平府	66.36	76.71	59.40	76.41	63.60	54.61	65.80
广西	梧州府	73.33	81.99	57.26	100.00	75.00	71.60	76.75
广西	浔州府	75.45	87.89	55.13	92.96	54.04	64.08	72.06
广西	郁林州	61.21	78.57	50.43	83.80	74.63	49.03	65.59
广西	镇安府	54.24	69.88	52.99	42.96	50.74	48.54	53.29
贵州	安顺府	62.71	70.67	84.39	97.20	100.00	99.03	86.36
贵州	都匀府	70.96	63.25	82.28	97.20	93.77	97.10	84.91
贵州	贵阳府	61.72	55.83	72.57	94.41	97.07	99.03	81.40
贵州	黎平府	63.70	71.38	86.92	95.80	97.07	100.00	86.53
贵州	平越州	55.12	65.37	86.50	95.80	98.53	96.14	83.41
贵州	石阡府	62.71	60.42	82.70	97.20	96.70	98.07	83.80
贵州	思南府	67.33	73.14	83.54	95.80	100.00	99.03	87.19
贵州	思州府	70.96	66.43	74.68	98.60	95.60	99.03	85.36
贵州	大定府	65.02	66.43	88.19	100.00	94.14	100.00	86.36
贵州	铜仁府	59.74	76.33	73.00	95.80	100.00	95.89	84.30
贵州	兴义府	63.70	77.39	85.23	97.20	98.53	96.86	86.97
贵州	镇远府	68.32	76.68	82.70	98.60	100.00	100.00	88.47
贵州	遵义府	56.44	63.25	89.45	97.20	97.07	98.07	84.13

续表

省别	府别	1738~1765年	1766~1795年	1796~1820年	1821~1850年	1851~1874年	1875~1911年	1738~1911年
湖北	安陆府	53.31	52.87	42.86	42.61	44.05	52.20	48.79
	德安府	71.52	52.23	44.33	55.63	40.53	32.20	48.97
	汉阳府	69.54	69.11	58.13	53.17	64.76	86.34	68.79
	黄州府	56.95	54.78	44.83	39.08	53.74	25.85	44.48
	荆州府	64.90	47.13	52.22	41.20	48.02	39.27	48.10
	施南府	65.89	58.60	33.99	20.07	33.48	39.02	42.82
	武昌府	52.65	54.14	52.22	51.41	28.19	27.32	43.51
	襄阳府	56.62	40.45	38.92	13.03	48.46	62.68	44.89
	宜昌府	60.93	52.87	42.86	38.38	21.15	27.80	40.69
	郧阳府	73.51	42.99	31.03	7.75	31.72	37.56	38.39
湖南	宝庆府	58.13	60.00	79.59	17.44	27.24	56.73	50.25
	常德府	66.56	64.92	76.73	35.23	42.16	56.25	56.95
	长沙府	74.06	58.36	83.67	47.69	47.76	58.89	61.42
	郴州	70.31	49.51	73.88	34.88	38.43	52.40	53.19
	辰州府	72.50	40.00	73.06	16.37	30.22	53.13	48.01
	桂阳府	72.81	66.23	73.06	39.50	40.67	51.44	57.11
	衡州府	61.56	54.43	82.86	43.42	41.79	53.37	55.69
	靖州	72.50	59.34	75.92	23.49	32.84	51.20	52.64
	澧州	64.38	52.13	74.29	37.37	36.94	52.88	52.92
	永顺府	58.75	46.56	69.80	12.81	29.85	53.85	45.83
	永州府	75.63	55.41	72.24	39.50	41.04	54.81	56.51
	岳州府	73.75	60.98	75.10	33.45	33.21	54.57	55.37
	沅州府	81.25	68.20	75.92	4.98	29.10	55.05	53.13

续表

省别	府别	1738~1765年	1766~1795年	1796~1820年	1821~1850年	1851~1874年	1875~1911年	1738~1911年
江苏	常州府	86.36	72.33	59.00	65.37	89.30	88.29	77.48
	海门厅	72.40	44.67	51.05	33.57	44.92	44.88	48.76
	淮安府	95.78	75.67	69.04	69.96	83.42	68.29	76.49
	江宁府	75.97	72.33	46.03	71.73	79.68	56.10	66.18
	松江府	84.09	58.33	61.09	32.16	41.71	42.68	53.50
	苏州府	83.77	71.33	59.00	28.62	67.91	60.00	61.78
	太仓州	82.14	61.33	61.51	45.94	41.71	70.00	62.48
	通州	83.44	71.00	48.95	49.82	72.73	38.29	59.12
	扬州府	96.75	80.67	53.56	59.36	88.24	80.49	77.07
	镇江府	86.04	71.00	69.87	59.72	77.01	67.80	71.57
江西	抚州府	76.92	65.25	71.06	49.47	47.99	47.00	58.78
	赣州府	66.35	61.64	76.17	44.56	47.25	46.04	55.94
	广信府	75.00	62.30	66.81	44.56	50.18	46.04	56.76
	吉安府	72.44	73.44	78.72	48.07	50.18	47.48	60.59
	建昌府	67.63	67.21	84.68	47.37	47.62	48.44	59.22
	九江府	65.06	67.54	80.00	47.72	47.62	47.24	58.02
	临江府	68.91	63.61	71.49	49.47	49.82	47.72	57.64
	南安府	71.15	52.46	70.21	44.91	47.25	47.00	54.73
	南昌府	67.63	62.30	74.89	49.47	51.28	47.48	57.80
	南康府	64.10	68.52	70.64	48.42	47.99	47.72	57.09
	宁都州	81.73	59.02	66.38	45.61	45.05	43.88	56.21
	饶州府	71.47	62.30	77.87	51.58	49.08	46.76	58.68
	瑞州府	76.92	58.69	71.06	51.93	46.52	48.20	58.13
	袁州府	75.96	63.93	78.30	47.72	47.99	48.20	59.33

续表

省别	府别	1738~1765年	1766~1795年	1796~1820年	1821~1850年	1851~1874年	1875~1911年	1738~1911年
浙江	杭州府	90.46	66.45	75.52	40.21	48.28	37.71	58.99
	湖州府	66.46	53.75	69.71	26.69	49.14	44.04	51.14
	嘉兴府	84.00	75.24	70.54	24.91	42.67	39.42	55.93
	金华府	75.38	51.79	51.04	24.20	38.36	42.34	47.75
	衢州府	54.15	48.21	55.19	16.01	22.84	20.68	35.61
	宁波府	76.31	75.57	53.94	19.22	39.22	31.14	49.14
	绍兴府	70.77	50.16	63.49	34.16	40.52	23.11	45.74
	台州府	63.08	60.91	45.23	5.34	40.09	21.90	38.90
	温州府	59.38	50.49	46.47	15.66	29.74	—	54.76
	严州府	67.38	52.12	60.17	16.01	28.02	22.38	40.40

附表2-2 小麦价格数据可靠性Wc　　　　　　　单位:%

省别	府别	1738~1765年	1766~1795年	1796~1820年	1821~1850年	1851~1874年	1875~1911年	1738~1911年
甘肃	安西州	81.52	58.62	66.22	33.7	24.44	41.39	51.87
	甘州府	88.78	55.17	73.78	39.93	52.78	52.44	60.52
	巩昌府	74.92	57.09	73.78	31.14	27.78	49.1	53.22
	阶州	67	59.39	76.44	20.51	28.33	61.18	53.65
	兰州府	91.09	54.79	71.56	22.71	28.89	68.12	58.8
	凉州府	89.77	64.37	64.89	26.74	17.78	46.27	53.4
	宁夏府	89.77	58.24	60	21.61	18.33	70.18	56.65
	平凉府	88.78	45.98	78.67	22.71	28.33	79.43	60.58
	秦州	64.69	65.52	71.56	32.6	40.56	74.04	59.96
	庆阳府	81.85	47.89	60	30.77	22.78	68.64	55.18

续表

省别	府别	1738~1765年	1766~1795年	1796~1820年	1821~1850年	1851~1874年	1875~1911年	1738~1911年
甘肃	肃州	79.54	64.37	74.67	35.9	30	42.93	54.94
	西宁府	55.45	43.68	63.11	23.44	30.56	43.44	43.65
河南	陈州府	81.73	30.82	40.79	6.57	14.49	56.05	37.81
	光州	64.9	32.19	38.6	6.2	38.16	43.21	36.51
	归德府	79.81	39.73	55.26	9.85	9.89	74.07	45.15
	河南府	77.88	25.68	33.33	15.69	14.13	83.21	43.37
	怀庆府	65.38	47.6	33.33	6.57	100	51.11	50.83
	开封府	70.67	32.19	53.95	12.77	28.98	65.19	40.36
	南阳府	73.56	22.95	39.04	12.77	7.77	19.51	26.33
	汝州	77.88	37.33	39.04	7.66	10.25	35.06	32.66
	汝宁府	62.02	42.12	32.02	9.49	47.35	100	52.66
	陕州	68.27	27.74	41.67	12.04	11.66	45.43	33.61
	卫辉府	93.27	41.1	33.77	16.42	26.15	86.91	51.01
	许州	75	48.97	42.54	9.49	23.32	66.91	44.91
	彰德府	91.83	29.79	32.46	25.91	10.95	64.94	42.43
山东	曹州府	89.63	62.32	45.33	48.15	60.29	62.69	62.03
	登州府	78.52	55.99	45.33	21.85	24.63	69.15	50.93
	东昌府	87.78	59.51	37.38	36.67	37.13	69.15	56.31
	济南府	82.96	61.97	31.31	65.19	67.65	75.12	65.95
	济宁州		59.86	49.53	37.41	29.04	66.67	58.06
	莱州府	88.15	63.38	39.72	58.52	56.62	87.56	68.17
	临清州		59.86	34.11	28.89	38.97	86.07	60.92
	青州府	89.63	53.17	48.13	23.7	27.94	69.65	53.5

续表

省别	府别	1738~1765年	1766~1795年	1796~1820年	1821~1850年	1851~1874年	1875~1911年	1738~1911年
山东	泰安府	84.07	45.07	35.05	56.67	55.15	63.68	57.77
	武定府	83.33	66.9	42.52	57.04	29.78	71.14	59.99
	兖州府	88.52	58.8	35.51	40.74	54.41	84.83	63.14
	沂州府	91.11	59.15	37.85	43.7	44.85	64.68	58.12
山西	保德州	57.89	28.89	32.22	19.86	40.21	3.19	28.81
	代州	66.78	46.03	36.4	17.73	31.12	32.19	38.46
	大同府	49.01	36.51	30.13	29.79	48.95	51.11	41.9
	汾州府	53.62	47.62	28.03	18.44	36.71	55.77	41.68
	霍州		47.94	27.2	20.57	23.08	75.92	51.99
	绛州	78.62	50.79	38.49	16.31	48.6	73.71	53.25
	解州	70.72	49.21	46.44	59.22	40.91	62.9	55.7
	辽州	48.68	45.4	24.69	8.87	18.53	63.64	37.48
	潞安府	58.22	48.57	23.43	26.95	36.36	52.58	42.55
	宁武府	60.2	30.48	33.89	18.79	33.92	25.55	33.5
	平定州	62.5	28.57	36.82	25.18	27.97	51.35	39.72
	平阳府	64.14	43.49	29.71	35.82	28.67	61.67	45.66
	蒲州府	68.75	41.9	55.23	25.53	34.27	44.23	44.9
	沁州	77.96	44.13	20.92	11.35	31.82	30.96	36.82
	朔平府	51.97	32.7	35.15	14.89	19.93	23.83	29.51
	太原府	60.53	43.17	21.76	12.06	26.22	66.58	41.03
	隰州	73.03	35.24	23.43	10.99	33.92	27.52	34.32
	忻州	67.43	17.14	22.59	26.6	22.73	14	27.82
	泽州府	71.05	41.59	40.59	17.73	44.06	54.05	45.83
	归绥六厅	59.87	34.92	27.62	18.44	42.66	82.8	47.41

续表

省别	府别	1738~1765年	1766~1795年	1796~1820年	1821~1850年	1851~1874年	1875~1911年	1738~1911年
陕西	邠 州	77.56	64.56	46.7	17.1	30.08		50.5
	凤翔府	90.71	57.19	58.88	42.38	27.07		59.53
	鄜 州	86.86	55.79	43.15	10.41	37.59		49.58
	汉中府	61.54	54.39	64.97	65.43	62.41		61.37
	乾 州	85.26	91.23	50.76	18.59	24.06		59.2
	商 州	56.09	55.79	76.14	65.8	84.21		64.63
	绥德州	68.59	36.49	66.5	34.2	23.31		47.83
	同州府	77.56	56.49	63.96	29	25.56		53.6
	西安府	92.31	71.23	73.1	48.7	30.83		67.47
	兴安府	38.78	48.42	68.02	41.64	49.62		47.74
	延安府	72.44	46.67	46.19	24.54	23.31		45.74
	榆林府	63.78	41.75	54.82	48.7	38.35		50.84